普通高等学校应用型教材 · 金融

金融产品营销与管理

（第四版）

MARKETING AND MANAGEMENT OF FINANCIAL PRODUCTS

(4TH EDITION)

主　编　梁　昭
副主编　高　静　王　岩

中国人民大学出版社
· 北京 ·

图书在版编目（CIP）数据

金融产品营销与管理 / 梁昭主编；高静，王岩副主编. --4 版. --北京：中国人民大学出版社，2023.7
普通高等学校应用型教材. 金融
ISBN 978-7-300-31974-2

Ⅰ.①金… Ⅱ.①梁… ②高… ③王… Ⅲ.①金融产品-市场营销学-高等学校-教材 Ⅳ.①F830.9

中国国家版本馆 CIP 数据核字（2023）第 137778 号

普通高等学校应用型教材·金融
金融产品营销与管理（第四版）
主　编　梁　昭
副主编　高　静　王　岩
Jinrong Chanpin Yingxiao yu Guanli

出版发行	中国人民大学出版社		
社　　址	北京中关村大街 31 号	**邮政编码**	100080
电　　话	010－62511242（总编室）		010－62511770（质管部）
	010－82501766（邮购部）		010－62514148（门市部）
	010－62515195（发行公司）		010－62515275（盗版举报）
网　　址	http://www.crup.com.cn		
经　　销	新华书店		
印　　刷	北京昌联印刷有限公司	**版　　次**	2010 年 7 月第 1 版
开　　本	787 mm×1092 mm　1/16		2023 年 7 月第 4 版
印　　张	14.75	**印　　次**	2024 年 11 月第 2 次印刷
字　　数	335 000	**定　　价**	45.00 元

出版说明

随着金融成为现代经济运行的核心，社会对金融教育和人才培养提出了更高的要求：分层培养人才。既要着力于培养研究型人才，又要着力于培养大批应用型人才，这已是共识。许多非研究型院校师生反映，市场上现有的金融学教材大多重理论轻实践，重国际化轻中国化。根据这些院校的特点和培养目标，他们认为在教材内容上不仅要包含本领域的基本理论问题，让学生对于基本概念、基本原理有完整的掌握，同时还要包含本领域的基本实践问题，让学生掌握一定的实务操作方法，以应对未来工作的挑战。中国人民大学出版社组织中国人民大学、西安交通大学、北京第二外国语学院、北京外国语大学、首都经济贸易大学、对外经济贸易大学、北京工商大学等若干所学校以及国家外汇管理局、保险公司、证券公司、商业银行等的专家，设计和推出了这套“普通高等学校应用型教材·金融”系列教材。本套教材突出了以下三点：

第一，所列课程完全根据教育部“高等教育面向21世纪教学内容与课程体系改革计划”编写。

第二，根据应用型人才培养目标，教材强化了各项业务的操作规程和实践做法，通过对案例的分析和点评让学生对实务操作有一个真切的体验。

第三，压缩教材的篇幅，学习资料、练习题等相关内容学生可以通过网络获取，减轻学生负担。

这里需要说明的是，出于对应用型人才培养探索的要求，出版社并没有提出过分严格的要求，只是在教材的定位、篇幅、编写体例上提出了一些原则性建议，具体编写工作则实行主编负责制，由各位主编和作者全权处理各教材的编写工作，并对各自的内容负责。

教材的出版凝结了所有参编专家、教授的辛劳和智慧，在此一并表示感谢。

真诚地期待广大教师、学生和其他读者的批评和意见。

中国人民大学出版社

第四版前言

党的二十大报告提出，加强和完善现代金融监管，强化金融稳定保障体系，依法将各类金融活动全部纳入监管，守住不发生系统性风险底线。

以党的二十大精神为指引，以金融供给侧结构性改革为抓手，深化党和国家机构改革，是我国金融体制改革的重要环节。我国组建中央金融委员会，设立中央金融委员会办公室，组建中央金融工作委员会，与中央金融委员会办公室合署办公，不再保留国务院金融稳定发展委员会及其办事机构，将国务院金融稳定发展委员会办公室职责划入中央金融委员会办公室。在具体改革方面，在机构改革方案中仅涉及金融监管与发展领域的就有六项，可见，我国金融监管与发展的相关改革已经到了破题的重要时刻。我们应该以习近平新时代中国特色社会主义思想为指导，以推进国家治理体系和治理能力现代化为导向，适应构建新发展格局、推动高质量发展的需要，加强金融监管等重点领域的机构职责优化和调整，推动我国金融行业的健康有序发展。

在此背景下，本书进行了第四次修订，特别是对数据资料和相关案例进行了审阅和更新，以保证其实效性和真实性。

金融是服务工具，其发展的节奏必须配合实体经济、人居生活，以达到平衡；金融更强调 ESG 理念，其中 E 代表环境（environment），S 代表社会（social），G 代表公司治理（governance），三者需要综合评价与考核。因此，此次修订增添了一些科技金融和绿色金融的内容，但是碍于教材原有的章节和范式，不能过于展开。

本书自出版以来得到了广大读者的广泛认可和推崇，历经十几年，依然保持良好的口碑和销售量，笔者在此对各位读者表达深深的谢意。

梁　昭

第一版前言

金融产品营销的出现是由于金融机构借鉴了工商企业市场营销的方法和手段，因此金融产品营销理论始终是作为市场营销理论的一个分支存在的。对金融产品营销理论的研究大多是在营销原理和理论的基础上，结合金融机构的具体情况进行的。尤其是自 20 世纪 80 年代以来，市场营销理论的发展日新月异，出现了许多新的营销导向，如服务营销、关系营销、快速营销、超值营销等，这些新的市场营销理论和手段被迅速地应用到金融机构的营销工作中，并取得了很大的成功，金融产品营销理论也得以丰富和发展。但金融业的特殊性和复杂性决定了学者对金融产品营销研究的局限性：他们无法获得金融业一些核心的经营状况信息，因此有关金融产品营销的专著很少，已有的专著也大多是按照西方市场营销学中的“11Ps”理论框架阐述的：属于市场营销战略的四个要素即探查（probing)、细分（partitioning)、优先（prioritizing)、定位（positioning)；属于市场营销战术及其扩展的六个要素即产品（product）策略、定价（price）策略、渠道（place）策略、促销（promotion）策略、政治权力（political power）策略、公共关系（public relation）策略；以及旨在实现以人为本的企业文化要素即人（people)。更多的关于金融产品营销理论的专著是世界各大金融机构根据自身经营特点和要求编著的一系列实践指南的不断补充。

随着金融学的高速发展，以及电子技术在金融业中的广泛应用，金融学成为现代经济运行的轴心，金融产品的不断创新对金融业的发展发挥了巨大的作用，极大地提高了金融效率，而金融产品日趋复杂，为金融产品营销理论研究提供了广阔的发展空间。

特别是 2008 年的全球性金融危机，使各界人士对金融产品的关注达到了前所未有的高度。因此，客观、务实地了解金融产品，有效、理性地开发金融产品，科学、创新地管理金融产品，变得越来越重要，金融产品与各界人士的生活和工作也变得越来越紧密。

本书是由梁昭、高静和王岩共同完成的，前两位编者是北京第二外国语学院的教师，第三位编者是中国建设银行的专业理财师；其中梁昭负责第一至第四章以及第十三章的编写，高静负责第五至第八章的编写，王岩负责第九至第十二章的编写；由梁昭负责本书的总纂。

在本书的编写和资料搜集过程中，编者得到了许多相关人士的帮助，在此，谨对张强、徐学鹏、李兆贺、曹宁和赵志芳等人的辛勤付出表示衷心的感谢！

梁　昭

目 录

第一部分 金融产品营销

第二部分 银行产品营销

第三部分 保险产品营销

第四部分 基金产品营销

第五部分 信托产品营销

第一部分
金融产品营销

第一章

金融产品

⊙本章培养目标⊙

1. 理解金融产品的概念。
2. 了解金融产品的特点及其分类。
3. 了解银行金融产品。
4. 了解保险金融产品按不同标准的分类。
5. 了解各种证券金融产品的种类。

关键词： 金融产品（financial product）
银行金融产品（bank financial product）
保险金融产品（insurance financial product）
证券金融产品（security financial product）

第一节　金融产品的概念及特点

金融产品是随着金融业、金融市场的发展而产生和发展的，它属于产品的一种，但又不是一般意义上的产品或服务，它具有独特的含义和特性。

一、金融产品的概念

金融产品是指由银行或非银行金融机构向客户提供的金融工具以及与之相关的服务，这里的服务是指能满足人们的某种需要，并且以货币作为载体的一切服务。金融产品在形式上既有有形产品，如各种通货、黄金等，又有无形产品，如金融服务等。金融产品是一个不断发展的概念，在不同时期具有不同的内容，与特定的经济环境和社会环境相关。同时，它又是一个组合概念，极少有金融机构提供单一产品，绝大多数的情况是金融机构将各种产品组成一些产品组合。新的产品或者创新产品与原有产品相比，总是在服务、技术或管理上有所改进，关键目标是获取更多的利润。每次创新都意味着成本的降低或服务的升级，客户也可以从中得到方便或利益。无论金融产品的变化幅度如何，以何种形式出现，其实质仍是一套服务。

二、金融产品的特点

金融产品与制造业的产品相比有其自身的独特性。了解和掌握金融产品的这些特征是我们开发金融工具、进行金融创新、加强金融管理以及回避金融风险的前提和保证。概括而言，金融产品主要具有以下特点（见图 1-1）。

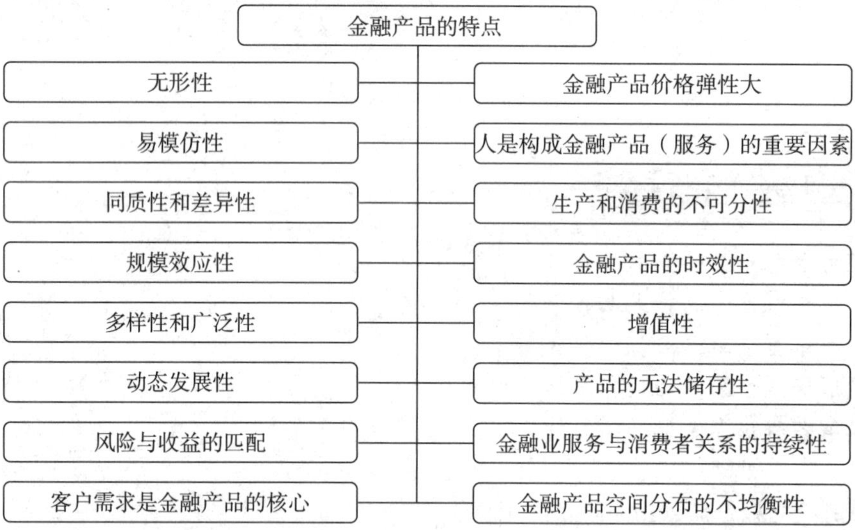

图 1-1 金融产品的特点

（1）无形性。金融业提供的金融服务具有无形性，与有形产品相比，服务很难用视觉、触觉、听觉、味觉进行感知，另外，消费者对使用金融服务后的利益感知也是无形的。例如，金融业向消费者提供的投资建议很难具体、形象、直观地向客户展示，金融业只能用抽象的数字、符号以及计算、分析来展示金融产品的功能、作用以吸引客户。

（2）易模仿性。金融产品是现有金融手段的整合，在运作形式方面，没有专利保护。因此，不论在模仿的难易程度，还是在模仿的速度上都体现出易模仿性的特点。这一点和普通产品有明显的区别。

（3）同质性和差异性。一方面，市场上有许多金融机构，尽管可以有不同的服务方式和程序，但是服务的内容大多是一样的，产品具有同质化的特点。另一方面，金融业所提供的服务是在与客户高度接触中进行的，服务的方式和程序、服务的环境、服务的人员、服务的质量对客户的体验都有很大的影响。因而，提供同质化产品的各个金融机构对于单一客户而言会产生差异性，会促使客户为满足其需求而进行选择。

（4）规模效应性。就单一金融产品而言，服务的客户越多，成本越低，利润增长越明显。同时，还可以吸引客户关注金融机构的其他金融服务，提高客户的信赖度和忠诚度。

（5）多样性和广泛性。金融产品的多样性是指金融业提供的产品由一系列配套服务组成，能为客户提供综合服务，满足客户的不同需求。如银行为客户提供存款、汇款、结算、支取、结汇、售汇和其他国际国内业务，以及资本或非资本项目的清算服务等。随着金融创新步伐的加快，将会不断涌现一些新的产品和服务，同时又废弃一些旧的产品和服务，但总趋势是产品和服务越来越多。金融产品的广泛性是指金融产品渗透到社会生产、生活的各个领域，出现在各个环节，这是其他产品无法比拟的。技术进步使得金融产品不仅服务于一国的企业、集团和个人，还可服务于国际上任何一个国家的企业、集团和个人，并且对每个客户提供的产品都是同质的。

（6）动态发展性。金融产品必然随着社会进步、经济发展、全球一体化进程等诸多政治、经济因素的变化而动态发展，不断与之相适应。最初，人类为了节约因物物交易而产生的交易成本，创造了实物货币或贵金属等银行产品的雏形。为了节约国际交易中交易双方直接产生的成本，委托收款、托收承付、信用证等结算用的银行产品也随之产生。近几年来，随着全球化的不断发展和财富的不断累积，人们更多地把金融产品作为投资、投机或规避市场风险的一种工具，充分利用其获取投资价值及发挥套期保值的功能。但金融产品的风险也越来越大，面对世界百年未有之大变局，金融产品在一体化的金融市场下风险性将增大，安全性将愈加没有保障。除了一般的金融产品以外，近年来发展最快的是金融衍生品，它们将在以后的经济生活中发挥重要作用。

☞案例

金融杠杆的意义与合理使用

"给我一个支点，我可以撬动整个地球。"当我们面前摆着一块巨石，我们想把它挪走，光靠人力来抱、来推都是无济于事的，但是你可以通过一个强有力的杠杆把它撬动。

当我们要建设一条高速铁路或高速公路的时候，我们需要一笔巨额投资，而且需要一个很长的时期来完成建设。我们没有这样一次性的巨额资本的积累，但是通过最初投入一定比例的资本，以未来的铁路、公路的现金流作为质押，我们就可以借到这笔投资所需要的巨额资金，我们就可以完成这样的建设，为经济发展提供强有力的支持。

金融杠杆有两方面的含义。首先从广义来讲，金融杠杆应该是包括所有金融方式、金融手段、金融工具、金融价格的总体，甚至是整个金融资金的总体，既包括直接金融，也包括间接金融，既包括传统金融，也包括新金融。这是一个非常广义的金融杠杆的含义。

其次，还有一个很狭义的金融杠杆的含义，就是一定比例的资本，这些资本包括保证金、准备金、抵押品等，以这样一个最低比例的资本来撬动数倍的负债，最后取得数倍于融资的数额来支撑更多资金的供给。以下讲的内容可能有些是从广义的金融杠杆角度来讲的，有些是从狭义的金融杠杆角度来讲的，而有些是兼而有之的。

不能否认金融杠杆在现代经济当中神奇的功能。欧美的经济发展史、工业革命史以及发达市场经济的形成过程，里面都有金融杠杆巨大的推动作用。发展中国家的经济起飞和经济奇迹的背后都有金融杠杆神奇的推动作用。整个产业革命、经济结构的调整、产业的升级、科技的创新以及整个经济的高速增长都离不开金融杠杆的推动作用。

金融杠杆具有其神奇的作用，但金融杠杆不能被“神化”。金融杠杆是一把双刃剑，高杠杆可能引发金融动荡，甚至金融危机。

在危机之前，在一种宽松的低利率的货币政策之下，在一种流动性泛滥的环境之下，国家是高负债、高杠杆的，企业也是高负债、高杠杆的，银行也是高负债、高杠杆的，个人也是高负债、高杠杆的。个人借债消费，企业借债扩大生产，银行也是用高杠杆来放款，影子银行也都是采用高杠杆的方式在运作。高杠杆在失控的情况下就形成了金融膨胀、金融泡沫，乃至最后的金融危机。

在危机之前，按揭之上再加按揭，杠杆之上再加杠杆，证券化之上再加证券化，这些成为司空见惯的现象，导致金融泡沫的形成，最后引发了金融危机。而在金融危机之后，就开始了新的一轮去杠杆进程。国家去杠杆，银行去杠杆，企业去杠杆，个人也去杠杆，而去杠杆的最后结果就是经济萎缩，经济萧条，银行放贷能力萎缩，企业借贷能力萎缩，失业率提高，最后经济陷入衰退，复苏乏力。

因此，金融杠杆作用无限，但金融杠杆不能被神化，紧随金融杠杆加杠杆的兴奋而来的就是去杠杆的痛苦。

无论是从微观层面还是从宏观层面，都要有效地控制金融杠杆的水平，对企业、对银行、对其他金融机构都应该适度控制杠杆水平，而对整个经济来讲也要控制整个杠杆的水平，以防止金融泡沫的形成，防止金融危机的发生。

(7) 风险与收益的匹配。风险与收益是金融产品最典型的特征。任何一种产品都可能给客户或金融机构带来损失或收益。金融机构正是利用了金融产品的这种营利性质来开发一些新的产品工具，从而在这一活动中盈利的。当这一产品被其他银行或金融机构仿效，使得该产品的盈利能力降低，直至无利可图时，金融机构又会去努力开发新的金融工具，由此造成新产品总是层出不穷的情况。由于任何一种产品的开发都会给金融机构带来风险、损失，因此金融产品和服务的管理实质上是一种风险管理。

(8) 客户需求是金融产品的核心。客户是金融产品的消费者或者服务接受方。如果金融机构没有顾及客户的需求，甚至偏离了客户的需求，那么金融产品就失去了存在的基础，对于金融机构而言，这样的产品不但会造成巨大的风险损失，还会降低机构本身在客户心目中的形象。因此，不断强化市场调研，了解客户需求是金融产品开发的重要前提。

(9) 金融产品价格弹性大。在一个发达的金融市场中，各种金融产品都是相互竞争的。金融产品的这种相互替代作用使得在竞争激烈的金融市场中价格的微小变动都可能引起金融产品需求的大起大落。

(10) 人是构成金融产品（服务）的重要因素。金融服务过程是客户与金融服务提供者之间广泛接触的过程，这一过程的主宰是人，客户的修养、情绪、期望、行为和金融服务提供者的素质、能力、训练水平等都与金融服务绩效的好坏、金融服务质量的高低密切相关，所以人是构成金融产品（服务）的重要因素。在接受服务的过程中，消费者会与服务人员发生密切接触。服务质量在很大程度上受到服务提供者的个性、偏好、知识和经验等个体因素的影响。同一个金融产品，由不同的服务人员来提供，其效果和质量存在很大的差异。两个金融机构之间的差异通常就在于传递服务的雇员的素质不同。人已经成为产品的一部分。因此，金融业对服务接触进行管理以创造消费者满意的体验是一件非常重要的工作。

（11）生产和消费的不可分性。金融业服务的供应和消费必然是同时发生、不可分离的。服务是一次行动，是一个过程。在这个行动过程中，金融业提供服务，消费者消费服务。服务无法储存，无法运输，消费者必须加入服务的生产过程中才能最终消费服务。因此，对消费者来说，错过一定的时机和场合可能就不再需要服务了；对金融机构来说，错过一定的时机和场合就不可能提供服务了。

（12）金融产品的时效性。金融产品在满足需求的过程中体现为一种服务，服务中对需求回应的即时性要求远远大于实体产品，如果金融产品的服务推广不够及时，延长了客户等候服务的时间，就可能引起客户的厌烦甚至对该产品的质量的怀疑。同时，由于金融产品缺乏专利所有权，产品易被模仿，因此避免时滞成为产品开发的重要因素。

（13）增值性。人们购买金融产品最主要的目的是期望所投资的资金能带来超额收益，即在一定时间后收回大于原来投资的资金。

（14）产品的无法储存性。金融产品具有服务产品的不可感知性和生产消费的即时性，这决定了金融产品是无法储存的。金融产品的这一特点决定了金融产品的生产能力是相对确定的。这样就使得金融产品对需求缺乏弹性，当需求不足时会造成生产能力的浪费，而需求过多又会导致部分需求无法被满足或金融产品的质量下降。

（15）金融业服务与消费者关系的持续性。金融业不同于饮食业等服务业，后者一次性消费以后再次消费的可能性无法预知。金融业与消费者建立的是一种长期持续的业务关系，消费者一旦在某家金融机构开了存折、办了卡，他今后将会进行一系列的存取活动。因此，金融业服务与消费者的关系具有持续性。

（16）金融产品空间分布的不均衡性。金融产品是随着银行分支机构的设立而在全国范围乃至世界范围内分布的。银行机构虽然分散，但自成系统，具有吸引力和广泛的适用性。但由于各地区的经济技术、发展能力各异，人们需求的限制以及银行机构在各个地区提供的金融产品的不同，各个不同的地方存在较大差异，所以金融产品的开发总是与需求紧密相连，银行产品的提供必须与当地的经济发展水平相适应，以使之具有一定的适用性和较强的吸引力。

第二节　金融产品的分类

金融产品与一般消费产品的区别主要表现在以下三点：第一，一般消费产品是指有形产品，而金融产品更多是提供无形的服务；第二，一般消费产品有设计、制造、营销过程，而金融产品只有设计、营销过程；第三，客户在购入一般消费产品时，通常在支付款项购入后，除产品质量外承担的风险是有限的，而金融产品的购入是客户事先支付自己的资金，事后获利，根据条件的差异，客户要承担不同程度的风险。不同的金融产品被设计出来用于满足客户不同的需求，金融产品的分类主要体现在不同类别的金融机构提供服务的差异性上。

一、银行金融产品分类

商业银行作为现代金融体系中的重要基础平台，其所提供的产品内容十分广泛，可以将产品划分为传统银行类产品、投资银行顾问类产品和其他新兴产品三大类（见图1-2）。银行向客户所提供的往往不止一种产品，而是多种产品的服务组合，这样既可以适应市场经济的不断发展，满足客户多样化的需求，又可以为银行带来更高的综合收益。

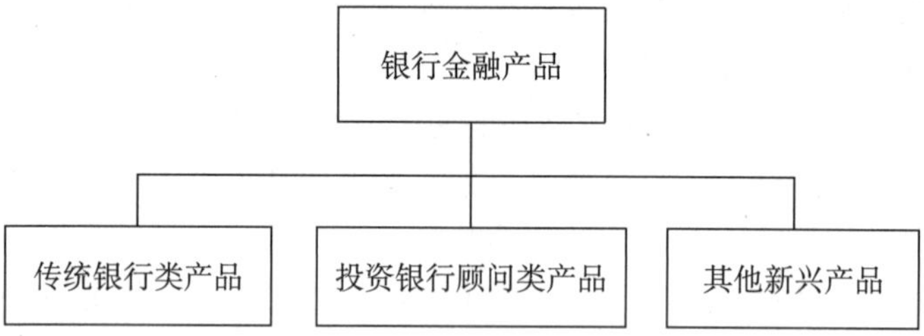

图1-2 银行金融产品分类

1. 传统银行类产品

（1）资产类产品。商业银行作为经营“钱”的机构，资产类产品是商业银行传统核心业务之一，也是商业银行最主要的盈利资产之一。其最大的特点是风险较高，因此，在向客户提供此类业务时，一定要把风险管理和控制放在首要位置。资产类产品主要包括信用贷款、担保贷款、票据贴现、流动资金贷款、固定资产贷款、个人住房贷款等。

（2）负债类产品。商业银行作为信用中介，负债是其最基本、最主要的业务。商业银行90%以上的资金来自负债。负债类产品的结构和成本变化对商业银行的盈利和风险影响极大。负债类产品本身风险很小，这也是商业银行高信誉特征的保证。负债类产品主要包括活期存款、定期存款、同业拆借、向中央银行借款、转贴现、金融债券等。

（3）结算类产品。结算类产品是银行代客户清偿债务、收付款项的传统业务之一。对商业银行来说，这是一项业务量大、风险小、收益稳定的典型中间业务。同时，通过此业务，商业银行成为全社会的转账结算中心和货币出纳中心。结算类产品主要包括银行承兑汇票、支票、本票、汇款、托收、信用证、保函等。

（4）租赁类产品。租赁业务不但为商业银行提供了新的融资渠道，有利于资产业务的多样化和分散投资风险，而且也为商业银行拓展中间业务、加强服务功能提供了新的空间。租赁类产品包括经营租赁和融资租赁。

（5）国际业务产品。国际业务产品具体包括国际资产类产品、国际负债类产品、外汇买卖与国际结算。

①国际资产类产品。它主要包括对国内厂商贷款、对国内厂商贴现、对国内厂商押汇和出口买方信贷四种。

②国际负债类产品。它主要包括在国内吸收外币存款、在国外吸收外币存款、在国外发行外币债券和向国外借款四种。

③外汇买卖。在进行外汇买卖时，关键是要做好风险防范工作。

④国际结算。这一产品的关键是选择好代理行。国际结算主要包括：外汇资金拆借，代客外汇买卖，出口押汇，托收，汇出汇款，买入票据，贴现，进口押汇，进口代收、代售旅行支票，国际信用证，见索即付保函。

传统银行类产品总结见图 1-3。

- 传统银行类产品
  - 资产类产品
  - 负债类产品
  - 结算类产品
  - 租赁类产品
  - 国际业务产品
    - 国际资产类产品
    - 国际负债类产品
    - 外汇买卖
    - 国际结算

图 1-3 传统银行类产品

2. 投资银行顾问类产品

投资银行顾问类产品是指根据客户的需求，站在客户的角度为客户的财务管理、投融资、兼并收购、资产及债务重组、发展战略等活动提供咨询、分析、方案设计等服务。投资银行顾问类产品最大的特点就是专业化、个性化、量体裁衣、具有创新性。它主要包括财务顾问、投资顾问、战略顾问、融资顾问、信息服务顾问。

3. 其他新兴产品

在全球金融业混业经营模式的大趋势下，为了更好地满足客户需要和增强银行竞争力、提高利润水平，商业银行不断向金融创新工具即金融衍生品市场进行渗透。金融衍生品包括期货、期权、掉期三大类（见图 1-4）。

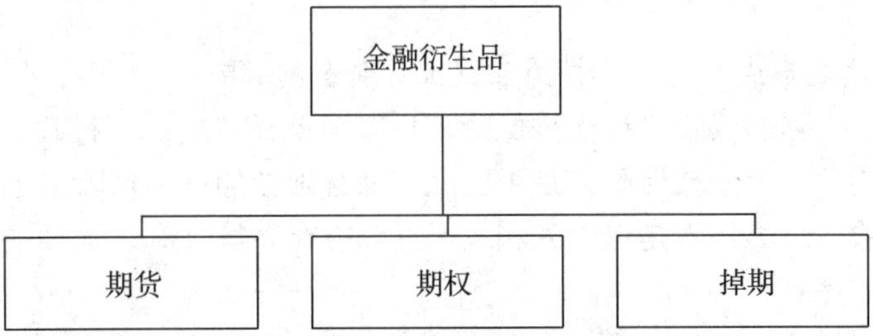

图 1-4 金融衍生品

☞**案例**

我国金融衍生品市场发展简介

期货是我国最先发展的金融衍生品，1992 年 10 月，深圳有色金属交易所推出了中国第一个标准化期货合约——特级铝期货标准合同，实现了由远期合同向期货交易的过渡。时至今日，期货市场已经涵盖了农产品、金属、化工产品、能源、金融等众多领域。随着金融市场的不断发展，金融衍生品的种类也不断丰富。我国在2005年5月推出债券远期交易后，又陆续引入利率互换、远期利率协议、外汇掉期和货币掉期等金融衍生品，交易量也逐渐增长。

近年来，由于缺乏双向交易与对冲机制，我国股市经常出现暴涨暴跌，严重制约了资本市场投融资和资源配置功能的正常发挥。2010年4月，股票指数期货的推出缓解了市场的系统性风险问题，实现了股市的内在稳定，这是我国金融衍生品市场的又一项重要创新，标志着金融市场的进一步完善。远期、期货、期权和掉期这四大类产品在我国得到了良好持续的发展。

作为金融衍生品的交易主体，国内金融机构和其他投资者在金融衍生品市场中表现活跃。随着金融市场逐渐全面对外开放，大量外国投资者也在积极参与中国市场的交易。截至2020年底，已有超过百家外资银行及其分支机构获得全面经营金融衍生品业务的牌照。

二、保险金融产品分类

常见的保险金融产品分类有以下几种：

1. 按保险的经营性质分类，可分为商业性保险和政策性保险

（1）商业性保险。一般而言，保险大多是商业性的，完全由保险公司按商业惯例经营，保险人通过收取保险费承担相应的保险责任，并通过商业运作获得利润，实现持续经营。国际保险贸易中的保险项目全部是商业性的。

（2）政策性保险。政策性保险则是按国家有关法令开办的。为了保障社会成员的生活安定，保障社会经济活动的特殊领域，国家往往对政策性保险提供财政补贴。政策性保险又可分为社会保险、财产保险和责任保险，包括医疗保险、失业保险、工伤保险、养老保险等。

2. 按保险的实施形式分类，可分为强制保险和自愿保险

（1）强制保险。强制保险又称法定保险，是以国家颁布法律、行政法规的形式来实施的保险，具有强制性，无论被保险人是否愿意，都必须参加这种保险。

（2）自愿保险。自愿保险是保险人和投保人双方在平等互利、协商一致的基础上签订保险合同来实现的保险。

3. 按保险范围分类，可分为财产保险、责任保险、人身保险和信用保证保险

虽然国际保险业界对于保险种类的划分并无统一的标准，但大多数国家按以下标准分类：

（1）财产保险。财产保险是将各种物质财产以及与它们有关的利益作为保险标的的保险，主要包括海上运输保险、运输工具保险、火灾保险、农业保险等。

（2）责任保险。责任保险是指以被保险人的民事损害赔偿责任作为保险标的的保险，主要包括公众责任保险、雇主责任保险、产品责任保险、职业责任保险、保赔保险等。

（3）人身保险。人身保险是指以人的生命和人体机能作为保险标的，以被保险人的伤害、疾病、死亡作为保险事件的保险。保险人根据约定于保险事故发生或保险期满时，对被保险人履行给付保险金的服务。人身保险的主要险种有：人身意外伤害保险、人寿保险、健康保险等。

（4）信用保证保险。信用保证保险实质上是一种担保服务，主要包括：雇员忠诚保证保险，即承保雇主因雇员的不法行为所致的损失；履约保证保险，即承保订立合同双方中一方违约所负的经济责任。

4. 按承保危险的数量分类，可分为单一危险保险和综合危险保险

（1）单一危险保险。单一危险保险是指对某一种危险所造成的损失给予经济补偿的保险。

（2）综合危险保险。综合危险保险是指对数种危险均承担赔偿责任的保险。

5. 按保险责任承担的次序分类，可分为原保险和再保险

（1）原保险。原保险是指保险人对被保险人因保险事故所致损害承担直接赔偿责任的保险。

（2）再保险。再保险也称分保。《中华人民共和国保险法》对再保险的定义是："保险人将其承担的保险业务，以分保形式部分转移给其他保险人的，为再保险。"

三、证券金融产品分类

证券是商品经济和社会化大生产的产物。证券产生于契约。在法律上，证券可以概括为各类记载并且代表一定权利的法律凭证的统称，用以证明证券持有人有权根据证券的内容取得应有的权益。证券大体上可分为两大类：一类是无价证券；另一类是有价证券。在证券分类体系中，有价证券和无价证券的区分属于一级分类；对有价证券进行的分类属于二级分类，如资本证券、产品证券等；对资本证券再进行分类属于三级分类。下面主要讨论证券分类体系中的二级分类，即对有价证券进行各种分类。有价证券可依据不同的发行者，不同的发行方式，不同的发行条件，不同的发行地域范围，不同的转让条件、方式，不同的作用、收益程度和期限等进行一一对应的分类。

1. 产权证券、债权证券与共同基金

（1）产权证券。产权证券通称股票，股票是股份有限公司在筹资时发行的一种有价证券。股票作为产权证券或股权证券，表明股东对其所持股票的发行公司拥有产权或股权，股票没有期限，不用偿还，但可以转让或流通。股票持有者根据公司盈利情况，享有获取股息、红利的权利，同时股票持有者具有根据公司的亏损情况承担损失的义务，公司一旦破产，所有股东都要分担责任和风险，股票是最大众化的筹资和投资媒介。

（2）债权证券。债权证券通常被称为债券，债券是一种信用工具，它是由债务人做出的在规定日期偿付债务本息的承诺或承诺书。债券期限是与债券发行者的用款需要、投资计划以及其他负债的期限结构和偿还计划相适应的。债券一般分为国家债券、地方债券、公司债券三大类。三者在收益、风险、流动性等方面都有所区别，投资者必须经常研究各种债券的基本情况和风险程度，以便择其优者而投资。

（3）共同基金。共同基金是一种汇集不特定多数投资者的资金，委托专门的投资机构进行各类投资与管理，借以分散风险并享受投资收益的制度。共同基金又称共同投资基

金，或称证券信托投资基金，其主要特色是：基金由多数投资者的资金组成；基金多投资于有价证券；基金投资的目的是获取利息、股利等；为分散投资风险，基金必须分散投资于各种证券；基金资产由专业人员管理；投资收益分配给投资者。

2. 资本证券、货币证券与产品证券

（1）资本证券。资本证券是有价证券的主要形式，包括股票、债券和新股认购权证书等，是一定的所有权、收益权及其他派生权利的凭据。如普通股的持有人即企业的股东，既可在一定程度上参与企业经营决策，又能领取股息和红利。从我国目前的情况看，已发行的资本类有价证券大体可以分为国债、企业债、金融债、股票四种。

（2）货币证券。货币证券主要包括期票、支票、汇票、本票等，是对一定数量的货币拥有请求权的凭据。这些货币证券一般只发生在产品交易、支付劳务报酬、债权债务结算等经济往来中。

（3）产品证券。产品证券也称购物证券，是指有权领取实物产品的证书。

3. 上市证券与非上市证券

这两个概念一般只适用于资本证券。

（1）上市证券。上市证券是指经有关机关批准在证券交易所内买卖的有价证券。上市证券在各国立法上并没有强制性规定，但世界各地的证券交易所都有各自的有价证券上市政策和有价证券上市标准，各种证券必须符合这些标准，才能被允许在证券交易所内公开挂牌交易。

（2）非上市证券。非上市证券是指未向证券交易所登记注册的证券，一般非上市证券只在证券交易所以外进行交易，其数量较上市证券多。非上市证券大多由于不符合证券交易所规定的上市条件而未能登记注册，但也有些规模较大、信誉较好的商业银行和保险公司为了免去每年向证券交易所支付费用和定期呈报财务报表等，即使符合证券交易所规定的上市条件，也不在证券交易所注册上市。

4. 商业证券与非商业证券

（1）商业证券。商业证券是由企业签发的以融资为目的的商业票据，它也是商业融资工具之一。商业证券在形式上与其他商业票据相同，由出票人本身或委托其他付款人在见票时或在指定日期无条件向执票人支付一定数量的款项。

（2）非商业证券。非商业证券是指商业证券以外的其他有价证券，如政府公债、银行及非银行金融机构的各种债券和企业债券。

5. 可转让证券与不可转让证券

（1）可转让证券。可转让证券是指通过转让而自由流通的证券。按法律规定所产生的各种证券，如提单、债券等，均可经证券的背书和要约而自由转让，受让人对证券的权利将受到法律的保护。

（2）不可转让证券。不可转让证券是指没有相应的政策制度规范其转让方式，或有关制度规定不可转让的证券。若不可转让证券未经公开地、非正式地在非经济法人之间转让，其所有权的变更不受法律保护。

6. 固定收入证券与变动收入证券

（1）固定收入证券。固定收入证券是指持券人可以在特定的时期内取得固定的收益，预先知道收益的数量和时间的证券，如固定利率债券等。

（2）变动收入证券。变动收入证券是指因客观条件的变化其证券收益也随之变化的证券。例如浮动利率债券，其利率不固定，依据银行利率变化而变化，通常3个月或6个月调整一次，以解除债券购买者由于银行利率同债券利率差异变化而产生的风险顾虑。

7. 可转换证券与不可转换证券

（1）可转换证券。可转换证券是指证券发行者在发行证券时允许持券者在一定条件下按发行者的预先规定提出变更证券性质、期限、收益、权利等要求的证券。常见的可转换证券包括可转换股票和可转换债券。可转换股票是指在公司发行数种股票的条件下，给予股东将其所持股票转换成其他种类股票的请求权，从而给投资者以充分的选择余地，加快股票的发行。可转换债券是指在债券发行时即约定在一定条件下持有者可将债券转换为原发行公司的股票，如行使转换权利，则债券转化为股票，债券持有者由债权人变成股东。

（2）不可转换证券。不可转换证券与可转换证券相反。

8. 公募证券与私募证券

在国际上，证券按其发行的形式可分为公募证券和私募证券。

（1）公募证券。公募证券是指经由承购公司承接新证券的发行以后，向社会上广泛而不特定的多数投资者进行募集的证券，投资者是不确定的广泛的民众及机构或法人，通过公示制度以维护其利益。在发行公募证券前，发行者首先必须选择好主干事，主干事的职责是负责寻找和安排投资者，协助发行者与投资者关于证券发行条件的商讨并促其达成协议；其次必须选择承销公司，承销公司的任务是承接全部公募证券，并保证证券全部销售出去。

（2）私募证券。私募证券是指由经办人向特定投资者直接进行募集的证券，与公募证券相反，私募证券的投资者一般为机构投资者。在发行私募证券时，发行者首先要选择经办人，经办人可以是一家公司或数家公司。当经办人有数家公司时，应推选其中一家为主经办人，其余为副经办人。经办人的职责与公募证券发行的主干事职责相似。其次要考虑投资者的购买意向。因此，选择资信良好、在市场上具有良好信誉、有较大影响的证券公司作为经办人，对于私募证券的顺利发行来说是十分重要的。

本章小结

1. 金融产品是指由银行或非银行金融机构向客户提供的金融工具以及与之相关的服务，这里的服务是指能满足人们的某种需要，并且以货币作为载体的一切服务。

2. 金融产品作为一种无形的服务类产品具有自身的特点，其中包括：无形性，易模仿性，同质性和差异性，规模效应性，多样性和广泛性，动态发展性，风险与收益的匹配，客户需求是金融产品的核心，金融产品价格弹性大，人是构成金融产品（服务）的重要因素，生产和消费的不可分性，金融产品的时效性，增值性，产品的无法储存性，金融业服务与消费者关系的持续性，金融产品空间分布的不均衡性。

3. 市场上的金融产品根据不同类别的金融机构提供服务的差异性可以大体分为三类，即银行金融产品、保险金融产品、证券金融产品。

思考题

1. 什么是金融产品？
2. 金融产品有哪些特点？
3. 与一般产品相比，金融产品有哪些不同？
4. 什么是再保险？
5. 按照保险范围来划分，保险可以分为哪几种？
6. 什么是投资银行顾问类产品？其特点是什么？
7. 共同基金的主要特色是什么？

第二章

金融产品营销概述

⊙本章培养目标⊙

1. 理解金融产品营销的含义。
2. 了解金融产品营销的特征。
3. 了解金融产品营销的发展历程。
4. 理解我国开展金融产品营销的必要性。
5. 从不同角度了解我国在金融产品营销中存在的问题。
6. 了解我国金融产品营销未来的发展趋势及对策。

关键词： 金融产品营销（financial products marketing）
内部营销（internal marketing）
互动营销（interactive marketing）
整合营销（integrated marketing）

第一节　金融产品营销的含义及特征

一、金融产品营销的含义

金融产品营销出现在工商企业市场营销之后，是市场营销在金融领域的发展和开拓。依据营销大师菲利普·科特勒对市场营销的阐述，金融产品营销是指金融机构以市场需求为核心，各金融机构采取整体营销的行为，通过交换、创造和销售满足人们需求的金融产品和服务价值，建立、维护和发展与各方面的关系，以实现各方利益的一种经营管理活动。金融机构的营销目的是借助精心设计的金融工具以及相关金融服务以营销某种金融运作理念并获取一定的收益。

二、金融产品营销的特征

在市场体系中，金融业是一组专门为客户提供金融服务以满足客户对金融产品消费需求的服务性机构，其中银行是这组服务性企业的主体，它的营销有生产消费品、工业品的企业的营销的共性。

（1）强调整体营销。由于金融产品的特殊性，客户对金融产品及其知名度的认识是从了解金融机构开始的。客户只有在对某金融机构产生认同和信任的基础上，才会接受其提供的金融产品。因此，金融机构的市场营销比一般企业的市场营销更注重机构自身的整体营销。

（2）注重品牌营销。随着金融产品的不断开发与品种的逐渐增多，品牌营销在金融产品营销中就显得比金融产品的功能营销更重要。由于同一类金融机构提供的产品的功能都是大致相同的，客户在接触金融产品时往往不是首先被金融产品带来的盈利或服务便利所吸引，而是被熟知的品牌所吸引，比如微信支付、支付宝等。

（3）直面营销。由于客户对某家金融机构的认同和信任是在接受原有产品的过程中早已形成的，因此金融机构各营销网点的所有工作人员在与客户接触、为客户服务的过程中因地、因时、因人而异地自然而然地向客户介绍新的金融产品，这一行为往往会在不经意间使客户改变态度，使其认同或接受新的金融产品，这种面对面的直面营销更具针对性和渗透性。

（4）全员营销。由于金融机构的大部分员工在生产金融产品（提供金融服务）的同时能够直接面对消费者，直接了解客户的需求，直接给予客户某些方面的满足，因此，金融产品营销要求金融机构的所有员工在与客户接触的过程中，都要借助一定的营销方式和技巧让客户了解金融产品所具有的品质和金融市场潜在的服务，在满足客户需求的同时，把新的金融产品推销出去。

同时与一般企业相比，金融产品营销又表现出如下比较典型的特征：

（1）宏观环境比较严格。一般企业的营销活动只要避免不正当竞争，不触犯法律，所受到的其他限制相对较少，宏观环境比较宽松；而金融业的营销活动则受到货币信贷政策、金融业务制度以及金融监管等的限制，宏观环境比较严格。

（2）营销对象的地位特殊。一般企业的营销对象（客户）是单一的买方；而金融业的营销对象有可能是双重的，某一客户既可以作为资金和信用服务的买方，又可以成为资金和信用服务的卖方。这种营销对象的双重性必然导致营销策略的双重性。

（3）营销产品相互联动。一般企业的产品的关键因素是质量和价格；而金融产品的关键因素则是其所能提供的配套服务。金融产品的这种联动性使银行机构的总体协调显得更加重要。

（4）渠道短而直接。一般企业产品渠道的环节比较多，与中间商联系较多，不直接面向最终消费者；而金融产品的营销渠道短而直接，一般都直接面向客户。因此，设立直接的经营机构和营业网点是金融业扩大业务、占领市场通常采用的分销渠道策略。这一特点也使金融业从业人员的素质直接影响到银行等机构的形象。

（5）营销创新的独占性非常有限，竞争周期加快。一般企业的产品和技术创新由于存在法律保护，其独占性比较强；相反，金融产品的创新因没有法律保护（金融产品专利法尚未出台)，其独占性非常有限，金融机构之间可以相互模仿，从而缩短了产品的市场生命周期，加剧了竞争。所以，一家金融机构若要长期维持其产品和服务的特色和优势，就需要不断创新。

第二节 金融产品营销的发展历程

考察金融产品营销在西方主要发达国家的产生和演变，可以看到金融业的营销机构从无到有，金融产品营销的方法从简单运用到积极创新，金融产品营销的观念从组织的一个功能转变为指导企业发展的经营哲学。只经历了短短几十年的历程，西方金融产品营销就已从萌芽走向成熟。在本节，我们研究自 20 世纪 50 年代末以来西方金融产品营销各个时期的主要特点和发展规律，并且结合西方金融领域近年来新的发展趋势，提出我国金融产品营销的发展方向和需要解决的问题。

一、西方金融产品营销的发展历程

市场营销被普遍认为是任何组织成功的关键，而不论组织的大小或性质。市场营销是被经济界使用最广泛的一个概念，但它同时也是被滥用最严重的一个概念。从某种角度看，它是指包括广告、品牌、包装、定价、产品管理和分销等组织功能的一般术语。在这一层面上，市场营销主要研究人们及组织做什么，而从更深的层次来说，这一术语通常是用来描述指导组织活动的一种商业哲学。它认为组织的成功来自长期的客户满意，并强调整个组织对于满足市场需要都应承担起责任的重要性。扩展市场营销的功能也许很容易，但要使市场营销能够真正集中于客户这一中心以及将市场营销作为整个组织的责任则复杂得多，金融产品营销的产生和发展历程无疑证明了这一点。营销研究在金融服务领域是一个相对新的概念。在西方国家，与一般工商企业相比，金融机构对市场营销的认识及实施是较晚的。下面以西方金融产品营销的发展历史为线索，探讨营销理念在金融服务领域的演变及新发展。

1. 金融产品营销萌芽阶段（20 世纪 50 年代末至 60 年代）

以前，人们普遍认为市场营销与金融业无关，金融业与客户之间向来用不着进行营销活动，因为大多数人认为你该去银行的时候准得去。在 20 世纪 50 年代中期以前，银行界对营销既不了解也不注意，银行提供自认为必要的服务，银行人员态度高傲，银行大楼庄重威严，客户根本不是银行的核心。

直到 1958 年，全美银行业联合会议才第一次提到市场营销在银行中的运用。当时由于银行和其他一些金融机构正经历储蓄方面的激烈竞争，一些富有创新精神的银行决定借鉴工商企业的做法，在储蓄等竞争激烈的业务上采用广告和促销等手段以吸引更多的新客户，不久其竞争对手也纷纷效仿。而在英国，直到 20 世纪 60 年代早期，才有少数几家银行意识到营销研究对其未来发展以及当前的经营活动都很重要，将营销思想引入金融领域，此时金融产品营销还处于萌芽阶段。

在整个 20 世纪 60 年代，市场营销在金融服务领域的发展非常缓慢，因为长期以来金融机构被看作是产品导向的，金融产品的无形性等特性也给金融产品营销带来了许多困难，尽管一些银行开始采用广告等营销手段，但它们还没有充分认识到营销在整个企业运营中的重要作用，更别说将市场营销作为金融业经营的指导理念了。那些最早采用现代广告和促销方式的银行发现它们的优势很快为竞争者的仿效所抵消，此时，许多银行开始认识到要吸引一批客户并不难，难的是如何使他们成为忠诚的客户。因此金融机构开始注重服务，但把服务片面理解为职员的微笑和友好的气氛。许多金融机构开始对职员进行培训，推行“微笑”服务，移走出纳员窗口前的栏杆，以营造一种温馨、友好的环境。金融界兴起了友好服务培训和改进装饰的热潮，结果家家金融机构都变得平易近人，客户很难依据哪一家态度好来做出选择，这个时期整个金融业的服务水平确实提高了一个层次。

2. 金融产品营销发展阶段（20世纪七八十年代）

20世纪60年代末，金融机构开始广泛地参与广告和公共关系活动，直到70年代，各种金融服务组织才逐步建立起市场营销部门，金融产品营销的领域也从银行逐渐发展到其他金融组织。那时市场营销侧重于战术而不是战略，在组织活动中处于较低的地位。尽管“大萧条”给其发展带来了负面影响，但金融服务组织的市场营销活动在随后5年中仍然取得了飞速的发展，金融机构成为电视广告以及各种媒体广告最频繁的使用者之一，赞助和行业间的竞争也已成为促销的重要手段，销售人员大量增加，新产品的开发速度也越来越快，因此自70年代中期以后，整个西方的金融业发生了一场被称为“金融革命”的大变革，这场大变革推动了金融产品营销的迅速发展。许多金融机构开始意识到它们所经营的业务本质上是满足客户不断发展的金融方面的需求，营销创新成为这一时期金融产品营销发展的主流。金融机构为了获得新的差别优势，开始在金融工具、金融市场以及金融服务项目等方面进行创新，试图向客户提供新的、有价值的服务。保险公司不断推出新的险种；银行提供信用卡服务、上门贷款、共同基金等。它们力图通过金融创新扩展自己金融产品线的长度和宽度，以满足更多客户更深层次的金融服务要求。然而，金融产品的创新由于没有法律的保护而很容易被模仿，从而缩短了产品的市场生命周期。

这一时期西方金融产品营销的特点是从简单地采用营销方法到广泛运用营销思想的转变，市场细分和企业定位是金融机构研究的重点，金融机构已逐渐认识到自己不可能满足所有的消费者，无法占领整个市场，而先前采用的那些营销方法并不能使它们同竞争对手很好地区分开来，它们需要集中力量于自己领先的领域，并且争取在该领域成为消费者心目中的最佳选择。于是市场细分和企业定位战略成为金融机构制胜的法宝，许多金融机构纷纷选择自己的服务重点，如有的把自己定位为商人银行，在业务上偏重于保守的投资银行业务，强调自己精通各种金融技术，而客户对象主要为大企业；有的把自己的服务对象限于中小企业；有的则强调规模，注重国际金融业务等。20世纪80年代，西方国家的金融服务业发展迅猛，成为整个经济活动中发展最快的产业之一，作为一种组织功能，市场营销无疑已经确立了其在金融服务领域的地位，而市场营销作为一种经营哲学所发挥的作用则有待进一步研究。

20世纪80年代晚期，克拉克、爱德华和嘉德勒等人认为英国银行已经处于“营销主导”阶段，此时市场营销为金融企业提供指导性原则，而施瓦科和林齐则认为市场营销还没有发展成为金融服务领域的主体。通过对近70家英国银行的研究，他们发现有近40%的银行将市场营销描述为它们的指导理念，有超过40%的银行将市场营销看作是组织的一种功能，剩下的银行则认为市场营销的作用有限或对市场营销有负面的看法。近来，许多金融服务组织被认为更乐于采用市场营销的一些具体方法，而没有认识到其实质。有的评论家则走得更远，他们认为满足客户需求的理念和金融服务的竞争之间也许存在根本的冲突。

尽管金融服务组织在多大程度上是真正以市场营销为导向的还有待研究，但毫无疑问的是金融服务组织中市场营销活动的范围在迅速扩大。那些忽视市场营销的金融服务组织应该重新思考，因为消费者个人以及消费者群体的地位已经越来越重要，他们和那些潜在的消费者已经成为金融服务领域真正的主体。玛莎百货集团在金融零售业的成功以及通用汽车公司在信用卡市场上的成功都表明，这些非传统的金融服务供应商通过市场营销运作很好地占领了市场。事实上，斯彼得和史密斯通过更广泛的研究论证了营销战略决策与金融服务组织绩效之间的联系。在这一时期，人们对于在金融领域应用营销技巧和营销工具的兴趣日益增长，其中一个重要标志就是出现了大量有关金融产品营销的杂志和书籍。

3. 金融产品营销成熟阶段（20 世纪 90 年代以来）

在这一时期，消费者个人收入和财富的增加、其他经济部门的扩张、经济全球化的趋势以及技术的迅猛发展等多个因素的共同影响，在使得对金融产品的大量需求产生的同时，也使得金融业内的竞争异常激烈。因此，金融领域的创新不仅是产品的创新，而且更重要的是程序的创新和市场管理的创新。许多金融组织成为跨国公司，特别是美国和日本的银行，它们已经将注意力更多地放在了海外市场上。事实上，这些变化对金融产品营销的冲击在 20 世纪 80 年代就已经开始了，而 90 年代则表现得更为明显。

经过几十年的探索和发展，西方金融产品营销已经逐渐走向成熟，金融企业开始真正以市场营销为导向，以市场营销的观念指导企业的整体活动。继广告、促销、友好服务、创新和定位之后，它们将注意力转向问题的核心，开始认真思考企业的经营理念。金融产品营销的观念也由原来的“产品营销”“品牌营销”“定位营销”逐步转向“服务营销”和“整合营销”。它们认识到要使自己获得良好的经营业绩，保持持久的优势地位，必须加强对金融产品营销环境的调研和分析，整合企业的所有资源，培养企业的核心竞争能力，以谋求创立和保持与客户之间长期互利的合作关系，实现本企业的战略目标。

美国的金融产品营销模式试图满足整个市场的需要，认为金融机构应采用一揽子服务方式，将各类金融产品和服务项目进行配套，以从整体上满足客户的各种需要；同时，采用有针对性的服务方式，细分客户市场，并分别由已有的或新的金融产品来满足。美国的金融机构特别注重公众舆论态度的变化，认为加强公共关系、赢得公众好评是金融机构服务的基础。因此，美国金融机构的广告费用远远超过其他国家的金融机构。日本的金融产品营销模式则更侧重于满足有限细分市场的需要，认为伴随着金融的自由化、市场准入障碍的消除和市场竞争机制的完善，金融服务业将不可避免地沿着制造业和零售业的路子发展。综合化发展金融机构并不总是处在有利的地位，那些从事专门领域服务的金融机构同样有大量的商业机会。美国和日本的金融机构都十分重视“关系”的培养，以建立起跨越职能、业务项目和地区乃至行业界限的人际关系。

自 20 世纪 90 年代以来，西方金融环境发生了重大变化，西方金融业特别是银行业处于新的转型期。之前占主流的银行业正面临着巨大的竞争压力，其传统优势地位面临巨大的挑战。信息披露制度的推广、对金融管制的放松，以及科技的迅猛发展，使得银行业的门槛降低，中间业务和非银行金融机构快速发展，银行的投资收益率远低于金融市场的投资收益率，企业融资对银行的依赖度下降。同时，由于金融全球化的步伐加快，许多国家开放金融市场，企业融资转向整个国际市场，国际债券发行增加。由此，西方银行出现业务综合化的趋势，英国的银行甚至将其名字由“bank”（银行）改为“banksurance”，即“bank”和“insurance”（保险）的合成词。1997 年 5 月，美国财政部秘书长正式提交国会金融改革方案，原则是取消银行与其他金融机构之间的法律界限，向欧洲全能银行看齐，允许银行、证券、保险和房地产企业之间业务交叉、互相兼并。同时，新的组织形式大量涌现，如合约银行、网上银行等。

当然西方金融产品营销出现了一些新的特点。金融产品营销研究的重点开始由银行转向其他金融机构，金融产品营销研究的核心由战略转向关系。国际营销和网络营销成为新的研究热点；营销创新（包括产品创新、组织结构创新和方法创新）出现新的高潮；金融机构更加强调面对面的服务；由于白领阶层和新生代收入的增加，零售银行业务开始重新受到重视。与此同时，西方金融产品营销也面临着新的挑战，必须解决好下列问题：如何更好地适应环境的迅速变化和保持本企业的核心竞争力；如何开展金融业间的战略合作；如何更好地满足客户的个性化需求和提供超值服务；如何开展内部营销；如何应对金融全球化以及利率市场化。

二、我国金融产品营销的必要性和研究现状

我国的金融产品营销是从改革开放以后才开始的。随着市场的开放、竞争的激烈，我国金融业尤其是银行业开始觉醒，意识到了营销的重要性。等客上门的时代已经一去不复返了。我国各家商业银行已经认识到银行要关注公共关系、树立良好形象，并且开始做广告、搞宣传，采用提供上门服务等发展客户的营销方式。但我国商业银行特别是国有商业银行市场营销体系的建设还有较大进步空间，其对市场营销的认识还不够系统、理性和专业。我国金融产品营销尚未真正进入建立金融业营销文化的阶段和以客户为中心、满足和创造客户需求的阶段。在以前计划经济时金融业垄断时期，我们似乎不需要营销，但是随着我国金融体制的不断改革和金融市场的不断完善，我国金融产品营销的必要性越来越突显，具体表现为如下四个方面（见图 2-1）：

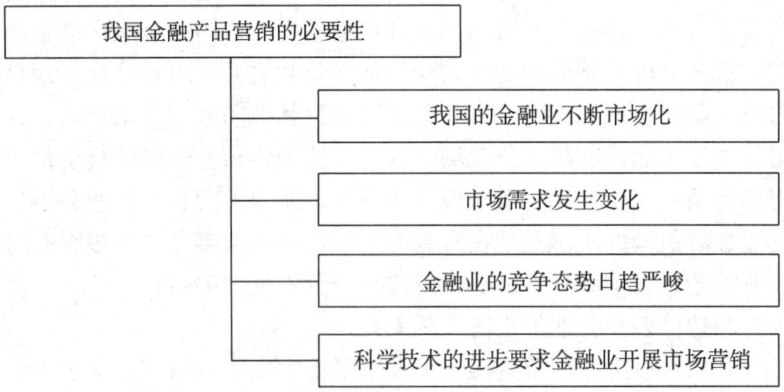

图 2-1　我国金融产品营销的必要性

1. 我国的金融业不断市场化

开展市场营销是我国金融体制改革的需要。金融体制改革打破了国有商业银行“皇帝的女儿不愁嫁”的传统垄断格局，使之真正面向市场，成为“自主经营、自负盈亏、自担风险、自我约束”的市场主体。为在竞争环境中谋求自身的可持续发展，国有商业银行必须面对市场，遵循市场规律，从市场需求出发，树立科学的市场营销理念，在满足客户需求的基础上，开发、研制、推广适销对路的金融产品及服务，并最终以此寻求盈利。

2. 市场需求发生变化

开展市场营销是市场需求多样化的需要。随着我国经济的快速发展，特别是经济质量的不断提高，居民的收入及消费水平有了较大幅度的提升，居民的金融理念也相应不断增强，其对金融产品和服务呈现出多样化的需求态势。此时，金融业面对的客户不仅有存贷款客户，而且有要求享受存贷款、汇兑、结算、理财等全方位、深层次金融服务的客户，他们不仅需要银行为其提供进入证券、保险、基金等投资领域的产品，而且希望在理财咨询、投资顾问、投资组合、融资方案设计、信息咨询等方面享受更加方便、快捷、优质、高效的服务。市场需求的这一变化要求金融业必须与之相适应，重视市场调研，分析市场机会，选准市场定位，根据客户的不同需求提供个性化、特色鲜明的金融产品及服务，而这些需求必须借助于科学的市场营销理念与营销策略的实施才能得到满足。

3. 金融业的竞争态势日趋严峻

我国金融业尤其是银行业将日益呈现多元化的竞争格局。首先是国内银行市场被四大商业银行所垄断的格局已被打破，全国性或跨区域的银行的主力军，如招商银行、中信银行等新兴的股份制银行，占据着越来越多的市场份额。其次，证券公司、信托公司、保险公司等非银行金融机构提供了类似于银行服务的融资服务，对传统银行业也形成了一定的冲击。另外，在中国加入世界贸易组织（WTO）之后，早就看中中国金融市场的外资金融机构代表处、外资营业性机构纷纷进入中国金融市场。它们有丰富的国际金融交易经验、先进的管理理念、优质的服务等，这无疑会对中国金融业产生深远的影响，中资、外资金融业之间的营销大战是不可避免的。

4. 科学技术的进步要求金融业开展市场营销

现代科学技术，特别是现代电子通信技术的迅猛发展和广泛应用，为金融业开展市场营销工作奠定了坚实的物质技术基础，促进金融业业务经营的科技含量迅速提高，并逐步形成银行发展与电子计算机、通信等现代高科技紧密结合的发展格局。同时，数字科技、通信技术的广泛应用也改变了金融业传统的存贷款业务的范围，为其迅速增加服务品种、拓宽服务领域、扩大营销范围提供了广阔的天地，使其更具条件参与市场竞争，积极开拓目标市场，寻求盈利空间。

三、我国金融产品营销存在的问题

1. 从宏观角度进行分析

（1）金融市场体系还不完善。现阶段国家对金融业业务活动的行政性管制比较严格，限制了金融业开展业务的活动空间；金融业业务竞争规则和秩序还有待加强；整个金融市场体系还不够完善。因此，金融业的市场机制尚未真正形成。市场环境的不完善严重制约着金融业的市场营销活动。我国资本市场、货币市场、外汇市场等金融市场的建设有了很大的进展，但金融产品的价格形成机制和交易机制还不成熟。以利率为例，虽经多次调整，且不同利率的确定已经考虑了资金供求关系、物价因素、公众储蓄意愿和通货膨胀等因素，但与宏观调控和市场经济发展要求相适应的利率并没有形成，金融产品的价格非市场化，利率的杠杆作用被削弱，在很大程度上影响着金融产品营销策略的制定和价格组合的正确选择。

(2) 相关法律还不完善。近年来我国法制建设得到了飞速发展，许多重要的经济和金融法律纷纷出台，这既规范了金融业的内外部环境，确保了金融业发展的安全性和有效性，又制约了金融业运作中的违规经营和无序竞争，使其向规范化和合理化方向发展。然而在我国金融业开放程度不够高，金融体制改革后虽有一定松动，但比起其他行业来，金融监管仍然很严格。随着《中华人民共和国中国人民银行法》《中华人民共和国商业银行法》《中华人民共和国证券法》《中华人民共和国保险法》等一系列金融法规的出台，我国进一步强化和扩大了对金融业的监管，再加上金融机构营销管理水平不高，使得其在狭小的市场空间中营销提升的幅度较为有限。

(3) 各地发展不平衡。金融发展总态势、各地区的自然条件、经济发展状况、当地居民的收入水平和消费偏好、社会风俗、宗教信仰等构成了一个整体的市场运行环境，直接影响到营销的创新和效果。我国金融网点多集中在沿海及经济发展较快的地区，如上海、北京、广州、深圳等，这些城市金融网点过于集中，竞争激烈。

2. 从微观角度进行分析

(1) 竞争对手分析。以金融业的核心——银行为例，分述如下：

①我国商业银行之间的比较。从占总体的份额来看，我国四大商业银行的从业人员占比、营业网点占比、金融资产占比、市场份额占比都较大。商业银行之间发展的严重不均衡使得我国银行业市场结构呈现出了典型的寡头垄断特征。

②我国商业银行与外资银行的比较。盈利能力是银行资产质量的主要体现，代表着银行竞争力的发展趋势，特别是在银行规模相当悬殊的格局下，盈利能力的高低更能体现竞争力水平。四大商业银行虽然按一级资本以及资产排名均可列入世界前100名，但经营业绩仍有改进空间。

我国金融业虽然凭借先天优势，拥有庞大的客户群体，但金融服务发展还有待个性化，同时，高效严密的风险评估和内控机制还有待完善。为了改变这种状况，除了加强内部管理外，扩大经营范围、加快金融创新、实施营销策略将会成为必然选择。

(2) 客户分析。客户是金融业经营服务的主要对象，对其情况分析的正确与否，很大程度上影响着金融业的营销定位。我国金融业客户群体分为两类：一类是个人客户；另一类是企业客户（见图2-2）。

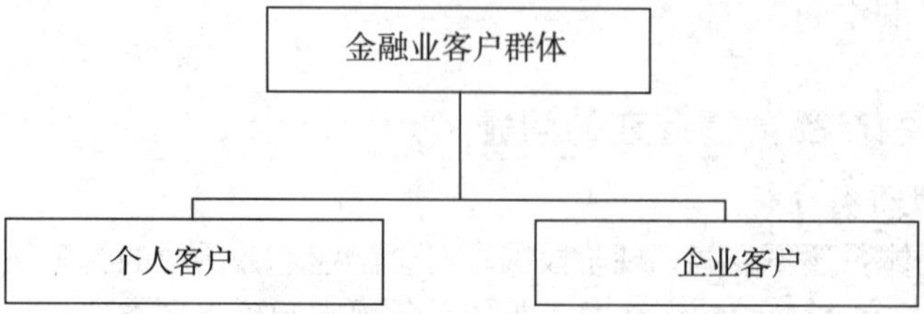

图2-2 金融业客户群体

由于个人客户在年龄、性别、职业、收入、文化程度等方面存在差异，而企业客户在企业规模、产品特征、业务特点、经营状况、风险大小等方面存在差异，所以金融业客户群体的需求呈现出了多元化、层次化、个性化的特点。金融机构只有在详细地分析客户的年龄结构、职业特点、经济地位、文化水平、心理偏好以及对金融服务产品的使用率和客户忠诚度之后，才能开发出适销对路的金融服务产品，针对不同消费群体进行差异化营销。在具体操作时，应该细心地对市场进行划分，找准目标客户，提供适销对路的产品与服务，使客户满意，从而扩展市场，提高营销水平。

(3) 金融业自我分析。由于我国金融产品营销起步较晚，再加上受以前制度的影响，金融机构还没有完全意识到营销的重要性。这使得我国各类金融机构中的营销组织体系还不健全。不管是银行业还是保险业或证券业，其组织机构设置中大都未设立营销管理部门来专门负责市场调查、企业的市场定位以及新产品的设计与推广等工作。我国金融机构业务范围较为狭窄，容易导致忽视营销，不强调营销管理的核心地位。这样就会导致金融创新业务跟不上市场需求，金融机构的业务量萎缩，因此形成恶性循环。对于营销的忽视也导致大多金融业从业人员对营销技术不熟练。我国金融机构的现状是：营销是某个职能部门的附带工作，金融机构对营销人员没有特殊要求，这就使得营销活动有可能在不规范的情况下进行，会发生营销行为的异化甚至偏差。

与此同时，我国的金融创新相对落后。仅从银行业的现状来看，仍然存在资产业务单一、资金成本高、中间业务相对落后等问题，特别是业务创新的步伐较慢，开办的新业务品种少、规模小、收益低，在整个银行资产负债业务中所占的比例不大，难以达到优化结构、增强竞争力、提高整体经营效益的初衷。

四、我国金融产品营销的发展趋势

在我国加入 WTO 后，金融市场进一步对外开放，我国金融企业面临来自国外金融机构的更加激烈的竞争，要想在竞争中立于不败之地，在金融业的经营活动中注入现代金融产品营销理念是极为重要的。

纵观西方金融产品营销的发展历程，我们看到它经历了一个由营销技巧上升到营销策略，再到营销观念的转变。人们对金融产品营销的认识是伴随着经济环境的变化、竞争的加剧而不断深化的。

1. 营销观念

在市场营销的三个层面——营销观念、营销策略、营销技巧中，观念层面的营销最为重要，因为只有正确的观念才能指导我们确立适当的策略和进行有效的行动。营销观念基于四个主要支柱，即目标市场、客户需求、整合营销和盈利能力。金融市场由卖方市场向买方市场转变，使满足客户需求成为营销活动的出发点和终结点。而任何一个金融机构，无论其规模如何，它所提供的产品和服务都不可能满足全部市场的需求，而只能满足其中的一部分，因此，只有加强对目标市场的研究，根据需求同质的特点，将企业和公众划分为若干个消费群体，针对客户的不同需要，向选定的目标客户群体提供独特的金融产品、服务和营销组合，才能使客户需求得到有效满足，并在维持客户忠诚度的同时，不断延伸和拓展新的市场。当企业的各种营销职能以及营销部门与其他部门协调一致为客户服务时，就形成整合营销。只有通过整合营销，从客户需求出发，才能比竞争对手更有效、更有力地满足目标市场的需求，最后获得盈利。由此可见，金融产品营销是一项系统工程，唯有树立正确的营销观念，才能从全局出发，达到企业与消费者双赢的局面。

2. 营销策略

在这一层面上，要注意产品差异化和市场细分定位以及产品创新。

（1）产品差异化和市场细分定位。产品差异化是指设计一系列的差异，以使本企业的产品同竞争者的产品相区分的行为。金融机构可以从产品、服务、人事、渠道或形象等方面与竞争者产生差异，在差异化的基础上，着力宣传一些对其目标市场会产生最大震动的差异，即制定一个重点定位战略。寻求服务目标、明确服务重点、有针对性地开展营销服务是实现有效竞争的前提。金融机构只有通过向选定的目标客户群体提供独特的金融产品、服务和营销组合，才能使客户需求得到有效满足，在维持客户忠诚度的同时，不断延伸和巩固新的市场。随着金融服务市场上新竞争对手的不断加入以及产品和服务项目的逐渐增多，企业之间的竞争加剧，而市场细分定位将有助于企业投资于能给其带来经济效益的领域，从而避免因盲目投资而造成的资源损失，同时有助于金融机构通过金融产品和服务的差异化建立起竞争优势。

（2）产品创新。金融产品的不断创新是企业竞争优势的根本保证，也是成功地开展金融产品营销活动的关键。金融产品的创新既与技术创新有关，也与金融市场体制创新有关，它主要是通过采纳和运用改变金融市场结构的各种金融产品来实现的。金融机构应当在市场细分和合理定位的基础上，根据消费者的不同需要，适时地创新不同的产品和服务，最大限度地满足这些需求。如在负债业务方面，根据客户的需求开发大额可转让定期存单、可转让支付命令、货币市场存款、通知存款、旅行支票等新产品，以方便客户，扩大和稳定存款；在资产业务方面，根据投资者的需要，积极推出卖方信贷、循环信贷、分期支付消费贷款、住房抵押贷款等新业务；在中间业务方面，不断开发新的金融产品，为客户提供全方位的服务，如上门服务、电话查询服务、信息咨询服务、代保管服务、个性化理财服务等。在技术创新上推出手机银行、电话银行、网络银行，以构建立体化的服务平台。作为一个金融机构，只有不断地发现、开发客户新的需要并尽量加以满足，才能在激烈的市场竞争中立于不败之地。

3. 营销技巧

这一层面又称营销方法层面，作为服务营销，除了传统的4P营销理论（见图2-3）即产品（product）、定价（price）、渠道（place）、促销（promotion）外，还应加入两个要素——内部营销和互动营销。

（1）内部营销。现代企业市场营销的实质就是了解消费者需求，设计出适合这种需求的产品并以符合消费者心理的方式传递给消费者。满足客户需求的问题，在西方营销学界被称为“外部营销”，它包括传统的4P营销理论。而金融产品营销还必须解决“内部营销”问题。“内部营销”就是服务企业必须对直接接待客户的人员和所有辅助服务人员进行培养和激励，使其通力合作，以便客户感到满意。金融机构从事第一线工作的广大员工与客户直接广泛地打交道，对客户会产生重要的影响，这就要求金融机构必须重视和抓好对内部员工的培训工作。金融机构应通过制定企业工作准则和服务标准，以及进行一系列对内部营销的宣传和教育，使广大雇员树立营销服务观念，熟悉其所提供服务的特点，认识到雇员与客户的交流反馈过程对企业经营业务成败的重要作用。在此基础上，金融机构

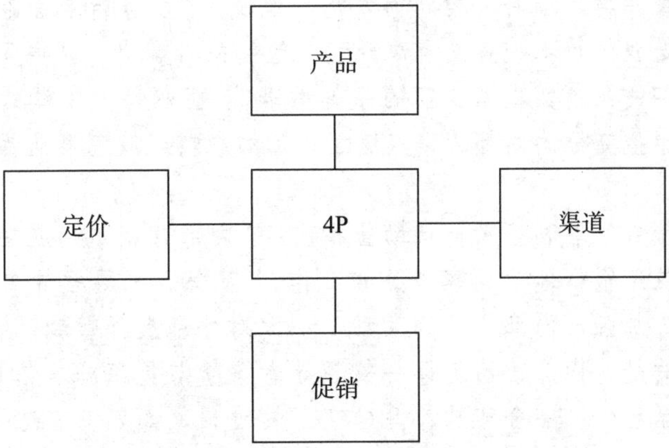

图 2-3 4P 营销理论

应努力建设企业文化，在员工中达成共识，只有这样，才能使员工与客户建立良好的关系，从而提高营销绩效。

☞案例

内部营销：只有员工满意，才会有顾客的满意

1981 年，克里斯琴·格罗路斯发表了论述“内部营销”概念的论文。“内部营销”首次出现在大众的视野中。其实，内部营销是与外部营销相对应的概念，其核心意思是，领导者应该使员工热爱公司品牌，然后再让员工去说服客户热爱这一品牌。二十多年之后，“内部营销”风靡全球，已经成为领导者培养员工的法宝、公司创造效益的利器。

那些目光长远的公司把员工当做第一营销对象，并对其进行大力的内部营销。如此一来，员工会逐步理解和接受公司的价值理念、管理方式以及发展策略等，并反过来回馈公司。你在内部营销上花的每一美元和每一小时，对你的外部关系都会产生倍增的价值。因此，让员工满意已经成为每一个公司领导者面临的最重要、最切实、最根本的问题。许多年前，身为希尔顿酒店集团旗下欣庭酒店（Homewood Suites）品牌经理的霍尔特·豪泽准备聘请高人复兴此品牌，但是招聘广告发出去之后石沉大海。后来，霍尔特·豪泽突然发现，欣庭酒店品牌的默默无闻与内部员工对这个品牌的兴奋度有相当密切的关系。如果连自己的员工都不热爱欣庭酒店，怎么能够打动顾客呢？找到了问题的症结后，霍尔特·豪泽开始孜孜不倦地培养员工，给员工提供良好的发展机会和奖励机制。他还经常与员工沟通，使公司中的每一位员工都能深刻地认识到欣庭酒店的品牌价值。另外，霍尔特·豪泽和几位高层经理定期召开电话会议，了解员工的业务进展情况。霍尔特·豪泽会为优秀的员工发书面感谢信、致电祝贺。由于霍尔特·豪泽对员工不懈的付出与努力，员工在客户服务方面有了显著的进步，真正担起了促使公司品牌成功的责任。

五年之后，由于客户的好评，欣庭酒店赢得了三项行业大奖，品牌被成功推广，霍尔特·豪泽再也没有为招聘而发愁。他说："服务行业面临的最大问题是员工流失，但是我的员工一直没有离开过。他们关心客户，赢得了客户的支持和赞赏，并以满腔的热情实现了我们的品牌承诺。"霍尔特·豪泽的成功源于内部营销。正是由于他充分的内部营销点燃了员工的激情，欣庭酒店品牌才获得了巨大的成功。

伟大的营销专家菲利普·科特勒曾指出："内部营销是指成功地雇用、训练和尽可能激励员工很好地为顾客服务的工作。"显然，只要领导者向内部人员提供良好的服务，加强与内部人员的互动，一致对外地展开营销，就能获得成功。当然，更重要的是，内部营销是每一位领导者不断与员工分享信息、交流感情、增进认识、分享经验、融合智慧、促进交汇的过程。如果没有这个"水乳交融"的过程，领导者就不可能融合员工，积聚能量，构建健康的公司文化基础。领导者只有像水一样遵循"我为人人，人人为客户"的理念，实施充分的内部营销，才能创建世界一流公司，获得更长远的发展！

(2) 互动营销。互动营销是指客户所感受到的服务质量极大程度地依赖于购买者与销售者互相影响的品质。在金融产品营销中，服务质量则依据服务提供者和他所提供的服务的质量而定。当我们考虑买卖双方的接触时，一线员工就作为一种关键资源出现，他们必须擅长使用互动营销技巧或沟通上的技巧，使服务过程与客户的消费心理和行为风格相协调。

成功的金融产品营销要求企业组织、内部员工及客户三者之间建立和谐统一的关系。当企业的外部营销管理、内部营销管理及互动营销管理能够相互协作，形成统一的服务三角时，企业的全部资源就会充分发挥作用，从而使企业的服务利润链进入一个良性循环状态，迅速提高企业的收入增长和盈利能力，并使这种能力长久保持下去，最终实现企业的短期和长期目标。

☞案例

小红书 2021 年 11 月营销案例

以往品牌营销的出发点可能是产品获客、品牌曝光，此次新冠疫情唤醒了人们对于生活本质的思考，把人们培养成了"洁癖"，消费者对健康和美好生活的向往更加迫切，对品牌来说，主动亲吻社会责任已经成为各大品牌的共识。小红书联合张震岳共同打造的短片《说给想红的人听》就是最好的案例。这个短片只有短短 2 分多钟，却甚是耐人寻味。

整个短片将"红"与"自然"的命题联合在一起，在出世的氛围里探讨入世的哲学，这也传递出了在当下浮躁社会中的一种顺其自然的处世之道："自然一点去露营。"它的返璞归真，正体现了小红书对当代年轻人"生活方式"和"消费行为"的深刻洞察。

同时，小红书还联合张震岳发起了国内第一份"无痕露营"倡议，主题更是升华到了希望自然因我们的存在变得更好，把环保主张打在了公屏上。品牌的温度丈量品牌的长度，以品牌温度造就一种普世价值层面的“温暖”，连接起的其实是消费者的向善之心。这样的风向短期内并不会改变，所以品牌要做的就是传递消费者心念已至、口未能及的情感型人文关怀内容，从生活态度上和消费者保持共振，获得消费者的认可。在品牌营销中，价值对品牌的作用将被重提、放大。基于共鸣的沟通，品牌与消费者的联系将不仅限于利益交换，更上升为道义协同、情感绑定。

五、发展我国金融产品营销的对策

随着全球经济一体化、金融自由化、通信技术现代化的发展，一方面人们的金融消费需求呈现多样化、复杂化，另一方面金融业竞争日益激烈，这些因素促使金融机构将现代市场营销理念引入提供金融产品的经营活动中，以更好地满足客户需求，有效地开展金融服务深层次上的竞争，从而增强金融机构的竞争力，实现企业的战略目标。自进入21世纪以来，国内金融领域的市场化程度迅速提高，金融同业竞争日趋激烈。竞争使国内金融市场中的很大一部分演变为买方市场，这就要求金融机构引入营销观念，以使自身在竞争中处于有利位置。下面从金融机构的目标对象、目标市场定位、渠道、营销创新等几个方面提出相应的策略。

1. 强化营销观念，增强服务意识

在现代金融业竞争中，一切单纯追求营销技巧的行为都是舍本逐末。要树立正确的金融产品营销理念，以市场和竞争者为导向。重视市场导向实质上是以消费者需求为出发点，营销管理的过程说到底就是一个需求管理的过程。重视金融调研，把握需求动态，不仅是开展营销活动的前提，也是企业经营的基础。金融机构应通过市场调研活动，在把握金融需求趋势的基础上，认清企业的经营环境和营销重点，适时适地确立企业经营发展的目标，针对不同的消费需求，提供不同的服务，采取不同的营销策略。如针对居民个人的收支结构，判定储户的存款心理，分析客户的贷款需要，为储户提供方便快捷的“一卡通”；针对中产阶层收入特点为其设计个性化理财服务，开发投资联结型保险，银保、银证联合等产品和服务。以不同的金融产品满足不同层次的消费需求，强调特色、发挥优势、扬长避短是开展金融产品营销的内在要求。具体而言，就是要突出自己的特色，选准目标市场，在服务内容、服务渠道和服务形象等方面有针对性地、创造性地开发服务项目，并采取优于他人的传递手段，迅速快捷地把其传递到消费者手中，以满足目标客户的需要。

2. 借助整合营销，宣传品牌形象，引导客户消费

在当今激烈竞争的金融环境下，普通消费者每天都可能接触大量的金融产品，而对来自不同金融机构通过不同销售渠道提供的各种品牌的产品，消费者在选择时需要一种强烈的引导。在这种情况下，金融机构的品牌成为其最为重要的资产。品牌形象实质上是客户赋予某组织的信任度，它可能增加或减少一种产品在客户心目中的价值。运用整合营销观念，有利于金融机构品牌形象的树立。整合营销强调企业应当以一致的传播资料面对消费者，综合运用和协调使用各式各样的沟通手段，通过各种媒介使营销沟通发挥最佳的效

果。因此，对于金融机构而言，要树立一个良好的品牌形象，应该注意各方媒介，从多方面着手，给普通消费者以强烈的引导。世界上许多著名的金融机构，如美国花旗银行等，都已成功运用整合营销观念，树立了自己的品牌形象。我国的招商银行也在竞争中独树一帜，其“金葵花”个人理财服务作为一种品牌也逐渐深入人心。

☞案例

招商银行品牌整合营销

在经济学中有一个“漏洞理论”，漏洞越少的企业经营效益越高。整合营销的主要目标就是减少营销漏洞。

在整合营销过程中要解决六个定位问题：对象定位（对谁说）、目标定位（达到什么效果）、价值定位（说什么）、形式定位（怎么说）、媒介定位（通过什么去说）、预算定位（用多少钱说）。这些环节能否配置得当，将直接影响整合营销的效果。

要避免营销漏洞，必须把握整合营销的特征：系统性。这也是整合营销能够达到低投入、高效率的核心。正是这种系统性，彻底改变了传统营销技术，形成了新的系统宣传武器和营销沟通技术。

在中资银行中，真正从市场中打造出来的品牌屈指可数，而招商银行的“金葵花”理财品牌则是近年来比较成功的营销案例。招商银行“金葵花”理财品牌能够获得成功，可以说是中国银行业品牌经营的一个里程碑，它直接揭示了整合营销在中国银行业中的作用。

一、准确发现客户需要

“金葵花”理财品牌的创建背景是消费者市场对银行的需求不是简单的转账和中介性服务，而是向理财性服务转移。这是国家统计局的调查所发现的结果。“金葵花”的客户群体定位是在招商银行同一分行所有账户中的资产（本外币存款、基金、保险、受托理财、国债和第三方存管等）折合人民币总额达到 50 万元的持卡人。通过 50 万元的起步价，招商银行在一年时间里就顺利搭建了高端客户的服务平台。招商银行的更高明之处在于，通过“金葵花”织成的网，网住了最有价值的客户，并最终形成招商银行在零售金融服务领域的核心竞争力和优势。

二、品牌定位以“您”为本

“金葵花”理财品牌的理念是“为您成就未来”，这要求其给客户带来尽量多的增值服务。“金葵花”理财体系进行了以下创新：

“一对一”是“金葵花”理财品牌的核心。围绕“理财顾问”服务，建立由数百名高素质的客户经理组成的“个人客户经理”团队，为个人高端客户提供“一对一”的投资理财规划服务。

整合优化产品和服务。根据客户理财的主要需求，创造性地推出“易贷通”“投资通”“居家乐”三大套餐，形象生动，朗朗上口，提高了服务的亲和力。创造性地集合行内专家，成立了外汇通工作室，同时利用合作伙伴资源，每日定向为贵宾客户提供个性化理财资讯服务。

充分利用服务优势和全行统一的服务平台，为贵宾客户提供全国统一设计的理财中心、贵宾厅、出游资讯服务、紧急支援服务、财物保管服务，专门设置了全国统一的“金葵花”客户服务热线。

统一设计发行全国通用的“金葵花”贵宾卡。精美的卡片设计及外包装充分彰显贵宾客户的尊贵身份，凭此享受各项“金葵花”理财服务。

集合全国区域服务资源，全行共享。创造性地集中全行资源，开发“金葵花”特约商户，与特约商户建立资源共享的密切联系，使“金葵花”客户处处感受到超凡的待遇和优惠。

三、引出社会焦点话题

在产品同质化程度极高的中国银行业，产品创新往往是取得市场先机的良方。“金葵花”理财品牌恰恰是国内首个个人理财品牌。这引起了众多媒体的关注，成为新闻焦点话题，为招商银行带来了不少免费的新闻宣传。

随着民生银行的“非凡理财”、工商银行的“理财金”等品牌的相继介入，媒体争相对整个中资银行个人金融市场前景进行分析，这又让招商银行成为重点关注对象。招商银行敢“吃螃蟹”的勇气和会“吃螃蟹”的智慧，又令客户增加了对“金葵花”理财品牌的信心。

四、有效宣传形成轰动效应

招商银行成功地实现了全国统一营销部署，不仅在财务上可以保障整合营销传播计划的实施，而且能以更积极的态度和方式排除传播障碍，使公司员工都能了解整合营销传播的重要性并付诸实施。

(1) 形象鲜明，全国统一。招商银行总行统一设计了“金葵花”理财企业形象识别手册，制作了“金葵花”系列业务宣传品；精心制作了“金葵花”理财电视宣传片；在各分支机构建立了同一形象的“金葵花”理财中心、“金葵花”贵宾室、“金葵花”贵宾窗口标识。形象设计上大胆采用金黄色和深蓝色，既表现了“金葵花”理财品牌的尊贵和卓越，又富含葵花的亲和力和活力。

(2) 全国联动，统一部署。在“金葵花”推出之初，招商银行在包含中央电视台、凤凰卫视、上海电视台、深圳电视台、《21世纪经济报道》和《经济观察报》等重要媒体在内的全国共计百余家报刊、25个电视台、10个网站、20个电台对“金葵花”理财品牌进行了全面和深度的报道。“金葵花”理财品牌一经推出即激起千层浪，波澜壮阔的营销活动席卷全国各大城市，“金葵花”理财品牌的信息迅速传遍了全国。

五、创新促销深入人心

招商银行总行牵头组织进行了为期两个月的“金葵花理财、积分有奖天下游”全国营销活动。该活动设置了新颖独特的奖项，对于积分排前1 000名的客户，赠送机票一套，而积分排前10名的客户，则成为“终身荣誉贵宾客户”，并参加专门为其举办的“授卡仪式”和马尔代夫出境考察。在推广期间，凡成功申请“金葵花”贵宾卡的客户将获赠全年航空险以及人身意外险；面向合作伙伴，招商银行举办了别开生面的推介会——“金葵花”理财“易贷通”合作伙伴招待酒会，汽车代理商、汽车服务商、房产中介、保险公司等企业的上百名高层领导参加了活动。

2013 年，招行提出并实施了“轻型银行”战略转型——这是招行改变商业银行传统的拼规模、重资产发展模式，以轻型化的理念适应互联网时代的金融大变局，在银行业谋求差异化发展的战略选择。

2017 年，招行进一步提出要把招行定位为一家“金融科技银行”，把科技变革作为未来工作的重中之重，为转型下半场提供源源不断的“核动力”。

2021 年，招行正式提出了打造“大财富管理的业务模式＋数字化的运营模式＋开放融合的组织模式”的 3.0 模式，围绕“十四五”战略规划，以打造“最强金融科技银行”为目标，践行开放与融合，着力建设招行 3.0 模式下行业领先的信息系统，全面支持业务向 3.0 模式转型，强化金融科技的核心竞争力。

“招商银行的领先在于其战略的领先——差异化的战略定位、强大的战略执行能力是招商银行一步步走到今天的关键因素。”在过去的几年里，招行总是能够在战略转型窗口期做出极其关键的战略决策，这离不开招行管理层强大的战略自信和战略定力，从而带领招行人探寻出一条银行差异化发展道路。这也让招行连续三年被国际权威媒体《欧洲货币》（*Euromoney*）杂志评为“中国最佳银行”，创造了该奖项评选历史上首个三连冠。

在竞争日益激烈的营销战中，让消费者青睐自己的最好办法就是亮出你的王牌。整合营销无疑给中资银行的营销策略带来了新的机会。

资料来源：慧施咨询；夏寅. 最佳实践：招商银行的规模化创新之路. 知乎网，2022-04-27。

3. 重视技术革新，发展电子金融

在科技飞速发展的今天，借助于计算机和电信科技来提升业务能力，已成为金融机构提高销售和市场拓展能力不可忽视的一面。在今天工资、房租成本较高的时代，传统的扩大销售队伍、开设分支机构等销售方法必将侵蚀利润，而随着电子技术的突飞猛进，计算机和相关设备的价格及网络收费却在下降，这样，金融业将可以大量使用自动取款机、手机、网络等高新技术的结晶来更新办公设备，以降低成本，提高效率，同时向客户提供更便捷、更优质的服务。因此，我国金融业只有选择能够支持长期发展的总体战略规划，加大既能满足客户需要，又能增加企业利润的科技投入，才能在激烈的竞争中立于不败之地。

4. 强化内部营销，努力建设企业文化

内部营销的主要目的是激励企业员工士气，寻求一个和谐奋进的内部环境，塑造企业的良好形象。为此，金融机构必须做到以下几点：首先，每一个组织都有员工自己的文化，任何一个组织的文化在很多方面就是其自我形象的体现。因此，金融机构必须努力建设企业文化，对内使员工价值观趋于共识，增强凝聚力，以调动全部员工的积极性，对外树立团结奋进的良好企业形象。其次，现代市场竞争实质上就是人才的竞争，必须创造一个良好的人事环境，才有利于企业的发展。因此金融机构不但应当在原则上坚持对全体员工给予充分的信任和尊重，而且要运用各种形式给员工的成长与发展提供充分的机会。只有这样，才能使员工产生强大的工作动力，使企业成为一个有战斗力的团队。

5. 注重培养个人理财服务新观念

将个人理财业务作为银行零售业务发展的战略重点，符合现代商业银行的发展趋势和银行同业竞争的要求。随着市场竞争者的不断加入、竞争手段的迅速更新，金融产品的差异性日趋缩小。在此前提下，只有将时间和资源花在考虑如何为客户提供更有价值的产品上的银行，才有可能成为市场中的领先者。而个人理财服务正是以新型服务方式选择了适当的时机向客户提供最适合的产品，有效培育和发展了银行的目标客户，以其与世界经济新潮流、新趋势相吻合的特性，成为发展零售业务的战略重点。

从发展趋势看，金融机构的竞争结果将有赖于它们的服务质量，而服务质量也只有在成功的营销活动中才能真正得到提高。中国金融市场多年来形成的是被动式金融服务，根源在于制度条件和经济发展状况的限制。金融系统应进行有关金融服务和金融产品营销知识的培训，并根据实际情况制定自己的营销战略，这样才能不断提高竞争力。

具体对策总结见图 2-4。

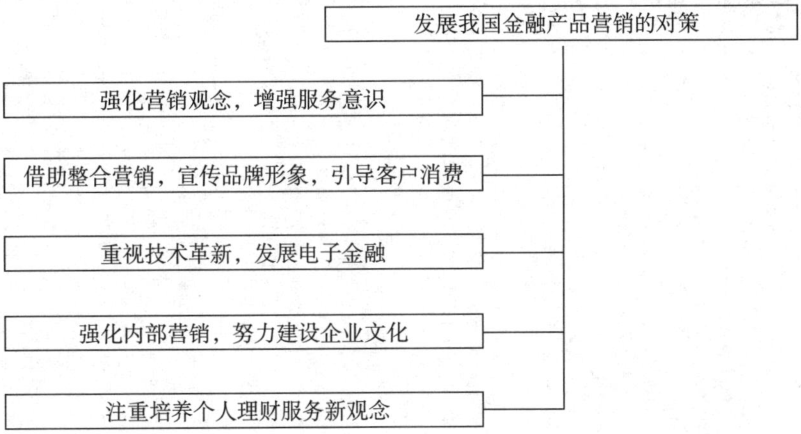

图 2-4 发展我国金融产品营销的对策

本章小结

1. 金融产品营销是指金融机构以市场需求为核心，各金融机构采取整体营销的行为，通过交换、创造和销售满足人们需求的金融产品和服务价值，建立、维护和发展与各方面的关系，以实现各方利益的一种经营管理活动。

2. 金融产品营销在西方有几十年的发展历史，经历了金融产品营销萌芽（20 世纪 50 年代末至 60 年代）、金融产品营销发展（20 世纪七八十年代）、金融产品营销成熟（20 世纪 90 年代以来）三个阶段。

3. 我国金融产品营销的必要性在于：我国的金融业不断市场化；市场需求发生变化；金融业的竞争态势日趋严峻；科学技术的进步要求金融业开展市场营销。

4. 今后我国金融产品营销的主要趋势是在营销观念、营销策略和营销技巧上下功夫。

5. 随着市场的不断发展和竞争的日趋激烈，发展我国金融产品营销的对策主要有：强化营销观念，增强服务意识；借助整合营销，宣传品牌形象，引导客户消费；重视技术革新，发展电子金融；强化内部营销，努力建设企业文化；注重培养个人理财服务新观念。

思考题

1. 什么是金融产品营销？

2. 在市场运行过程中，金融产品营销表现出哪些特征？

3. 说明西方国家金融产品营销的发展历程及其对我国的指导意义。

4. 在加入WTO后，我国的金融市场不断改革与发展，在此背景下为什么要进行金融产品营销？

5. 我国在金融产品营销过程中存在哪些不足？

6. 什么是内部营销？

7. 在加入WTO后，随着金融业的逐步开放，我国金融业在服务营销方面应该采取哪些措施来应对这种挑战？

第三章

金融产品营销环境

⊙本章培养目标⊙

1. 理解金融产品营销环境的概念及特点。
2. 了解金融产品营销环境与金融产品营销的关系。
3. 了解金融产品营销的宏观、微观环境。
4. 了解与消费者收入相关的概念。
5. 了解影响储蓄的因素。
6. 了解几种主要的银行产品营销组织模式。

关键词： 金融产品营销环境（marketing environment of financial product）
国民收入（national income）
人均国民收入（national income per capita）
个人收入（personal income）
个人可支配收入（disposable personal income）
个人可任意支配收入（arbitrarily disposable personal income）
客户环境（customer environment）
消费者金融支出模式（consumer financial disbursement pattern）

第一节　金融产品营销环境概述

美国著名营销学专家菲利普·科特勒在《营销管理》一书中对营销环境的定义是这样的："企业的营销环境是由企业营销管理职能外部的因素和力量组成的。这些因素和力量影响营销管理者成功地保持和发展同其目标市场客户交换的能力。"也就是说，金融产品营销环境是指与金融机构有潜在关系的所有外部力量的一个体系。因此，对环境的研究是金融机构营销活动最基本的课题。由于金融产品与一般产品有所区别，金融产品营销活动与一般产品的营销活动也是有所不同的，但它们都属于一个社会的经济活动，它们所处的环境也是相似的。因此，金融产品营销环境是指对金融产品营销及经营成果有着潜在影响的各种外部因素或力量的总和，它是金融机构的生存空间，也是金融机构开展营销活动的基本条件。包括银行、保险公司和证券公司在内的任何金融机构都不是独立存在于经济社会中的，它们周围的环境是复杂多变的，但同时又是稳定的，可以说是处于一个动态的平衡系统之中，就像人类处于一个动态的生态系统之中一样，金融机构会不断遇到由环境变化所带来的挑战，成功或失败取决于金融机构能否对环境进行正确的认识和分析。显然，只有了解营销环境的特点，才能更好地认识到环境对金融机构的作用，从而着手分析这些作用如何影响金融机构的营销活动。

一、金融产品营销环境的特点

(1) 差异性。金融产品营销环境的差异性不仅表现为不同金融机构受不同环境的影响，而且表现为同样一种环境因素的变化对不同金融机构的影响也不相同。由于外界环境因素对金融机构的作用有差异性，因此金融机构为应付环境的变化所采取的营销策略也各有其特点。工商银行可能会选择增加手机银行服务来满足日益增长的个人业务，而花旗银行则可能根据自身的特点开发自动取款机（ATM）和网上银行来应对这一环境的变化。

(2) 多变性。构成金融产品营销环境的因素是多方面的，每一个因素又都随着社会经济的发展而不断变化。这就要求金融机构根据环境因素和条件的改变不断调整其营销策略。

(3) 相关性。金融产品营销环境不是由某一个单一因素决定的，它受到一系列相关因素的影响。例如，金融产品的价格不仅受到市场供需关系的影响，还受到国家政治经济政策的影响。金融产品营销因素相互影响的程度是不同的，有的可以进行评估，有的就难以估计和预测。

(4) 复杂性。金融机构面临的市场营销环境具有复杂性，具体表现为各环境因素之间经常存在矛盾关系。同时，金融企业还必须遵守政府制定的各项法律和规定，既要创造和满足个人和企业用户的需求，又要使企业的行为与政府的要求相符合。

(5) 动态性。通常营销环境都是在不断发生变化的，尽管根据其变化程度的不同，可以将其分为较稳定的环境、缓慢变化的环境和剧烈变化的环境，但变化是绝对的。从总体上说，变化的速度呈加快趋势。每一个金融机构小系统都与社会大系统处在动态的平衡之中，一旦环境发生变化，这种平衡便被打破，金融机构必须快速反应并积极适应这种变化。

金融产品营销环境的特点总结见图 3-1。

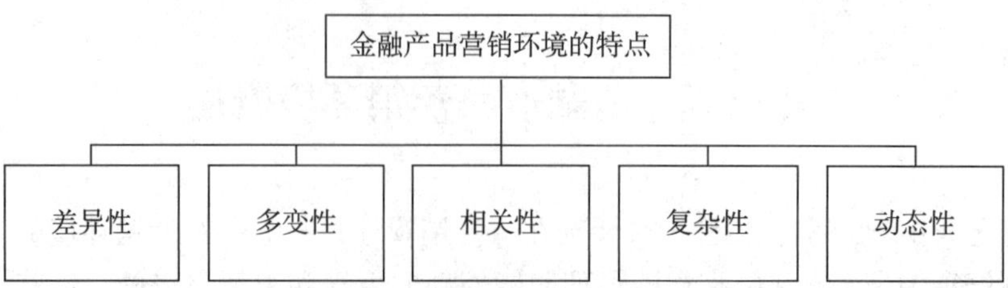

图 3-1 金融产品营销环境的特点

二、金融产品营销环境与金融产品营销的关系

1. 环境与金融机构的关系

金融业作为一个开放的组织系统，与外部环境有着千丝万缕的联系。同时，金融业又是一个区别于一般企业的特殊行业，受环境的影响和制约更为深切。

（1）金融机构的经营对象特殊。一般工商企业为社会所提供的是具有使用价值和价值的有形产品，而金融机构经营的却是具有社会一般等价物职能和作用的货币、凭证、股票和保险，并提供货币的收付、借贷等各种与货币运动有关的金融服务。因此，金融机构的业务活动更具有广泛性，几乎涉及社会经济的任何一个角落，受到的微观影响也就更为明显。

（2）金融机构是整个社会经济活动的关键。金融机构的业务活动影响着整个社会的发展。随着世界经济的发展，特别是对于中国这样发展迅速的国家，社会对金融机构的依赖程度正变得越来越高。此外，金融机构也是一个国家和世界联系的重要途径。正是金融机构的这些特殊性决定了金融机构对整个社会经济的影响要远远大于任何一个企业。反过来，金融机构受整个社会经济的影响也较任何一个具体的企业更为明显、更为灵敏。

2. 金融产品营销环境对金融产品营销的影响

金融产品营销环境是不断变化的，而这种变化对金融机构营销活动产生的影响主要有两类：一类是有利影响，给金融机构创造新的市场机会；另一类则是不利影响，给金融机构带来环境威胁。对于环境威胁，金融机构如果不能及时发现并采取有针对性的营销策略，就会影响其生存和发展。

必须指出的是，金融机构面临的许多营销机会并不具有相同的吸引力，也不是所有威胁因素对金融机构都构成同样的压力。金融机构必须根据其影响程度和发生的可能性进行分类，予以评价，即通过分析环境的方法，认识哪些环境因素的威胁最大或最小，哪些环境因素的机会最具吸引力，从而采取相应的营销策略。因此，为提高金融机构营销活动对外部环境的应变能力，消除不利因素的影响，金融机构要加强对环境的预测和监督工作，建立科学的预测和监督体系，分析和识别环境变化所造成的主要机会和威胁，并及时采取对策避开或减轻其危害。

第二节 金融产品营销的宏观环境分析

金融产品营销的宏观环境与其他企业营销所面临的宏观环境相似，包括政治、法律和政策环境，经济环境，社会环境，技术环境等。当然，在这些环境中我们还可以进一步细分，比如社会环境包括与金融机构息息相关的社会文化环境和人口环境等。这些因素不仅作为宏观环境影响企业的营销活动，还影响着金融机构微观环境中的各个因素。它们通过微观环境的作用，对金融机构的营销活动进行限制和制约。菲利普·科特勒指出：宏观环境是影响企业微观环境中所有行为者的大型社会力量。因此，研究金融机构所面临的宏观环境，不仅可以对营销活动进行指导，同时也可以为研究微观环境打好基

础。例如，技术环境除了直接为金融机构的营销活动提供机会外，也通过客户、竞争企业等对金融机构的营销活动发生作用；社会规范、价值观、信念等影响人们对金融机构的态度、兴趣以及对金融产品的好恶，因此在一定程度上能增加或减少消费者对这些产品的选择机会。

一、政治、法律和政策环境

从一定意义上说，金融机构是在政治、法律和政策环境的“包围”之下生存和发展的。政府的行政管制，法律、政策的规范，政治事件的影响等，构成了金融机构生存的制度体系。不言而喻，金融机构若想在社会中生存发展，就必须研究分析外部的政治、法律和政策环境，必须遵守这样或那样的制度，并且要在现有条件下充分利用这些制度。政治、法律和政策环境中的些许变化往往意味着金融机构获利机会、获利条件的重大变动。因此，深入研究金融机构的政治、法律和政策环境是非常有必要的。

1. *政治环境分析*

政治环境是指企业市场营销的外部政治形势和状况给金融机构市场营销带来的或可能带来的影响。对国内政治环境的分析包括了解党和政府的各项路线、方针的制定和调整对金融机构市场营销的影响。

金融机构的特殊性质决定了其受国家政治环境影响的程度是相当深的。以银行为例，政治环境稳定是银行经营成功的保障性条件，政局不稳会导致社会动荡、经济混乱和低迷，对银行业务相当不利。政局不稳还会导致国家在世界舞台上的地位下降，造成货币大幅贬值，加重银行的资金负担。例如，政治活动和突发的政治事件可能使银行遭受巨大的违约风险和挤兑风险。因此，银行必须高度重视和密切关注政治环境的变化，以便及时采取防范和应变措施。

此外，对于发展国外事务、进军海外的金融机构而言，需要分析的则不仅仅是本国的政治环境，国际政治环境同样应该成为考虑的重点。对国际政治环境的分析要了解政治权力与政治冲突对企业营销的影响。政治权力的影响是指一国政府通过正式手段对外来企业的权利予以约束。政治权力对市场营销活动的影响往往有一个发展过程，对于有些方面的变化，企业可以通过认真研究和分析预测到。政治冲突的影响是指国际上的重大事件和突发性事件对企业营销活动的影响。政治冲突包括直接冲突与间接冲突两种。直接冲突如战争、暴力事件、绑架、恐怖活动、罢工、动乱等，会给金融机构营销活动带来影响；间接冲突主要是指由于国际上的重大事件等，国与国、地区与地区观点的对立或缓和常常带来的经济政策变化，这会使企业的营销活动或受到威胁，或得到机会。

2. *法律和政策环境分析*

世界各国都颁布了法律来规范和制约金融机构的活动。金融机构一方面可以凭借这些法律维护自己的正当权益，另一方面也应该依据法律规定来进行日常的营销活动。

与金融机构营销活动有关的法律有很多，因此金融机构在开展业务时要受到法律特别是金融法律的制约。在我国，金融法律主要有《中华人民共和国中国人民银行法》《中华人民共和国商业银行法》《中华人民共和国票据法》《中华人民共和国证券法》《中华人民共和国保险法》等。这些法律都是金融机构经营和营销活动的行为准则。银行和保险公司必须自觉接受国家金融监督管理总局的监管，证券公司必须接受中国证券监督管理委员会

（简称证监会）的监管。金融机构需要依法依规运作，保护客户利益，严格执行各项业务操作程序，防范和化解金融风险。而政府制定这些法令，一方面是为了维护金融市场秩序，保护平等竞争；另一方面则是为了维护客户利益，保证社会稳定。

我国的金融机构对国内市场营销法律环境的分析的主要内容包括对国家立法机构和主管部门以及省、自治区、直辖市颁布的各项法律法规的分析。金融机构了解法律法规，熟悉法律环境，既可以保证自身严格按法律法规办事，不违反各项法律法规，有自己的行动规范，又能够用法律手段保障自身权益。金融机构营销人员应熟悉和了解有关法律法规。对法律环境的研究，除了要研究各项与国际、国内市场营销有关的法律法规，研究有关竞争的法律法规外，还要了解与法律法规的制定和执行有关的监督、管理和服务于企业市场营销活动的政府部门的职能与任务。这样才能全面了解、熟悉企业所处的外部环境，避免威胁，寻找机会。

法律法规以规范、调整较为稳定的经济关系、利益关系和行为关系为主，具有连续性和强制性的特点；而政策以调整具有波动性、易变性的经济利益关系为主。一般来说，在较长时间内适用的规定和制度，多采用法律规范的形式固定下来；而在短期内适用的规定和制度，则通常采取政策的形式表示。

对金融机构来说，国家政策的影响是相当明显的。我国的改革开放和市场经济政策为我国的金融机构带来了质的变化。在计划经济时期，我国的四大商业银行（当时被称作四大专业银行）完全是按照计划体制来经营的，几乎所有经营活动都在国家的控制之下，几乎不用考虑营销问题。而随着国家政策的变化，银行开始按照市场规律经营，随着充满活力的市场和激烈竞争的到来，银行的经营翻开了崭新的一页。由此可见，政策对金融机构进行营销活动的影响有多么巨大。而我国的西部大开发同样给了我国金融机构一个发展的机会，西部大开发对于金融机构的吸引力是不言而喻的，同时对其适应新环境、制定新策略的能力也是一个考验。当然，我国的金融立法还不是很完善，在一定程度上抑制了金融机构的营销活动。但是我国政治稳定，同时也正在加大力度为金融机构创造一个良好的外部环境，这些都给我国金融机构带来了发展的大好机遇。

3. 需要考虑的政治、法律和政策环境因素

总之，在我国金融产品营销中需要考虑的政治、法律和政策环境因素有：政府部门领导人的更换和重要政策的变动；不同行业、不同部门的利益群体的变动；国家经济体制改革的进程；国有企业改革；政府改革；对待私营企业的政策倾向；西部大开发；法律的出台和变化；等等。

二、经济环境

金融业本身就是经济中的重要环节，它必然会受到经济环境的影响。经济环境是指金融机构营销活动所面临的外部社会经济条件，经济的运行状况和发展趋势会直接或间接地对金融机构营销活动产生影响。对经济环境的研究一般包括经济发展阶段、消费者收入、消费者金融支出模式、消费者储蓄和信贷水平等方面。

1. 经济发展阶段

对经济发展阶段的划分，比较流行的是美国学者沃尔特·惠特曼·罗斯托（Walt Whitman Rostow）的经济发展阶段论，他将世界各国的经济发展归纳为以下六个阶段

（见图 3-2）：①传统社会阶段；②为起飞创造前提条件阶段；③起飞阶段；④向成熟推进阶段；⑤高额消费时代阶段；⑥追求生活质量阶段。

图 3-2　罗斯托经济发展阶段论

2. 消费者收入

在我国这样一个人口众多的大国中，金融机构的个人业务占据相当大的比重，这些个人业务完全来自消费者的收入，但他们并非把全部收入都用来购买金融产品，消费者的金融支出只是他们收入的一部分。因此，在研究消费者收入时，要注意以下五点：

（1）国民收入。国民收入是指一个国家物质生产部门的劳动者在一定时期内（通常为1年）新创造的价值的总和。2005—2020年我国的国民收入见图 3-3。

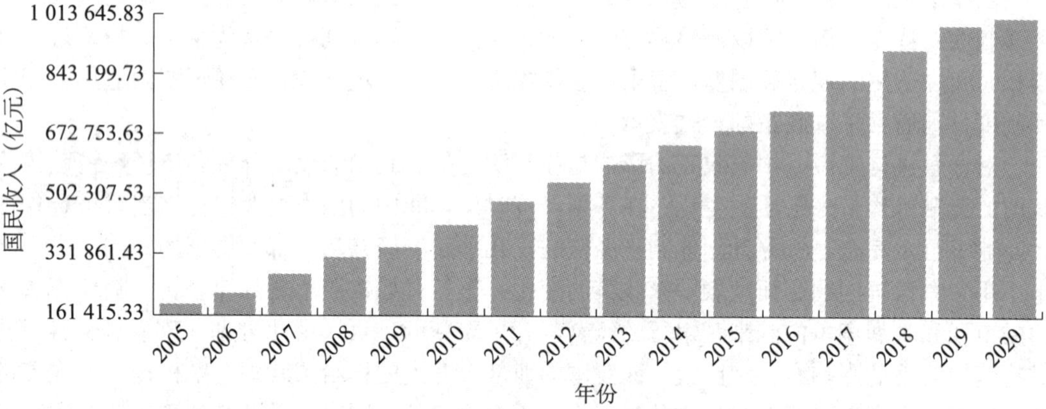

图 3-3　我国的国民收入

资料来源：中华人民共和国国家统计局．中国统计年鉴 2020. 北京：中国统计出版社，2020.

（2）人均国民收入。人均国民收入即用国民收入总量除以总人口。这个指标大体上反映了一个国家的经济发展水平。根据人均国民收入，可以推测处于不同的人均国民收入区间的人相应地消费哪一类金融产品或服务，还可以推测在什么样的经济水平上形成怎样的金融消费水平以及结构。

（3）个人收入。个人收入即所有个人从多种来源中所得到的收入，对其可进行不同方面的研究。一个地区个人收入的总和除以总人口就是人均收入。该指标可以用来衡量当地消费者市场容量的大小和金融产品吸引力的高低。

（4）个人可支配收入。个人可支配收入即个人收入扣除税款和非税性负担后的余额。它是个人收入中可以用于投资、购买保险等金融产品的部分。

（5）个人可任意支配收入。个人可任意支配收入即在个人可支配收入中减去用于维持个人与家庭生存所不可缺少的费用（如房租、水电、食物、燃料、衣着等方面的开支）后剩余的部分。这部分收入是消费需求变化最活跃的因素，也是金融机构研究营销活动时所要考虑的主要对象。这是因为：个人可支配收入中用于维持生存所必需的基本生活资料的部分一般变动较小，相对稳定，即需求弹性较小；而满足人们基本生活需要之外的需求的这部分收入所形成的需求弹性大，可用于购买保险、金融投资产品等，是影响金融产品销售的主要因素。

3. 消费者金融支出模式

消费者金融支出模式（也称金融消费结构）是指消费者对各种金融消费支出的比例，它对金融营销有着至关重要的作用。根据德国著名统计学家恩格尔的研究，支出模式主要取决于消费者的收入水平。当收入减少时，食品支出的比重就增大；反之，当收入增加时，食品支出的比重就减小，而服装、交通、保健、文化、娱乐、教育和储蓄等方面的支出比重则会相应增大。这种趋势被称为“恩格尔定律”。我们同样可以运用恩格尔定律来解释金融支出模式——收入的减少和增加必定会影响消费者金融消费的结构和层次，金融机构可以从中总结出规律，从而进行更有针对性的营销活动。

随着我国经济体制改革的深入和市场经济的发展，我国传统的温饱型消费格局正在逐渐改变，消费者的收入水平也正在拉开档次，形成了不同的消费层次和日趋合理的消费结构，而与娱乐、文化、教育、旅游等相关的产品和服务，其需求量无论是从绝对数还是相对数来看，都有所提高，正在形成巨大的潜在市场。党的二十大报告指出全党全国各族人民已经迈上全面建设社会主义现代化国家新征程，这意味着我国的消费者基本上已满足了最基本的温饱需求，已向更高层次的其他需求跃进。金融机构必须密切关注这种变化，适时调整自己的营销策略，只有这样才能争取更大的市场份额，在竞争中立于不败之地。

☞**案例**

恩格尔系数知多少

19 世纪德国统计学家恩格尔根据统计资料，对消费结构的变化得出了一个规律：一个家庭的收入越少，家庭收入中（或总支出中）用来购买食品的支出所占的比重就越大，随着家庭收入的增加，家庭收入中（或总支出中）用来购买食品的支出会减少。推广到国家层面，一个国家越穷，国民平均收入（或平均支出）中用于购买食品的支出所占的比重就越大，随着国家越来越富裕，这个比重呈下降趋势。其公式表示为：

$$\text{恩格尔系数}(\%)=\frac{\text{食品支出总额}}{\text{家庭或个人消费支出总额}}\times 100\%$$

国际上常用恩格尔系数来衡量一个国家或地区人民生活水平的状况。根据联合国粮食及农业组织提出的标准，恩格尔系数在60%以上为贫困，50%～59%为温饱，40%～49%为小康，30%～39%为富裕，低于30%为最富裕。在我国运用这一标准进行国际和城乡对比时，要考虑到那些不可比因素，如消费品价格比价的不同、居民生活习惯的差异，以及由社会经济制度不同所产生的特殊因素。对于这些横截面比较中的不可比因素，在分析和比较时应做相应的剔除。另外，在观察历史情况的变化时要注意，恩格尔系数反映的是一种长期趋势，而不是逐年下降的绝对倾向。它是在熨平短期波动后求得的长期趋势。

图 3-4 展示了 1978—2021 年我国恩格尔系数的变化趋势。

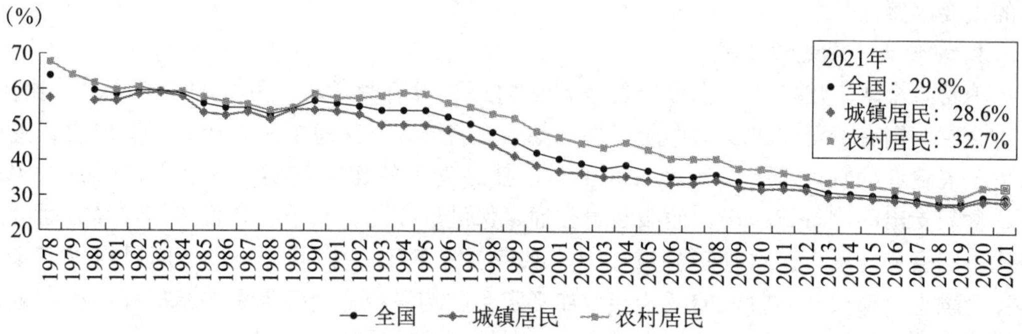

图 3-4 1978—2021 年我国恩格尔系数的变化趋势

资料来源：中华人民共和国国家统计局．中国统计年鉴 2021. 北京：中国统计出版社，2021；中国历年恩格尔系数（1978—2021 年）. 数据基地网，2022-08-16。

4. 消费者储蓄和信贷水平

消费者储蓄一般有两种形式：①银行存款，增加现有银行存款额；②购买某些有价证券。储蓄是长期以来中国银行业的主要资金来源之一，虽然随着经济的发展我国的银行开始认识到中间业务对于银行的重要性，但是中国有着十几亿人口，而且老百姓的储蓄观念很难改变，因此存款业务依然是银行目前赖以生存的重要资金来源。影响储蓄的因素如图 3-5 所示。

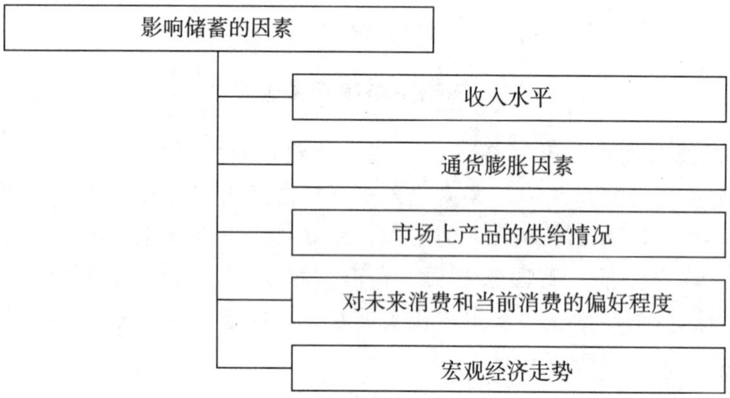

图 3-5 影响储蓄的因素

（1）收入水平。一个人或一个家庭只有在收入超过支出水平时，才有能力进行储蓄。

（2）通货膨胀因素。当物价上涨速度接近或超过储蓄存款利率的增长速度时，货币的贬值将会刺激消费、抑制储蓄。

（3）市场上产品的供给情况。当市场上产品短缺或产品质量不能满足消费者需求时，储蓄增加。

（4）对未来消费和当前消费的偏好程度。如果消费者较注重将来的消费，则他们宁愿现在较为节俭而增加储蓄；如果消费者较注重当前消费，则其储蓄倾向较弱，储蓄水平较低。

然而，随着人们对资本的理解日益成熟，消费者不仅可以以货币收入购买他们所需要的产品，还可以通过借款来购买产品，所以消费者信贷也是影响金融机构特别是银行产品营销活动的一个重要因素。

(5) 宏观经济走势。一个国家或地区的宏观经济走势对金融机构的日常营销活动具有举足轻重的影响。在经济快速发展、形势大好的时期，金融机构往往不愁开展业务，各行各业都离不开各种金融产品，金融产品可以说是供不应求，因而金融机构往往只需要加强金融产品的风险控制即可实现业务的发展。而在经济低迷、形势不容乐观的时期，金融机构则直接受到影响，经济活动的减少影响了它们的业务量，因此金融机构更需要在营销活动上下苦功，保证在宏观经济走势下行的情况下维持自身企业的发展。

5. 需要考虑的经济环境因素

在我国金融产品营销中需要考虑的经济环境因素有：宏观经济走势；再就业状况；对私营企业发展的扶持；股票市场趋势；货币政策；财政政策；国民生产总值变化趋势；经济转型；通货膨胀率；不同地区和消费群体间的收入差距；对不同类别产品和服务需求的转变；劳动生产率水平；居民储蓄和可支配收入水平；人均国民收入；居民的消费倾向；消费模式；WTO对经济的影响；等等。

三、社会环境

社会环境是指社会中的人口分布与构成、受教育程度、传统风俗、道德信仰、价值观念、消费模式等。社会环境与政治环境和经济环境相比相对稳定，对金融机构营销活动的直接影响也较小。尽管其变化不是很明显，但是我们不能忽视这些因素的不断变化。例如，近来我国一些城市老龄人口增加，人口结构发生了变化，对金融业造成了一定的影响，受其影响最为明显的是保险公司；又如随着教育水平的提高，人们的消费观念以及对金融消费的偏好也发生了变化，人们对银行产品的选择也相应发生了改变。此外，社会环境也会直接影响银行员工的政治思想、道德观念、服务态度和敬业精神，从而影响金融机构的营销活动。

1. 社会文化环境

社会文化环境是企业环境的重要组成部分。从某种意义上讲，一定时间、空间的社会文化总是决定着这一特定时空条件下的金融机构的营销行为。

社会文化环境主要是指一个国家、地区或民族的文化传统，如风俗习惯、伦理道德观念、价值观念、宗教信仰、审美观、语言文字等。文化是在人们的社会实践中形成的，是一种历史现象的沉淀，人们在不同的社会文化环境中生活和成长，在不知不觉中形成了各自不同的基本观念和信仰，这些观念和信仰成为他们的一种行为规范。而金融产品营销同其他行业的营销活动一样，是在一个非常广阔且复杂的社会文化背景下进行的，它面对的是形形色色的不同的价值观念、伦理道德观念、风俗习惯。因此，要做好金融产品营销工作，就必须了解和熟悉各种不同的社会文化环境。

首先，人们的生活方式、价值观念、风俗习惯和购买行为会影响每个成员的生活和工作，因此不同社会阶层的客户有着不同的购买行为。根据收入、财产、文化教育水平、职业和社会名望等社会标准，我们可以分出不同的社会阶层。同一阶层通常有相同的价值观念、生活方式和相似的购买行为。对于金融业而言，在营销活动中识别不同客户所属的不同社会阶层，有助于更好地进行市场细分和定位，使金融机构能够为各个不同层次的客户和企业提供优质的服务。例如，对于我国广大的农民群众，保险公司的业务可能更集中在农作物上；对于城市中的中等收入者，保险公司的业务可能更集中在养老方面；而对于那些高收入者，保险公司的业务则可能更集中于健康和财产。银行业务同样如此，对于社会层次较高的客户，银行仅仅提供普通的金融业务显然不能满足他们的需求，而对于低收入、社会地位较低的客户，为他们提供复杂的金融服务同样也可能是浪费营销资源，因此，只有认识到不同阶层的特征，才能在营销过程中做到有的放矢，使营销活动具有针对性。

其次，在不同的文化背景下，客户的购买行为也有较大的差异。由于地域的差异，各个地区和民族的人们具有不同的生活习惯，产生了不同的文化背景。他们在不同的价值观、风俗习惯和审美观以及与核心文化同时存在的亚文化影响下，对金融产品的认知度和态度是不同的。这一点对于中国的金融机构而言的确是一个巨大的挑战。我国幅员辽阔，各个地区和民族的文化差异给金融机构的营销活动造成了一定的困难。如何分析这些文化环境对营销的影响，是金融机构拓展新地区、开发新业务过程中的关键。同样，对文化背景的研究在金融机构拓展海外市场的过程中也是相当关键的，在这一点上，世界著名的花旗银行和友邦保险都是我们应该借鉴的对象，它们在进入中国之前做了大量的文化背景调查，根据中国客户的特点制定了有针对性的产品和本土化的企业文化。

最后，作为金融机构内部的文化环境，企业文化也同样可以影响金融机构的营销活动。企业文化不仅可以在金融机构中确立营销观念，还决定着金融机构的市场营销策略。但是企业文化并不是一朝一夕可以形成的，它需要金融机构确立目标并长期坚持。

2. 人口环境

人口作为社会经济生活的主体，与社会经济发展有着密切的联系。一切社会经济活动都离不开一定数量的人口，人口是包括金融产品在内的一切产品的消费者，金融机构的活动要围绕人口的需求而展开。人口与社会经济发展的关系在宏观上界定了人口与金融机构发展的关系。

金融市场同普通的消费品市场一样，是由具有购买欲望与购买能力的人构成的，因而，人口的数量、分布、构成、教育程度以及在地区间的移动等人口统计因素就形成了金融产品营销中的人口环境。人口环境会直接影响金融机构的营销战略和营销管理，其中保险公司的市场营销与一国人口环境的联系可能更为密切。人口环境及其变动对市场需求有着深刻的影响，制约着金融机构营销机会的形成和目标市场的选择。因此，多角度、多侧面正确地认识人口环境与金融产品营销之间所存在的不可避免的深刻联系，把握人口环境的发展变化，是金融机构把握自己的行业特点和资源条件，正确选择目标市场，成功开展营销活动的重要决策依据之一。

人口环境对于金融产品营销的影响主要体现在人口规模和人口构成两个方面。人口规模即人口数量，是指总人口的多少。人口绝对量的增减（即人口规模的大小）不仅从人口数量上直接影响金融机构的业务量，而且由于人口绝对量的增减会导致社会总体消费的增减，进而促进或者阻碍消费品生产企业的业务发展，因此最终还体现在这些企业金融业务量的增减上。作为世界上的人口大国，我国金融市场的发展具有极为广阔的前景，世界著名的金融机构也已经认识到我国的巨大市场，接踵而来扩展其相关业务，值得引起我国金融业的关注。人口构成包括自然构成和社会构成，前者如性别构成、年龄构成；后者如民族构成、职业构成、教育程度构成等。以性别、年龄、民族、职业、教育程度相区别的不同消费者，由于在收入、阅历、生活方式、价值观念、风俗习惯、社会活动等方面存在差异，必然会产生不同的金融消费需求和消费方式，形成各具特色的消费群体。当前我国一些城市中的人口老龄化情况对于保险公司而言是挑战，更是机遇。一方面，老龄化带来了寿险风险的增加；另一方面，巨大的老年人市场也为保险公司提供了发展空间。随着经济的发展，如何能够抓住大客户，培养他们的忠诚度，同时又不放弃数量众多的中小客户，是金融机构特别是银行和证券公司在营销过程中需要着重考虑的。

3. 需要考虑的社会环境因素

在金融产品营销中需要考虑的社会环境因素有：主流价值观及其变化；平均受教育水平；购买习惯；就业观念；生活方式；城乡差别；区域性趣味和偏好的变化；文化习俗；储蓄倾向；投资倾向；区域和国家的人口规模；人口的年龄、性别和富裕程度的变化；人口的预期寿命；人口的老龄化程度；流动人口数量；家庭结构及其变化；等等。

四、技术环境

技术环境同样是金融机构宏观环境的重要组成部分。与生产型企业相比，金融机构受技术环境影响的程度要小一些，但是我们不能忽视它对金融机构发展所起到的作用。特别是在 21 世纪的今天，技术进步的步伐日趋加快，技术的生命周期日趋缩短，市场竞争日趋激烈，企业所拥有优势的时限越来越短，一切都处于以技术进步为特征的激烈的竞争中。技术的变更与进步不仅影响金融机构的市场份额、产品的生命周期、企业的竞争优势，而且对金融机构内部的环境因素也会产生较大影响。科学技术是社会生产力的新的和最活跃的因素。作为营销环境的一部分，技术环境不仅直接影响金融机构内部的生产和经营，还与其他环境相互依赖、相互作用，特别是与经济环境、社会环境的关系更紧密。新技术革命给金融机构市场营销既创造了机会，又带来了威胁。企业的机会在于利用新技术，满足新需求，而它面临的威胁则可能有两个方面：①新技术的突然出现使金融机构现有产品变得陈旧；②新技术改变了金融机构人员原有的价值观。因此，面对技术环境的不断变化，金融机构如果不积极地及时跟上，就有可能被淘汰。

1. 新技术引起金融产品营销策略的变化

这一变化给金融机构带来了巨大的压力，同时也改变了企业生产经营的内部因素和外部环境，从而引起以下金融产品营销策略（见图 3－6）的变化。

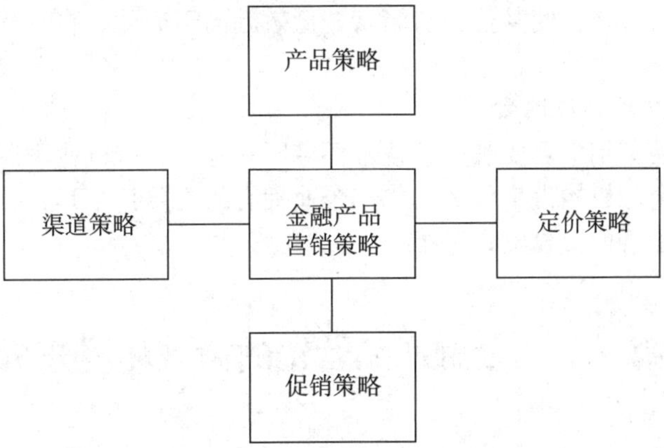

图 3－6　金融产品营销策略

（1）产品策略。由于科学技术的迅速发展，银行、保险公司和证券公司等金融机构开发新产品的周期大大缩短，产品更新换代加快，开发新的金融产品成了企业开拓新市场以及生存和发展的根本条件。因此，技术环境要求金融机构不断寻找新市场，预测新技术，时刻注意新技术在产品开发中的应用，从而开发出给消费者带来更多便利的新产品。例如，精算技术的发展给保险公司带来了开发新产品的机遇。

（2）渠道策略。由于新技术的不断应用，技术环境不断变化，人们的工作及生活方式发生了重大改变。网络技术和移动互联网的发展给金融机构的营销渠道带来了巨大的变化。银行过去一味追求增加营业网点的营销策略，但是随着网络银行和手机银行以及支付宝和微信支付等电子支付方式的出现，它不得不改变营销策略。现如今客户可以随时随地完成许多复杂的银行业务。同样的情况也出现在证券公司，网上炒股已经逐渐取代了在营业厅里买卖股票。

（3）定价策略。网络技术等科学技术的发展及应用，一方面降低了产品的成本，另一方面使企业能够通过信息技术，加强信息反馈，正确应用价值规律、供求规律、竞争规律来制定和修改定价策略。

（4）促销策略。科学技术的应用引起促销手段的多样化，尤其是广告媒体的多样化以及广告宣传方式的复杂化。网络的发展使得促销手段丰富多彩，在降低营销成本的同时提高了广告的效率。当然，技术环境的变化并不总是对金融业有利，机遇与威胁并存。网络银行的发展是迅速的，但它仍然受到安全技术的限制，如果网络银行不能解决好安全问题，那么其实际应用就会大打折扣。

2. 新技术引起的金融机构经营管理的变化

技术革命是管理改革或管理革命的动力，它向管理提出了新课题、新要求，又为企业改善经营管理、提高管理效率提供了物质基础。计算机的出现标志着技术发展进入了一个新的历史阶段。许多企业在经营管理中都使用计算机、传真机等设备，这对于改善企业经营管理、提高企业经营效益起到了很大作用。

我们已处于一个科技高速发展和广泛运用的时代。金融机构运用现代化技术的能力已成为衡量其竞争能力强弱的重要指标。地理位置优越已不是现代金融机构业务兴旺的必要条件，资产的多少也不再是衡量银行价值的唯一标准。随着电子计算机、现代化通信和一系列信息技术的广泛运用，金融机构可设计出更多更新的产品，并能准确、便捷、高质量、多渠道地提供给客户，使其业务从繁杂、低效趋向于简化、自动化，使其经营效率提高、营销成本降低。

3. 需要考虑的技术环境因素

我国在金融产品营销中需要考虑的技术环境因素有：目前行业中所应用的新技术是什么；新技术能够为金融机构带来什么变化；企业拥有的主要技术是什么；企业现有技术有哪些应用；新技术是否值得投资；等等。

第三节　金融产品营销的微观环境分析

一、外部环境

金融产品营销的外部环境是指金融机构在营销过程中所面临的企业之外的环境。金融业有其自身的特点，银行、保险公司和证券公司面临的竞争对手的挑战，以及金融机构对于个人客户和企业客户的差异性等都是我们在进行金融产品营销时必须考虑的外部环境，因为这些环境因素的变动会影响金融机构的营销战略和策略。

(一) 竞争环境

菲利普·科特勒这样评价竞争：忽略了竞争者的企业往往会成为绩效差的企业；仿效竞争者的企业往往是一般的企业；获胜的企业往往在引导着它们的竞争者。因此，开展对竞争者的分析是我们在营销过程中不可忽视的一个环节。

竞争者的多少及活动频率是决定金融机构能否盈利的两个因素。在一定时期内，当市场需求相对稳定时，如果提供同类产品的金融机构增多，某金融机构的市场份额就可能减小；如果竞争者的营销手段较先进，客户就可能转向竞争者，对其金融产品的需求也会减少。因此，竞争对手的状况直接关系到金融机构营销策略的选择和运用。市场是由许许多多的行业竞争者组成的，从整体角度来看，我们可以分析竞争者的数量以及它们所占的市场份额；而从个体角度来看，每一个竞争对手的营销战略和策略同样是我们需要分析的重点。一般来说，我们可以从以下几个方面对竞争市场以及竞争者进行分析：

1. 竞争者的数量

随着经济的飞速发展，我国已形成一个开放程度大、竞争性强、多种金融机构并存的多元化金融格局，金融机构面临着严峻的挑战。截至 2020 年末，我国有各类商业银行 4 604家，保险公司 350 家，证券公司 138 家，期货公司 149 家，公募基金管理机构 128 家。中国巨大的市场是吸引众多竞争者进入的原因之一，但竞争对于市场中的每一家金融机构来说都是机会与挑战并存的。此外，越来越多的外资金融机构的进入使得中国金融机构的竞争结构产生了变化，外资金融机构的进入既带来了资金，又带来了先进的经营理念、经营技术和管理手段，这对于国内的金融机构来说是一种挑战。但是从另一个角度来看，竞争在带给国内金融机构巨大压力的同时，也给了这些企业发展的动力，有利于它们在竞争中提高自己的实力。当然，作为对营销环境的分析，对竞争者的数量的分析还是相当关键的，这有利于判断市场竞争的激烈程度。

2. 竞争者的市场份额

衡量市场份额大小的指标主要是市场占有率和市场集中度，而市场集中度又是市场结构的衡量指标。市场占有率是指在一定时期内，企业所生产的产品在其市场上的销售量或销售额占同类产品销售总量或销售总额的比例。通过市场占有率，我们可以分析竞争者和企业自身的实力，它能够较为客观地评价每一个企业在市场中的地位。而在具体的分析过程中，我们可以对市场份额进行细分，在一般情况下，每个金融机构在分析它的竞争者的市场占有率时，必须分析三个变量：①市场份额，即竞争者在有关金融市场上所拥有的销售份额；②心理份额，即在回答诸如“举出金融业保险公司中你首先想到的一家公司”这类问题时，答案所反映的选择竞争者的客户在全部客户中所占的百分比；③情感份额，即在回答“举出你喜欢接受其业务和服务的金融机构”这一问题时，答案反映的选择竞争者的客户在全部客户中所占的百分比。如果心理份额和情感份额出现下降，即使市场份额再高，它最终也会呈现下降的趋势。事实证明，在心理份额和情感份额方面稳步进取的企业最终将获得较高的市场份额和利润。

市场集中度是指市场份额的集中程度，可通过领先、具有较强竞争力的金融机构的数量看出，从中我们可以判断市场的结构以及进入的难易程度：若市场集中度高，则意味着市场份额被少数实力强的金融机构所瓜分，进入难度较大；若市场集中度低，则意味着虽然市场中的竞争对手众多，但是并没有实力超强的企业，进入难度相对较小。

3. 竞争者的营销策略

对于金融机构来说，确认自己的竞争者并不困难，而一旦确认竞争者，就要分析它们的战略、目标、优势、劣势以及运行模式。在进行金融产品营销时，对竞争者的研究就不能不分析其金融产品营销策略。竞争者的营销策略和具体的营销活动会直接影响其对客户的吸引力，而对客户的吸引力正是所有金融机构争夺的焦点。在竞争分析过程中，金融机构需要的是对竞争者的营销战略和营销策略的整体研究，虽然竞争者的营销战略并不能简单地从调查分析中得到，但是通过对竞争者的具体营销策略的分析，金融机构还是可以从竞争者的营销策略（如定价策略、产品策略、促销策略和渠道策略）中得到许多有用的信息的，比如竞争对手的定价策略是什么，提供的产品的数量和品种有哪些，运用什么促销手段，通过何种渠道和如何进行网点设置进入市场，以及如何通过广告等宣传方式树立在客户心中的形象、信誉和进行品牌推广等。在对竞争者营销活动全面分析的基础上，根据自身的特点和优势选择和实施营销策略，才能知己知彼、百战不殆。

（二）客户环境

金融机构的客户一般可以分为两个部分，即个人客户和企业客户，他们既是金融机构资金的主要供应者，也是资金需求者。一般在金融机构中，业务都分为个人业务和企业业务两个部分，比如：在银行中，业务分为个人业务和企业业务两大块；在保险公司中，业务分为个人险和企业险；在证券公司中，业务同样按照个人和企业分为不同的部分。由于个人同企业在业务范围以及规模上的巨大区别，金融机构往往在统一的营销战略指导下，对于个人和企业不同的营销环境，分别制定不同的营销策略。不同的客户具有不同的需求，为满足客户的多样化需求，金融机构提供的产品必须具有差异性与易变性。这种差异性和易变性反映了金融产品营销客户环境因素的不确定性，同时也为金融机构改善经营、重视营销、提高竞争力、求得自身发展提供了原动力。

1. 个人客户

随着金融机构的发展和激烈的行业竞争，以及个人财富的积累，金融机构为个人客户提供的业务正在从简单的存取款、买卖股票和购买保险等业务向更为复杂的按揭、投资等方面发展。思考如何抓住个人客户，分析他们的喜好和消费习惯，将有利于金融机构争夺个人客户。相对于企业客户，金融机构为个人所提供的金融产品更像是一般意义上的普通产品。以花旗银行为例，它的个人业务部门的经理多是从一些生产消费品的企业中招聘而来的。他们认为银行的个人金融产品除了在开发方面与普通产品有所区别外，在营销方面的理念与普通产品完全一致，从制定价格、设计销售渠道、做广告搞促销到销售人员与客户的接触，都可以按照一般的营销活动来进行。当然，如果能够根据客户的偏好设计创新的营销手段，无疑将会提高销售量，达到出奇制胜的效果。因此，对于金融机构来说，要做好个人客户的营销就需要从分析客户的特点出发，这样才能更好地制定营销策略、为其提供更好的服务。此外，对于个人客户，金融机构应该把重点更多地放在提高现场的服务质量上。

2. 企业客户

企业业务也是金融机构的重要业务。企业客户与个人客户存在较大的不同之处。首先，企业客户所涉及的金额是个人客户所不能比拟的；其次，企业客户要求银行等金融机构提供的业务种类和业务范围比个人业务更丰富、广泛和复杂。因此，对于企业客户，金融机构不能将重点仅仅放在提高服务质量上，还应该根据不同的客户开发出满足其需求的产品，把重点放在提高产品的质量上。企业业务不再是类似于消费品的简单产品，对它的营销手段也不再是通过大量的广告和诱人的促销推广来提升企业形象这么简单。例如，我们可以从电视、报纸广告上看到许多银行的信用卡广告，却几乎看不到有关企业业务的广告，这虽然只是在广告方面的差异，却已经显示出金融产品营销对于不同的客户类型需要采用不一样的策略。

外部环境总结见图 3－7。

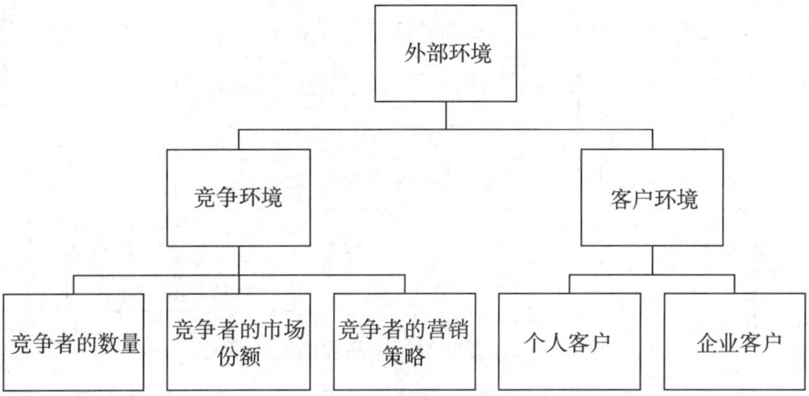

图 3－7　外部环境总结

二、内部环境

金融产品营销的内部环境并不像外部环境那样具有一定的不可预测性，企业可以通过分析发现自身在组织结构和部门关系上所存在的问题，判断内部环境的优劣以及营销活动能否很好地对之进行适应。

对于金融机构内部环境的分析，我们可将其分为两个主要部分：金融机构营销组织结构对营销活动的影响，以及金融机构各部门的关系及协调合作对营销活动的影响。前者强调了企业内部的营销组织结构对营销活动的影响，而后者则强调了企业内部各部门的关系及协调合作对营销活动的影响。

1. 金融机构营销组织结构对营销活动的影响

金融机构营销组织结构对于实现特定的营销目标，更好地发挥营销功能是相当关键的。它通过确定不同的营销职位及其权责，并对它们之间的关系进行一定的协调与控制，合理、迅速地传递信息，将营销人员所承担的任务组成一个有机的整体。良好的组织结构可以把金融机构营销活动的各个要素、各个部门、各个环节在时间和空间上相互联系起来，加强分工与协作，促使营销活动更加协调、有序地发展。

当然，金融机构营销组织结构首先要建立在营销组织自身的存在之上。虽然营销部门在国外的金融机构中有悠久的发展历史，但中国的金融机构由于长期以来没有市场所带来的压力，因此营销在金融机构特别是银行中的发展相当缓慢。直到后来，由于外资银行和保险公司等一批外资金融机构的进入，以及消费者观念的转变，中国的金融机构才充分认识到营销对于自身发展的重要作用，于是在这些企业中出现了独立的营销部门，这些营销部门专门负责业务的推广以及整个企业的营销任务。

金融机构营销组织结构对于营销活动的顺利开展有着重要的意义，直接影响营销的内部环境。以银行为例，它的营销组织模式是银行组织营销活动的方式，它是随着银行产品营销活动的发展而不断走向完善的，围绕金融产品职能、银行活动领域的范围、地理位置及其相互关系形成了多种多样的营销组织模式。下面介绍几种主要的银行产品营销组织模式（见图 3－8）及其特点。

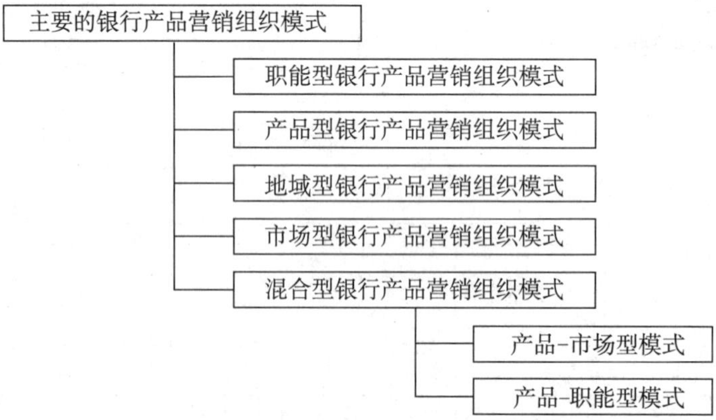

图 3－8　主要的银行产品营销组织模式

（1）职能型银行产品营销组织模式。这种模式是指按照营销工作的不同职能对营销部门进行具体划分。一般来说，银行产品营销部门可以设营销行政、市场调研、新产品开发、广告与促销、客户服务等职能部门。其中，营销行政部门负责营销领域的日常具体行政事务，如人事管理、费用控制等；市场调研部门主要负责改善银行市场环境及营销活动的市场调查研究；新产品开发部门负责根据市场调研部门提供的信息设计出满足市场需求的产品；广告与促销部门则提供推广银行产品信息、广告宣传、媒体技术支持等服务，并与外部保持密切的联系，以增强本企业及其产品的知名度；客户服务部门主要负责向客户提供各项售后服务，受理客户的投诉案件。在这种模式中，营销经理处于最高层次，负责银行产品营销战略的制定及营销预算决策等关键性事项，同时，也要做好营销各职能部门的协调工作，而各职能部门则要向营销经理负责，其规模大小可以根据银行的具体情况来定。

职能型银行产品营销组织模式对于营销活动的正面影响非常明显，各职能部门分工明确，可以利用专长处理不同的营销工作，而且管理也比较简单。但是它不适合市场与产品数量较多的银行产品营销活动，而且各职能部门容易形成各自为政的局面，过分强调本部门功能的重要性，这可能会使营销经理在协调上花费大量精力，影响营销长远规划的顺利实施。

（2）产品型银行产品营销组织模式。这是按照产品类型进行管理的组织模式，适合规模较大、拥有较多金融产品的银行。它是一种为了适应竞争激烈化、产品创新多样化的形式而出现的纵横交错的结构，在纵向上依然保留了各个功能型部门，而在横向上则增加了产品经理，主要负责制订产品计划。

产品型银行产品营销组织模式对于营销活动的好处在于：①不同产品由专人负责，各种产品都不会被忽视，产品成长较快；②便于对产品的管理，银行可以集中精力管理具体产品，尤其是在市场营销中占到较大比重的产品；③它可以使银行针对市场上出现的问题迅速做出反应，为开发新产品而协调好各方面的力量。

当然，这种模式同样也存在对营销活动的负面影响，突出表现在：①成本较高。因为需要由专人负责一种或几种产品，因此对银行产品营销部门的人员配置以及开销的要求就比较大。②整体性较差。各产品的负责人可能致力于其所管辖的产品的管理而忽视了整个市场的状况。③产品经理的权力有限。一般来说，产品经理没有足够的权力去充分行使其职责，他们不得不依赖于与负责广告、推销及产品开发等的其他部门的合作。

(3) 地域型银行产品营销组织模式。随着银行规模的扩大，地域型银行产品营销组织模式自然得到了应用。这种模式是按照不同的地区来设置营销力量的。

在该模式中，地区经理掌握本地区的市场环境、客户及竞争对手的状况，配合银行的总体战略规划而为产品在本地区打开市场制订年度计划与中长期计划，并负责贯彻执行。地域型银行产品营销组织模式可以在一定程度上减少营销费用，便于有关人员了解所在地区的特殊环境，加快市场开拓步伐，对于营销人员的工作绩效也容易进行衡量与评价。

(4) 市场型银行产品营销组织模式。它是以市场细分作为基础的一种银行产品营销组织模式。为了能集中精力开展营销活动，在现代激烈的银行业竞争中取胜，银行应进行全面的市场细分，做好市场定位，努力为不同的市场提供优质服务，根据不同客户的偏好、消费习惯和消费水平等开展营销活动。

(5) 混合型银行产品营销组织模式。我们按照职能、产品、地域和市场将银行产品营销组织模式分为以上四种不同的结构，但是在复杂的金融市场中，仅依靠单一的组织模式并不可行，如何根据市场的需要扬长避短，设置相应的混合型银行产品营销组织模式是摆在银行及其他金融机构面前的一个需要解决的问题。各种不同的组织模式搭配使用，便出现了混合型模式。常见的混合型银行产品营销组织模式有：

①产品-市场型模式。银行产品营销部门同时设立产品经理与市场经理，前者负责产品销售及理论规划，后者致力于市场的培育开发。

②产品-职能型模式。各职能部门与不同产品相互交叉。

任何不同的企业组织结构对营销部门的影响都是不同的，金融机构营销活动的不断发展就是金融机构组织结构不断调整变化的过程。随着经济的发展和竞争的日益激烈，金融机构特别是银行中的营销观念也在相应地发生改变，客户满意度的提高对企业的长期发展至关重要，因此营销的组织模式也相应地发生变化，越来越多的金融机构建立了“客户经理制”这一新一代营销模式。

客户经理制是指商业银行以市场为导向、以客户需求为根本出发点而建立起的与客户一一对应的营销组织结构体系，谋求与客户建立一个全面、明确、稳定和长期的服务关系，使银行的人力、物力等资源得到更充分的利用。客户经理制在经营管理上完全贯彻了以客户为导向的营销理念，把银行的各部门连接成了一个整体，最大限度地方便了客户，当客户有金融服务需求时，不必分别找银行相应的部门，而只需交由客户经理统一完成即可。客户经理成为银行与客户连接的桥梁，他与客户进行全方位接触，及时获悉其要求和想法，向研究部门和管理部门反馈信息，以设计出适销对路的金融新品种来满足客户的需求，大大加快创新。

可以说，客户经理制代表了现代金融机构的营销组织模式，它有利于金融机构的营销活动，也是建立以营销为理念的新型金融机构的根本。我们分析金融机构的内部营销环境，就不得不讨论组织结构对企业的影响。当然，结构并不是一成不变的，关键是要根据市场的需要和企业自身的特点，有针对性地设计营销组织结构，创造一个良好的环境。

2. 金融机构各部门的关系及协调合作对营销活动的影响

日益激烈的行业竞争使得金融机构的营销活动变得日益复杂，营销部门在金融机构中的地位也随之被提高，这不免会引起各部门之间的矛盾。因此，分析企业面临的内部环境，处理好各部门之间的关系，提高协调合作的能力是金融机构进行营销活动的关键。

以银行为例，由于营销部门和其他部门之间是相互作用的，营销计划的执行要依赖于银行组织中的每一个部门，尤其是数据处理、系统与操作、人力资源、财务会计、银行投资、法律服务、审计等部门。各职能部门的相互配合情况决定了银行各部门的关系及协调合作对营销活动的影响。

以银行为代表的金融机构在实际运行过程中可能会产生很多矛盾，这些矛盾的来源多种多样，主要有以下几个方面：

（1）不同部门对一些问题的看法不同。不同部门面临的具体工作不同，它们的视角存在较大差异，它们对本部门的认识及对其他部门的评价也不同。金融机构虽然可以保证使各个部门都按照完成企业的总体目标而运作，却很难保证部门之间的协调。例如营销部门要求在有利可图的情况下尽量满足客户，因此它们往往希望为广告、推销等活动提高预算，而认为财务会计部门将资金管得太紧、过分保守、不敢冒险，使银行丧失了许多机会；财务会计部门则认为营销部门很难具体说明营销预算的增加能给银行带来销售额的多大增长，它们能提供的只是一种对机会的预测，这与金融机构中财务会计部门所追求的稳妥风格不一致，这样两者之间便产生了冲突。

（2）各部门的权力之争。有的部门在业务执行过程中倾向于强调本部门的重要性，注重提高自己的地位，甚至想成为业务活动的领导者，控制其他部门；而其他部门则不甘受控于人，从而会产生争夺领导权与控制权的斗争。

（3）不同部门的利益不同。为了争夺利益，部门之间可能会出现矛盾与摩擦。如操作部门最关心的是日常工作能否顺利、精确、及时地完成（如票据处理要准确、账户要平衡等），避免失误或因其他问题而引起检查人员的注意，对客户满意度的关注则往往排在次要位置；但营销部门要求的不仅仅是操作的顺利与及时，而且要求银行产品能在最大限度上满足客户的需求，追求利益的最大化。

（4）有的部门行为不当。在银行运作过程中，如果有一个或几个部门采取了不当行为，使其他部门受到损害，势必会引起其他部门的报复行为。

（5）营销部门内部也存在一定的冲突。我们同样也不能忽视营销部门内部的各种冲突和矛盾所造成的不良环境。冲突和矛盾必然会耗费许多时间与精力，使金融机构丧失更好的发展机会，从而削弱企业的竞争能力，影响其战略目标的实现。

因此，从上述分析中可以看到，金融机构在进行营销活动时，除了要在企业中设置营销部门、加强营销力度之外，更重要的是要在企业中提倡营销观念，组织和协调好各部门的工作。只有所有部门、所有员工都认识到营销对于企业发展的重要作用，各自出力在企业中营造有利于开展营销活动的环境，才能保证营销活动整体规划的正常进行。

本章小结

1. 金融产品营销环境是指对金融产品营销及经营成果有着潜在影响的各种外部因素或力量的总和，它是金融机构的生存空间，也是金融机构开展营销活动的基本条件。

2. 金融产品营销环境有差异性、多变性、相关性、复杂性、动态性的特点。

3. 金融产品营销环境对金融产品营销有着很重要的影响，良好的外部环境可以促进金融产品营销的发展，而混乱的外部环境则会给金融产品营销带来巨大的阻碍。

4. 金融产品营销的宏观环境包括政治、法律和政策环境，经济环境，社会环境，技术环境等。

5. 金融产品营销的微观环境包括外部环境和内部环境。外部环境包括竞争环境和客户环境。内部环境包括金融机构营销组织结构、金融机构各部门的关系及协调合作。

思考题

1. 什么是金融产品营销环境？

2. 金融产品营销环境的特点有哪些？

3. 了解与消费者收入相关的几个概念，你认为其中哪个指标最能体现消费者的福利水平？

4. 产品型银行产品营销组织模式有哪些优点与不足？

5. 银行产品营销组织主要有哪几种模式？

6. 金融机构在实际运行过程中会产生各种各样的矛盾，产生这些矛盾的主要原因有哪些？

第二部分
银行产品营销

第四章

银行产品营销概述

⊙本章培养目标⊙

1. 理解银行产品营销的定义及内涵。
2. 理解银行金融服务的特性。
3. 理解银行产品营销的特点。
4. 了解我国商业银行传统营销模式。
5. 了解我国商业银行产品营销的创新。
6. 了解我国商业银行产品营销创新的未来趋势。

关键词： 银行产品营销（marketing of bank products）
电话营销（telemarketing）
专项营销（special item marketing）
客户经理制（customer manager system）

第一节 银行产品营销的定义及内涵

一、银行产品营销的定义

金融企业对营销的认识与一般工商企业相比是较晚的，这与银行信贷长期处于卖方市场这一事实不无关系。直到 20 世纪 50 年代，美国有些金融企业才开始借鉴工商企业的做法，在个别竞争较为激烈的业务上采用广告和促销手段。随后许多竞争对手也被迫仿效采取同样的措施。1958 年，全美银行业联合会议最早提出了银行产品营销的概念，但那时的银行产品营销只是简单地局限于广告与公关关系，直到 20 世纪 70 年代，人们才真正意识到银行产品营销在银行经营中的重要作用，从而开展了以银行产品营销为重要内容的经营管理。

1972年8月，阿瑟·迈丹在英国的《银行家》(*The Bankers*)杂志上对银行产品营销定义如下："所谓银行产品营销，是把可盈利的银行服务引向经过选择的客户的一种管理活动。""可盈利的银行服务"是指商业银行向客户提供的各种服务，包括存款、贷款、代理支付、结算、委托业务等各种有偿服务，它们可以为商业银行带来直接或间接的收益，这些服务就是商业银行的营销产品；"经过选择的客户"是指商业银行的目标市场，商业银行为目标市场中的客户提供服务。

由此可见，银行产品营销是商业银行以金融市场为导向，利用自己的资源优势，通过运用各种营销手段，把可盈利的银行金融产品和服务销售给客户，以满足客户的需求并实现银行盈利最大化为目标的一系列活动。

二、银行产品营销的内涵

对于银行产品营销的内涵，需要从以下几个方面来把握：

首先，银行产品营销不等于简单的银行推销。推销是以产品为出发点，突出推销人员个体行为的狭隘的短期盈利行为；而营销是以客户需求为出发点，经过市场调研、目标客户的选择、产品开发、价格的确定、分销与促销、售后服务等一系列活动，来满足客户需求从而实现银行盈利的过程。

其次，客户需求是银行开展营销活动的根本出发点。银行的客户可以简单分为两大类：一类是企业客户（包括机构客户）；另一类是个人客户（见图4-1）。不同的客户对银行服务有着不同的需求。商业银行必须对上述客户的现实需求和潜在需求进行深入的研究和分析，才能在市场中准确找寻自己的目标客户，制定出与市场相符的营销战略和产品、定价、渠道、促销组合策略，最终实现银行产品营销的目标。

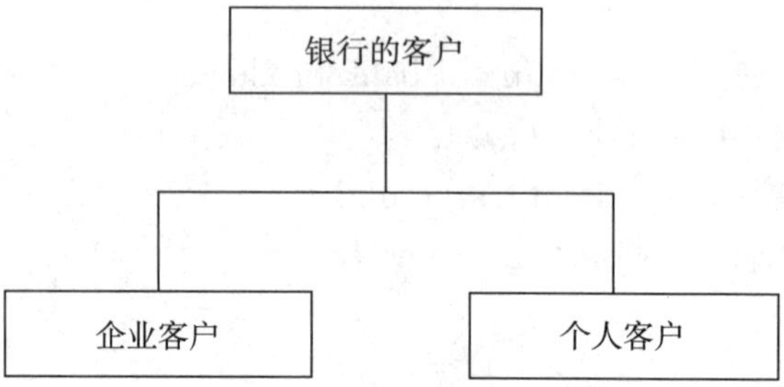

图4-1 银行的客户分类

再次，银行产品营销的目标是实现银行与客户的双赢。利润是一切营利性组织的核心目标之一，但如果一味以追求利润最大化为经营目标，忽略客户的需求与利益，银行的利润目标以及长远发展战略是难以实现的。现代商业银行更加注重客户利益，提升客户关系价值，在客户与银行之间的利益与风险中，实现客户与银行双赢的目标。

复次，银行产品营销的内容具有综合性。银行产品营销包含一系列复杂的工作，它不仅包括市场研究、市场预测与市场细分，还包括产品开发、价格制定、分渠道扩展、广告与人员推销等活动，同时涵盖了售后跟踪服务、信息反馈、营销活动组织与管理等各项工作，是具有综合性的管理活动。

最后，银行产品营销是一个连续的管理过程。银行产品营销贯穿于银行经营活动的始末。它可以分为分析、计划、执行、评价与控制四个阶段（见图 4－2），这些环节环环相扣。对营销活动进行有效评价与控制，及时发现问题并采取有效的措施进行调整，是为了改善营销管理，同时它也是新一轮营销管理的起点。因此，银行产品营销是一个连续的管理过程。

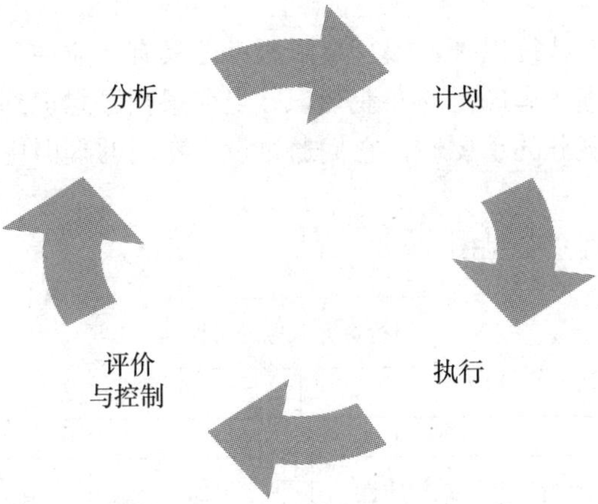

图 4－2 银行产品营销的四个阶段

第二节 银行金融服务的特性及银行产品营销的特点

一、银行金融服务的特性

一些特有的属性使银行金融服务有别于一般的有形产品，对银行金融服务的营销也比对有形产品的营销更复杂。

1. 无形性

衡量服务质量的标准一般从经验、信任、感受、安全等抽象的方面来描述，难以进行量化。服务的无形性使服务很难通过陈列、展示等形式直接激发客户的购买欲望或供客户进行检查、比较和评价，这就加大了客户的购买风险。

2. 不可分割性

在服务组织提供服务时，客户参与了营销的整个过程。银行的服务提供与客户的服务消费是同时进行的，不存在准备的过程。服务提供的即时性与客户要求的差异性对银行产品营销者的服务应变能力提出了挑战。

3. 异质性

服务的提供因人、因时、因地而异。银行服务在很大程度上依赖于人的行为，尤其是依赖于客户与服务提供者之间的交互作用。服务的异质性使服务组织难以对服务质量进行标准化，因此如何确保一致的服务质量是银行产品营销面临的重要问题。

4. 易逝性

服务不能被贮存、转售或退回，容易消失。绝大多数服务都无法在消费之前进行生产和储备，服务只存在于其被产出的那个时点。服务的易逝性使服务的供需管理不可能像有形产品那样采取时空转移（存储和运输）的办法去解决产品供需分布不平衡的问题。

5. 不稳定性

服务的不稳定性根据其来源及表现形式可分为客户感知的不稳定性、服务员工提供绩效的不稳定性和服务传递系统的不稳定性三类。管理者不可能消除它们，只能在客户和服务提供者之间寻求一定的平衡。

6. 专业性

除了以上服务的共性特征以外，银行金融服务还具有专业性。银行金融服务的专业性很强，往往需要客户经理具有广泛的专业知识。当前银行已意识到专业型或综合型人才的重要性，以及提供专业服务的重要性，它们通过设立专门的理财中心或市场营销组织，为客户提供面对面的服务。

银行金融服务的特性总结见图 4－3。

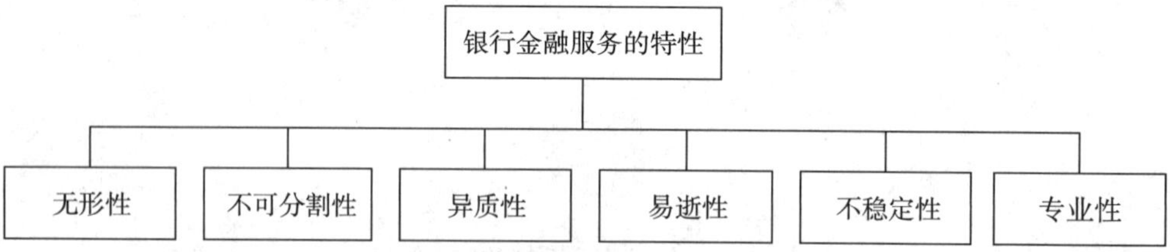

图 4－3　银行金融服务的特性

二、银行产品营销的特点

与有形产品营销相比，银行产品营销的特点如图 4－4 所示。

银行产品营销的特点
- 整体营销比单项营销更重要
- 强调内部营销的重要性
- 强调需求的调节与管理的重要性
- 直面营销比广告营销更重要
- 强调服务质量控制的重要性

图 4－4　银行产品营销的特点

1. 整体营销比单项营销更重要

服务的不可分割性使得客户一时间难以准确区分服务或服务提供者的好坏，服务质量和客户满意度很大程度上依赖于“真实瞬间”发生的情况，包括员工的行为、员工和客户之间的相互作用等。银行金融服务的这种联动性使银行机构的总体协调显得更加重要。

2. 强调内部营销的重要性

服务的互动特征使得客户依赖于服务人员的态度及行为来感知和评价整个服务组织。服务的无形性也使银行不易与客户进行沟通交流，因此通过培训员工、配备先进的设备、更多利用人员沟通等策略，银行可以增强客户的购买信心。服务组织应比制造业组织更为重视员工的招募、培训、报酬与激励。

3. 强调需求的调节与管理的重要性

服务无法储存是服务组织寻求供求平衡的一大障碍。服务组织必须建立柔性的产出系统，以适应需求波动。调节客户需求也是平衡供求的有效方法，如提供自动取款机等自动服务装置。对于服务营销人员而言，如何在特定的时间创造适宜规模的需求，如何充分利用生产能力进行需求预测并制订需求管理计划，如何采取服务补救策略，防止或减少差错的出现，是银行产品营销的重要内容。

4. 直面营销比广告营销更重要

银行金融服务的专业性使得直面营销成为银行产品营销的一种重要方式，因此，设立直接的经营机构与营业网点是银行扩大业务、占领市场所采用的传统渠道策略。直面营销比传统的广告营销更具有指向性和针对性，也更具有渗透性，营销效果更好。近年来以电话、网络为代表的新型营销渠道应运而生。

5. 强调服务质量控制的重要性

服务质量是服务营销的核心，服务的不稳定性使得服务组织对服务质量的控制变得至关重要。一项有关美国营销策略谋划的研究结果表明，91%的客户会避开服务质量差的企业，其中，80%的客户会另外寻找其他方面差不多，但服务更好的企业，其余20%的人宁愿为获得好的服务多花钱。

第三节　银行产品营销模式

在国有商业银行发展的几十年当中，银行产品营销从最初的网点扩张、坐等客户上门，到目前电话银行、自助银行所带来的硬件方面的金融创新服务，以及“一对一”的主动性、个性化服务，经历了翻天覆地的变化。但我国商业银行在核心竞争力上仍然显得较为脆弱，而且在品牌理念、管理制度、服务理念、经营手段和技术水平上还与世界先进水平存在一定的差距。面对这一宏观背景，我国商业银行想通过局部改革达到自救的目标是不可能实现的，今后的出路只有一条，那就是整体调整推进转型和全方位营销创新。

一、我国商业银行传统营销模式

20世纪90年代中期以前，我国商业银行主要通过扩建网点的方式实现市场扩张。到了90年代中期以后，随着中小商业银行的迅速崛起，银行竞争加剧，银行客户对银行的服务提出了更高的要求，即要求银行能提供随时、随地、个性化的服务。为此，国内银行淘汰了扩充网点的方式，充分利用科技进行金融创新，如电话银行、自助银行等。电话银行是指客户可以通过拨打电话办理部分原营业厅的业务，如查询、指定账户转账、某些缴费业务等。但是电话银行采用的技术较为简单，存在不能对客户信息进行管理分析，不能对客户进行个性化服务等缺点。自助银行是指客户可通过自助终端如自动取款机、多媒体查询机、存折补登机等设备办理银行业务。自助银行虽然实现了服务快捷有效的目的，但并未满足客户对随时、随地服务的要求。

总结起来，我国商业银行传统营销模式主要有以下不足：一是以客户为中心的理念尚未落到实处；二是客户服务方面的技术含量不够；三是营销层次低；四是缺乏私人业务高端人才，尤其是缺乏高素质的能为客户提供面对面顾问服务的客户经理；五是私人业务信息化程度不高，无客户关系管理（CRM）系统，无法挖掘客户信息，管理缺乏科学性。我国商业银行传统营销模式见表4-1。

表 4-1 我国商业银行传统营销模式

项目	模式
收入来源	存贷款利差
发展方式	外延扩张（如网点扩张等）
竞争优势	企业规模
经营导向	现有服务
互动方式	单向
需求方式	了解客户需求
服务方式	被动服务

因此，如何转变服务理念，创造与世界同步的、高品质的、有特色的服务，是我国商业银行转换机制、营销创新的核心内容。

☞案例

北欧联合银行挪威子公司 CRM 系统的应用

20 世纪 90 年代早期，北欧联合银行挪威子公司拥有超过 100 万个个人客户和企业客户，但它发现自己正逐渐与客户失去联系，因此迫切需要行动起来。这不仅意味着要实施 CRM，还意味着要改变 3 000 名银行员工的工作方式。北欧联合银行挪威子公司成功地为客户提供了办理银行业务的更加自动化的方式，这种自动化不断地降低着成本。

北欧联合银行挪威子公司的管理层看到，虽然银行存储着客户数据，但大多数信息分散在多个运作系统上。为了获取客户的基本信息，银行需要寻找、搜集、综合所有系统中的信息，这个流程有可能花费数日。银行主管们认为，如果要获取（更重要的是使用）相关的客户信息，银行需要一个完整、统一的客户视图，这需要整合所有不同系统上的客户数据。事实上，银行认识到这种视图不仅要扩展到包括不同的产品，还要扩展到包括营销渠道及客户的人口统计资料。如果银行能够追踪客户行为，就会对客户的未来行为和偏好有一种更好的理解。这种新信息能驱动交叉销售和目标营销创新，肯定会提高收入并进一步降低成本。银行希望通过系统为员工提供一种集中化的分析平台，以确定谁是他们的客户。另外，为了削减搜集数据的成本和时间耗费，数据库将提供 360 度客户视图，以便银行进一步认识客户。北欧联合银行挪威子公司除了进行日常分析，还将对市场机会迅速反应的能力与客户信息联系起来，以提高市场份额。

北欧联合银行挪威子公司还使用其最新的强大的客户数据来协调渠道的优化。例如，对于没有使用最适合其账单支付服务的客户，银行通过一个特定的促销来告诉他们使用最好的支付服务将为他们节约多少资金。这不仅帮助银行削减了用于昂贵服务的成本，而且逐渐给客户灌输了这样一种理念：银行是客户的拥护者。

资料来源：周贺来，等．管理信息系统．北京：中国人民大学出版社，2012.

☞案例

顺“财富”发展之势，借“数字化”发展之风

新浪财经：目前已有头部大行率先向大零售、大财富管理进发，您认为这背后有哪些深层次的原因？

陶峰：近年来，商业银行零售业务正在向大零售、大财富管理进发，招商银行是业内转型发展大零售、大财富业务的先头部队。招行今年首次提出了“大财富管理银行”的概念，并提出将全面打造大财富管理体系作为“十四五”期间应对内外部形势变化的战略支点。光大银行也早在2018年就提出要打造“一流的财富管理银行”，其董事长在2018年业绩发布会上曾表示“要实现财富管理特色的新跨越，争取财富管理品牌更靓丽”。

总的来说，各家银行都在争先布局大零售、大财富管理板块。究其根本，是“顺势而为”。

一是顺“财富”发展之势。麦肯锡研究数据显示，截至2020年底，中国个人金融资产已达205万亿元人民币，中国已成为全球第二大财富管理市场、第二大在岸私人银行市场。预计到2025年，中国财富管理市场年复合增长率将达10%左右，市场规模有望突破330万亿元人民币。谁在这孕育着巨大机会，同时也充满变革的市场中把握机遇、抢占先机，谁就将赢得转型成功，在零售业务发展、在同业竞争中脱颖而出。所以，向大零售、大财富管理发展，才会成为近年来各家商业银行，尤其是零售大行聚焦关注的重要问题。

二是借“数字化”发展之风。随着金融科技的不断发展，尤其是互联网金融企业的倒逼，银行的技术水平日益提升，部分银行已逐步搭建了一套涵盖客户交互、过程管理、专业赋能的智能客户管理平台，以实现客户需求挖掘、精准营销、财富业务智能投顾服务等功能，从而实现通过大数据驱动“客群经营”专项精细化、精准化、千人千面的“客群经营”。金融科技的发展为银行转型发展大财富业务提供了可能。比如我们浙商银行，近年上线了个人客户关系管理（PCRM）系统，该系统综合了全行各业务系统客户数据，可实现客户模型细分、客户精准营销、商机挖掘等功能，是我行客户经理维护客户、发展财富业务的重要工具。

新浪财经：银行应当如何走出差异化路线？贵行有哪些具体尝试？

陶峰：大零售、大财富管理转型是时代必然、行业趋势，我行也正走在这条转型道路上。

我行正走在致力财富管理、转向轻资本业务的差异化道路上。在利率市场化、让利实体经济的背景下，银行利差收入收窄。而在双循环背景下，居民财富有望向多元金融资产配置转移，促使银行发力财富管理和私人银行，转向轻资本业务。

大行凭借客户流量优势发力数字支付和聚合收单，赋能中收稳步增长。目前多数国有大行、股份行及部分区域性银行均已开办自己的支付产品或生活服务类小程序（App），同时布局“聚合支付”，将多种支付方式集于一体，满足客户多元化需求，其中国有大行凭借广泛的客户流量和资源优势实现了快速突破。

同时，我行将持续推进零售业务数字化转型。利用科技赋能，依托数字化赋能深入推进网点转型，提升网点营销效能，加强在城市新区、城乡接合部和金融需求迫切地区的网点覆盖，同时强化以手机银行和网上银行为辅的线上渠道效能整体发挥，突出抓好高频场景建设，加快推进线上线下一体化发展。

资料来源：杨希．浙商银行陶崃：顺势而为——商业银行财富管理发展的六个方向．新浪财经网，2021-09-24.

二、我国商业银行产品营销的创新

近年来，随着国际金融环境的变化，银行科技手段、业务品种的日新月异，银行间的竞争已演变为人才、科技、业务发展、管理及监管水平等方面多层次、全方位的竞争。银行产品营销在内涵和模式上都发生了巨大的变化。

（一）营销内涵创新

银行产品营销的创新，首先是其内涵的创新，先进的银行产品营销不再是对某一部分、某一手段、某一方法的运用，而是由一系列相互联系、相互影响、相互制约的因素共同组成的有机整体，实施系统营销。同时，银行产品营销也不再仅仅针对融资业务方面，而是延伸到中间业务、表外业务、基金托管业务等客户需求的领域。

从现阶段来看，它包括银行产品营销组织体系和营销理念的建立，营销文化的形成，银行产品营销战略和营销目标的制定，各部门、各分行营销战略和营销目标的制定，部门组织结构设置及部门之间在营销中的责权利关系，总行与分行之间及分行与分行之间在营销中的责权利关系，营销业务流程的完善与再造，统一的市场定位和营销策略，差别化的营销和服务机制、产品创新机制，综合量化的考核机制、信息共享机制、资源配置机制、风险控制机制等。

（二）营销模式创新

1. 电话营销创新

为了留住老客户、争取新客户，进一步增强核心竞争力，银行客户服务中心既要重视电话呼入服务的处理，也要充分发挥电话呼出营销的作用，从而形成完整的银行电话客户服务体系。

银行的电话营销可以分为两大类，即专项营销和日常营销。专项营销是指通过对专门产品制定营销方案和营销实施细则，由计算机系统辅助进行客户挖掘、客户细分、外拨销售、营销管理、营销分析等工作。当一个座席代表同时进行多个专项营销时，银行必须能把主要的电话营销项目以比较醒目的方式提供给座席代表，从而使座席代表能够有侧重点地进行营销。日常营销是座席代表需要进行的常规性电话营销，它主要包括纪念日营销、交叉营销、传真营销、短信营销等。银行传统营销模式与银行电话营销模式的对照见表4-2。

表 4-2 银行传统营销模式与银行电话营销模式的对照

项目	银行传统营销模式	银行电话营销模式
收入来源	存贷款利差	多层次、差别化的金融服务
发展方式	外延扩张（如网点扩张等）	依靠信息技术挖掘优质客户
竞争优势	企业规模	优质客户数量
经营导向	现有服务	客户需求引发的金融创新
互动方式	单向	双向
需求方式	了解客户需求	了解并帮助客户发现需求
服务方式	被动服务	主动服务

2. 手机银行和银行卡营销创新

近年来特别是新冠疫情出现后，手机银行形成爆发式发展，人们足不出户即可完成各项支付转账业务，既降低了交叉感染的可能性，又提高了办理业务的效率。此外，银行卡营销创新也是层出不穷。

☞案例

一则利用手机银行帮助客户解决难题的案例分析

某个周六的中午，一名中年男人伴随着一名小孩急匆匆地前来我网点办理业务，一进门便找到大堂经理询问。中年男人说道："家里停电了，原来这个月忘了缴纳电费，饭才煲到一半，这电说停就停，急死了！"他随即掏出了一本存折继续说道："平常我家的电费都是从这本存折里扣的，刚想打印存折看看是不是钱不够了，结果提示磁条失效，这可咋办是好？家里急着交电费啊！"我们的大堂经理边细心聆听边点头，并解释道："存折磁条失效就需要办理换折了，您看现在人不多，这边帮您排个号，还有三个就到您了。"细心的大堂经理在客户慌乱之下并没有跟着着急，反而还提醒道："还有就是未满页办理换折需要这本存折的持有人本人到场并出示有效身份证件，您是这本存折的持有人吗？"男人连忙说道："是我，但是刚临时出门没带上身份证，这可怎么办好呀？"看着客户越来越着急，大堂经理并没有慌了阵脚，而是竭力帮助客户更高效地解决问题。大堂经理想到客户没有随身携带身份证但看到客户手上拿着手机，于是说了一句："平时您有使用我们工商银行的手机网银吗？"客户回答说有使用过，有安装中国工商银行手机 App 并时不时使用转账功能。于是大堂经理想到，现在很多客户不知道存折也可以像银行卡那样绑定到手机银行上，那样就可以使用查询余额、转账等功能了。于是大堂经理教客户操作起来，最后成功把存折绑上了手机银行，查询到余额确实不足，然后用转账的方式汇款进存折以便扣取电费。

资料来源：美篇 App。

(1) 细分客户，精准出击。对于银行来说，根据不同的评定标准，其客户可分为不同的类别。有选择地针对使用人群开发出合适的产品，必然会赢得一批稳定的客户。以中国民生银行 2014 年 4 月 19 日发行的汽车主题信用卡——民生银联车车信用卡为例，该卡在用车服务方面大胆创新，除了具备信用卡常规的消费信贷服务之外，还提供了创新的一站式车务服务平台，提供酒后代驾、机场接送、商务代驾、道路救援、代办年检等车务管家服务。

(2) 强调功能，以“全”取胜，更强调使用的安全性。中国工商银行的手机银行支付功能与安全管理并重，特色服务有无感支付、境内汇款、扫码取款、手机充值等，包含投资理财、生活缴费、分期付款、贷款等服务，难怪受到许多人的喜爱。

(3) 多方合作，增加“附加值”。近年来，手机银行或银行卡与商超特别是大型电商合作，采取奖励积分、消费优惠等行销方式。一时间，银行产品到底有多少含金量，有多少优惠便利，也成了银行品牌之间“斗法”的重要方面。

☞案例

南京银行 App“二合一”后体验待提升：部分常用操作不够顺畅

金融评测室综合用户体验、产品功能、性能安全、创新发展 4 大维度，238 项细分指标，对南京银行手机银行 App“南京银行”进行全扫描，最终给予 74.60 分（总分 100）的评分。

与去年评测时相比，南京银行 App 整合了直销银行“你好银行”，远程客服也比较便利，但搜索体验与同业有差距，转账等常用操作的交互待优化。特别是，App 运行流畅度仍待提升，个别评测员注销后“有去无回”。

用户体验（29.15 分/40 分）：搜索体验与同业有差距 流畅度仍待提升

南京银行 App 支持本行/非本行用户注册。其中，本行用户输入手机号＋验证码、填写证件信息、设置密码后即可完成注册；非本行用户可以在线开通电子账户，开户流程比较清晰，支持光学字符识别（OCR）识别银行卡号，也可以使用近场通信（NFC）等进行注册。

登录方面，南京银行 App 支持手机号、别名登录，安卓系统支持微信授权快速登录。App 基于机型支持刷脸、指纹、手势等快捷登录方式，且切换便捷。如果用户想切换登录账号，App 支持切换用户；如果用户忘记密码，App 支持在线找回。

与去年评测时相比，南京银行 App 进行了改版，界面友好度有所提升，底边栏分为“首页”“金融”“生活”和“我的”4 大频道。具体来看，“首页”自上而下分为“导航、固顶功能、常用功能、公告、推广图、签到和 4 大推荐”。其中，导航设置了“版本切换、搜索、客服、消息”入口，固顶了“扫一扫、转账汇款、我的账户、信用卡”4 大常用功能。值得注意的是，导航条“版本切换”支持切换到你好银行、鑫 e 伴，但切换方式不够统一，仍有待提高。

“首页”常用功能区采用了“9＋1”的十宫格模式，用户点击“全部”，既可以查看/搜索全部功能，也可以定制常用功能，且定制逻辑比较顺畅——用户可以设置1～9个常用功能键，也可以拖动调整顺序。

与去年评测时相比，南京银行App在“首页”“金融”“生活”和“我的”4大频道均设有搜索入口，支持查看热门搜索和历史搜索，模糊搜索匹配程度有一定提升，且增加了与客服的联动。但App不支持对具体产品的搜索，不少同业已经支持全局搜索，且已将颗粒度做得足够细。

客服互动方面，南京银行App在各个频道页设有客服入口，“智能客服”功能页整合了小课堂、常用功能点和常见问题，可以点击右上角图标进入“远程客服”，点击下方推荐条进入“智能客服”。其中，智能客服逻辑较优：提问→回答→有帮助/没帮助，且没帮助提示转接人工服务；用户也可以输入“人工”等关键词接入人工服务，但接入时没有提示等待人数，再次对话之后提示等待人数(也可以退出)。值得一提的是，App支持转入“远程客服”，可以在每日9：00—17：00提供远程视频服务。

此外，南京银行App在注册/登录中提供了客服入口，但其他重要触点未提供客服入口，增加了“截屏联动客服”的交互：用户截屏后提示“咨询客服”，截图上传到客服后，提示正在接入人工客服，此种设置一定程度上解决了用户旅程遇阻时的客服需求。但在实测中，部分机型截屏后响应时间长，部分情况下反复跳出提示等。

快捷互动方面，南京银行App提供语音服务，支持语音转账、搜索等功能；语音识别准确度尚可，且能进行二次编辑。此外，App还提供数字营业厅服务，但加载非常慢。

消息互动方面，南京银行App在各频道均设有“消息中心”入口，整合了精彩活动、动账通知、待办提醒、银行公告、日历提醒等，并且可以通过“设置”选择接收什么消息。对于用户的每一笔交易，App都会进行弹窗提示。但是，“消息中心”载入速度较慢，且“动账通知”列表正序显示，不太合理。

用户管理方面，南京银行App支持修改登录密码、登录别名，支持更新身份证有效期，也支持修改职业、地址和税收信息等个人信息。此外，App在“个人设置→注销手机银行”提供注销入口，但实则需要发短信进行注销。

不得不说的是，个别评测员注销之后，无法再注册手机银行！但注销之后评测员依然可以登入App，登入之后跳转到“你好银行”；如果从“你好银行”切换到“手机银行”则提示“客户未开通对应渠道”，即便通过网银/网点也无法再注册。这疑似与其既有储蓄卡（手机银行），又有直销银行有关，而对于应用商店也有人反映同样的问题。

整体交互方面，南京银行App可以快速找到转账、账户、扫码支付等常用功能，常用功能关联度尚可。但是部分重要操作交互问题不少：第一，在“银行账户转账”流程中，要求用户先输入户名/账号再输入金额，输入金额时的安全键盘也没有“确认”键；第二，注册/登录重复步骤略多，如反复确认手机号、接受验证码；第三，系统运行不稳定，部分操作加载时间长，黑屏、闪退偶有发生（5.9版好一些）。

与去年评测时相比，南京银行App界面比较友好，远程客服增加了便利性，但搜索体验与同业仍有差距，部分重要操作交互待优化。特别是，App运行流畅度仍待提升，个别评测员注销后“有去无回”。

产品功能（26.975分/35分）：交易明细查询、预约转账功能待优化

南京银行App“我的账户”可以看到名下持卡情况，也可以添加本行/他行银行卡。对于单张借记卡，用户可以查询余额、交易明细，可以查询和复制卡号，也可以进行挂失/加锁、云闪付一键绑卡，但暂不支持解绑等。

与此同时，用户可以切换到“我的资产”查看总资产状况，但在途资金显示待优化。此外，交易明细与同业建设有差距：第一，进出项用+/−号表示，不如颜色区分更明显；第二，明细列表中没有交易对手等关键信息，需要进一步点击查看；第三，不支持按交易类型/对手等进行筛选。

对于常用的转账汇款，南京银行App进行了功能整合，支持银行账号、手机号转账，也支持微信转账、预约转账和境外汇款。用户可以进行转账管理，设置转账限额、开通小额指纹转账；也可以查询/搜索转账记录，管理收款人名册。但是，手机号转账最低100元，预约转账仍可优化。

快捷转账上，App支持最近收款人快速转账，也支持“复制卡号打开App诱发转账”，可以设置指纹/人脸认证转账等。

投资理财方面，南京银行App设有“金融”频道，顶部可以查询资产情况，下方沿用“4+1”的五宫格模式，用户点击“全部”可以看到所有产品/功能：囊括了理财、基金、存款、保险、记账式债券、贵金属、证券服务、私人银行服务等。

具体来看，App对理财、基金、保险等大类投资进行了系统化建设，且单只产品的介绍、产品说明书较完善。此外，提供了特色产品“好享富”。

存款方面，南京银行App上线了定期存款、通知存款、大额存单和结构性存款，也提供“鑫汇添”美元定期存款产品。贷款方面，南京银行App上线了“你好e贷”“诚易贷”和“鑫农保”产品，其中“你好e贷”比较有特色，用户也可以查询贷款、提前还款，还可以进行贷款市场报价利率（LPR）转换、开立贷款证明。

信用卡方面，南京银行App“信用卡”板块建设有进步，支持进度查询、一键开卡，也支持查账、还款、分期等账户服务，还支持相关证明开立等，但暂不支持申卡。

生活服务方面，南京银行App设有“生活”频道，支持话费充值、部分地区的水电煤生活缴费，也支持党费等缴纳，并且设有“鑫e商城”电商平台、“饭票”的“吃喝”场景，也支持住房诚意金等。南京旅游年卡、活动中心也有一定吸引力。

此外，App支持扫一扫、付款码/收款码等支付服务，也支持网点查询/预约，但这两个功能与同业有差距，暂不支持开立存款证明、交易流水导出。值得一提的是，企业服务、直销服务比较全面。

性能安全（12.225分/15分）：

性能安全主要考察了基本安全措施设置、隐私保护、App人工渗透分析和性能检测四大板块。

安全设置方面，南京银行App设有独立的安全键盘，超时登录会自动退出，关键交易页面防截屏，但防录屏设置待提高；可以查询最近登录日志，换设备登录需要验证码，但暂无法进行设备管理等。

隐私保护方面，南京银行App首次打开明示隐私政策，且隐私政策单独成文较易阅读。新浪金融评测室技术支持“爱加密”提供的合规报告显示，南京银行App在3大项10小项检测中有1项不合规。

安全检测方面，新浪金融评测室技术支持“爱加密”提供的人工渗透报告显示，南京银行App整体表现优秀，7大类漏洞12个漏洞点中没有出现风险点。

性能检测方面，新浪金融评测室技术支持中国金融认证中心（CFCA）提供的数据显示，南京银行App表现较差，在平均启动时长、内存占用、流量/电量耗用方面均差于行业均值，转账、理财页面的平均响应程度也不及行业平均水平。

发展创新（6.25分/10分）：

南京银行半年报指出，持续完善渠道功能、强化渠道运营，深入挖掘移动金融渠道“获客、活客、留客”的零售客户经营价值，联合远程银行上线远程视频认证在线升级专业版手机银行功能。但城商行与大行相比，无论在技术还是在运营方面都不具备优势，如何基于自身更好地发展手机银行一直是一个难度系数较高的问题。

与去年评测时相比，南京银行App今年整合了直销银行“你好银行”和企业银行“鑫e伴”，这也是一个不错的尝试。此外，远程视频的客服模式解决了一些痛点。但与快速发展的同业相比，App仍需从用户体验角度出发，完善每个用户旅程。

微信银行方面，南京银行公众号设有“鑫金融”“鑫服务”“鑫发现”三大板块，可绑定账户一键查询、享受智能服务等。此外，南京银行上线了“鑫微厅”微信小程序，提供客户经理查询等营销服务；“鑫服务”提供网点查询、取号服务等。

（测试版本为安卓5.8.5版，iOS 5.8.6版，性能测试数据由CFCA提供，安全测试数据由“爱加密”提供，评测截止日期为2020年11月13日。）

资料来源：南京银行App“二合一”后体验待提升：部分常用操作不够顺畅．新浪财经网，2020-11-19.

☞**案例**

招商银行“一卡通”

“一卡通”是招商银行向社会大众提供的、以真实姓名开户的个人理财基本账户，它集定活期、多储种、多币种、多功能于一卡，多次被评为消费者喜爱的银行卡品牌，是国内银行卡中独具特色的知名银行卡品牌。招行从 1995 年 7 月发行“一卡通”以来，凭借高科技优势，不断改进其功能，不断完善综合服务体系，创造了个人理财的新概念。

“一卡通”的功能主要有：

(1) 一卡多户。具有人民币、美元、港币、日元、欧元等币种的活期、定期等各类储蓄账户。

(2) 通存通兑。在招行同城任意网点办理各储种存取款业务；在全国各网点办理人民币、港币、美元活期账户异地存取款业务。

(3) 约定转存。系统升级后，原整存整取“约定转存”功能将被“自动转存”功能替代，即转存方式为“活期转定期”的功能不再生效；转存方式为“定期转定期”和“定期转活期”的，定期到期后转存方式被以本息自动转为同存期、同储种定期的“自动转存”方式所取代。

(4) 自动转存。整存整取存款到期后，银行自动按原存期连本带息代为办理存款转存。

(5) 自助转账。在招行柜面申请自助转账服务功能后，可以直接使用招行电话银行、自动取款机、查询终端及网上个人银行办理转账业务——人民币或外币同一币种同一钞汇类的同名账户的同城“一卡通”、存折之间相互划转。

特别说明：办理同一“一卡通”内的人民币或同外币同一钞汇类账户间的定活互转，无须到柜台办理申请手续，由电脑系统自动开通。

(6) 商户消费。在招行和中国银联以及当地金卡工程的特约商户处直接进行消费结算。

(7) 自动取款机提款。在招行开户地自动取款机上可办理人民币活期取款、修改密码、第三方转账及查询活期账户余额等业务；在招行非开户地自动取款机上可办理人民币活期取款；还可在加入中国银联或当地金卡工程的其他行自动取款机上办理人民币活期取款、活期账户余额查询业务。

(8) 自助存款机。在招行开户地自助存款机上可办理人民币活期、整存整取、零存整取等存款业务；非开户地存款业务已经开通。

(9) 查询服务。通过招行柜台、自助银行、电话银行、网上银行等各种渠道，为客户提供存款利率、汇率、业务简介及各类账务查询服务。

(10) 电话银行。招行电话银行提供自动语音服务和人工服务。

①直接拨打 95555 或开户地的电话银行，根据自动语音提示可以办理账务查询、转账、挂失等业务。

②95555 电话银行人工服务可提供 24 小时业务咨询服务和受理客户的投诉。

(11) 手机银行。在开户地的移动公司申请开通手机银行服务功能后，可以通过手机直接办理账户余额和最近交易查询、修改密码、口头挂失、自助转账等业务。

(12) 网上个人银行专业版。在招行柜台申请“网上个人银行专业版”功能后，可通过网上银行办理个人账务查询、转账、汇款、网上支付、外汇买卖等业务。

(13) 网上个人银行大众版。凭招行“一卡通”即可直接通过网上个人银行(大众版)办理如下个人银行业务：查询账户余额和交易、转账、修改密码等，另外，客户还可以通过它申请网上支付卡、自助充值和缴费、投资国债、申请个人消费贷款等。

(14) 网上支付。在招行柜台或网上银行申请“网上支付”功能后，通过招行网上商城中的特约商户在线选购全国各地产品或享受其他服务，同步完成消费款项的支付。

(15) 银证转账。在招行柜台或招行特约券商处申请银证转账服务功能后，通过招行电话银行、网上银行等自助设备，可实现活期账户与指定券商处开立的证券保证金账户之间的资金相互划转。

(16) 银基通。在招行柜台申请银基通服务功能并开立银基通账户后，可通过柜台、网上银行、电话银行办理各项开放式基金认购、申购、赎回等交易及查询业务，其他各项开放式基金转托管、非交易过户等业务在柜台办理。

(17) 外汇买卖。在招行柜台申请个人外汇买卖业务后可以在招行电话银行、自助终端、柜台、手机银行、网上银行等多渠道办理外汇买卖委托、查询等业务。客户可轻松参与并投资于国际外汇市场获取一定的投资收益。

(18) 自助贷款。在与招行签署协议后，以存入招行“一卡通”内的自有本外币定期储蓄存款作质押，可通过电话银行、网上银行和自助终端等自助设备向招行申请获得贷款并可通过以上渠道自助还款。

(19) 自助缴费。在招行柜台或电话银行、网上银行、手机银行等渠道申请自助缴费服务功能后，通过招行电话银行、网上银行向招行的特约收费单位自助缴纳各类费用。

(20) 代理业务。根据单位或个人书面委托，银行可为单位或个人办理工资发放或代缴各种费用。

资料来源：招商银行网站。

3. 原有业务“打包”创新

对于银行原有业务来说，单一的业务模式已经不能很好地满足客户的需求，因此，在这种情况下，把原来的业务与相关业务进行捆绑就显得非常有必要，原有业务“打包”创新便由此产生。例如，工商银行上海市分行推出的房贷产品纳入了电子银行、银行卡和个人理财等多项增值业务；农业银行上海市分行将旗下个人住房装修贷款、个人旅游贷款等单一产品捆绑成个人综合消费贷款；民生银行将 14 个创新产品“打包”为三大系列，其中包括突破现有模式的组合型房贷还款方式；广发银行按人生不同阶段的特点，专门设计了各类理财产品套餐。银行在设计“打包”类产品的过程中，一方面对老产品进行有机组合，另一方面使新产品本身具有明显的“打包”概念。这样一来，通过“打包”，原有的业务质量得到了提升，极大地方便了客户，充分达到了创新的目的。

4. 营销平台创新

对于一些中小银行来说，营业网点不足是其最大的弱点。因此，这些银行开始在产品销售平台上下功夫。新兴股份制银行在网络银行、银行卡、中间业务创新方面并无劣势，反而更易于发挥金融电子化的优势，有条件的银行在分业经营的大背景下还暗自寻求类似金融控股、银证保合作这样的经营之道。

随着以信息技术为代表的科学技术的迅猛发展，电子商务和互联网的应用已成为新的增长点。继招商银行1996年率先推出自己的网上银行“一网通”，向客户提供包括企业银行和个人银行在内的各种网上金融服务以来，中国银行推出了“支付网上行”，建设银行则在总行成立了网上银行部，很多其他银行也陆续推出了网上银行。网上银行能以更廉价的营销成本、更快捷的营销渠道占领更广泛的营销空间和客户群。可以说，网上银行已不仅仅是一种服务手段或服务品种，对它的分析不能单从节省成本、开拓客源、提供特色服务等角度考虑。由于互联网是一个弹性极大的环境，建立在互联网基础上的网上银行也自然具有广泛的包容性，这就使得它必然成为银行作业平台。当前利用网络已成为商业银行市场竞争的新趋势。

5. 行业营销创新

随着金融业竞争的加剧以及一对一服务、个性化服务和客户经理制的实施，对于银行营销人员的素质要求越来越高，营销人员不但要精通银行业务，还要了解证券、保险、信托等方面的知识，这样才能给客户带来优质服务。比如说，对于某个行业的企业，营销人员只有对其行业的特点非常清楚，了解包括竞争环境、行业利润率、行业景气度等因素，才能为其策划未来的融资计划。

在这一点上，民生银行走在了行业营销的前列。早在2003年8月，民生银行就针对整个电力行业的特点召开了一场别开生面的高级经理营销峰会，会议的目的就是让银行的项目经理和业务人员熟知整个行业的特点，实现对企业的贴心理财。这是国内银行首次围绕特定行业开发召开的高级经理营销峰会，也标志着民生银行开始对行业营销进行全面重整。

它把各个企业细分并归属于几个大的行业，在研究每一个行业不同的特点和行业内企业资金运作趋同性的基础上，为企业量身定制财务理财计划。而在这一过程中，银行不仅培养了一批专业的经理人，也完成了从竞争客户资源到在关心客户利益增长基础上实现银行利润的转变。

☞案例

客户经理制简介

商业银行客户经理制最早产生于20世纪80年代初的西方经济发达国家，它是金融市场发展到一定阶段，诸多环境交汇之下的必然产物，它能够适应金融市场激烈竞争的需要，适应全球经济一体化的需要，适应商业银行市场营销观念发展、金融创新以及金融风险管理强化的需要，适应商业银行企业文化和行为价值提高的需要。

客户经理制是现代商业银行在开拓业务经营中建立的以客户为中心，集推销金融产品、传递市场信息、拓展管理客户于一体，为客户提供全方位服务的一种金融服务方式。客户经理制的推行是现代商业银行在金融管理制度上的创新和经营理念的提升，也是现代商业银行对客户提供金融产品和金融服务方式的重大变革，客户经理制为银行业务经营注入新的活力，它必将成为商业银行赢得市场竞争的重要法宝。

客户经理制的主要特点有：

1. 一职多能，业务全面

客户经理代表商业银行整体去满足客户的各种金融需求，包括存、贷款，国际、国内结算，信用卡，外汇买卖以及其他各种银行中间业务，为客户提供全方位金融服务。

2. 助客理财，控制风险

客户经理对客户的财务收支、投资方向、持币种类、债务期限结构、资产负债比例、营销策略、风险防范、债务重组、增资与扩股等都要有比较深入的了解，一方面要能够提出负责任的建议方案，给客户以有效的帮助；另一方面要对存在的风险有准确的估计和严密的监控。

3. 优化业务，提高效益

客户经理要有寻找、开发、培植和发展客户的职能，保留和增加有潜质、有前景的优质客户，淘汰有劣迹或无前途的客户，并且将一个客户扩大为行业客户、集团客户和相关联销客户，将单一零星客户发展为客户群。客户经理对稳定银行业务、保持和增加市场份额、实现经济效益负有重要责任。

4. 推介金融产品，刺激市场需求

客户经理具有营销银行产品的职责，特别是不断创新的金融产品，如网上银行、银证转账、个人外汇买卖、金融衍生工具等。

5. 提高效益，方便客户

客户经理不仅活动于客户与银行之间，而且与银行各职能部门频繁联系，受理并代理各种业务，是连接客户与银行的桥梁。

资料来源：维基百科。

6. 个人理财业务创新

银行个人理财业务是指商业银行以自然人为服务对象，利用其网点、技术、人才、信息、资金等方面的优势，运用各种理财工具，以帮助个人客户达成生活目标或投资而提供的综合理财服务。

个人理财业务的发展过程充分体现了商业银行研究并不断挖掘市场需求，量身定制理财产品与方案，不断满足、引导、培养特定客户群体需求的功能。个人理财业务在此基础上建立起了银行与客户之间的相互信赖关系。个人理财业务还更多地体现了银行服务差异性、价值性的特质，具有为个人优质客户提供整体服务和附加服务的功能。发展个人理财业务体现了商业银行“以客户为中心”的经营理念。

自20世纪90年代中后期以来，个人理财业务逐渐成为国内银行产品和服务创新的主要领域，成为银行竞争最激烈的焦点之一。2001年，中国农业银行推出“金钥匙”金融超市，为客户提供“一站式”理财服务。2002年，招商银行在全国推出“金葵花”理财，为高端个人客户提供高品质、个性化的综合理财服务，内容包括“一对一”理财顾问服务、理财规划等专业理财服务，涵盖负债、资产、中间业务等内容。

三、我国商业银行产品营销创新的未来趋势

(一) 从单一的银行业务向综合业务转变

自 20 世纪 90 年代以来，西欧发达国家和日本等国的商业银行业务范围逐渐向投资、保险领域扩展，金融业混业经营趋势日益加强。而 1999 年美国《金融服务现代化法案》的通过，标志着全球金融混业经营时代的到来，混业经营逐渐成为国际金融业的主流。我国中信、光大等集团通过控股、参股公司的方式拥有银行、证券、信托、基金、保险等业务，平安集团通过控股保险、信托、证券等产业公司，成为子公司分业经营、集团混业经营的金融服务集团，国内金融混业的雏形已经出现。国内银行将充分依托渠道优势，进一步深化与同业的合作，整合服务资源，搭建完整、统一的银行产品营销综合业务平台，运用服务界面、服务通道，快速、高效地调动多种资源，为客户提供高质量、多样化的金融产品与服务，充分满足客户深层次、多层面的需要。

(二) 从单一网点服务向立体化网络服务转变

银行产品营销服务渠道的发展走过了从单一、片面到整体、全局，再到多元、一体化的发展轨迹，而未来随着信息技术的发展和进步，以及金融业降低营运成本的要求，不受营业时间、营业地点的限制，能提供 24 小时银行服务的自助银行、网上银行、电话银行、手机银行等将日益受到客户青睐，传统的分支网点数量比重逐年下降。据统计，招商银行 60%以上的业务已经实现了非柜台化操作，随着电子银行的发展，这一比重还将不断上升。

(三) 从同质化服务向品牌化、个性化服务转变

金融品牌是为金融产品而设计的名称或术语符号，其目的是用来辨认金融机构各自的产品或服务，并使这一特色金融产品与其他金融机构的产品区别开来。当今世界经济正在步入知识经济时代，作为金融业竞争发展新趋势的金融品牌竞争，正越来越受到各家金融机构的重视，成为现代金融企业竞争的着力点和核心所在。特别是对于个人理财业务来说，作为面向广大客户的服务，在金融产品易被模仿的市场背景下，银行要保持与众不同的竞争优势，无疑必须重视品牌这一竞争手段。品牌效应使得客户对银行业务的认知程度大大提高，成为吸引消费者注意力的重要手段。

过去国内银行对品牌营销并不重视，各家银行的产品种类、结构、功能都比较接近，消费者难以区分。随着市场竞争的逐步深入，各家银行为了突出自己的业务和服务特色，陆续推出了自己的品牌，不约而同地成立了理财子公司。个人理财品牌一旦在客户心目中树立了良好的形象和声誉，就会大大提高金融品牌的附加值和银行的商誉，这对银行整体形象的提高有着不可低估的作用。

随着市场竞争的加剧，国内银行逐步引入市场细分理念，确立以客户为中心的经营理念，以目标客户为基础，根据客户的需求开发服务新产品，有差别地、有选择性地进行金融产品的营销和提供客户服务，把有限的资源用于能为自身业务带来巨大发展空间和市场的重点优质客户。因此，商业银行逐步对高低端客户服务实行分流，低端客户主要使用电话、网络、自助服务，而高端客户则主要通过客户经理享受“一对一”服务。客户经理制

正以其服务的全面性、主动性及人性化的特点，成为各家商业银行吸引黄金客户的重要服务手段。

总的来说，面对竞争、机遇与挑战，我国银行业在创建知识领先型现代商业银行方面有了实实在在的进步。单从营销的角度看，以往我国银行更多地考虑利用行业垂直的各个渠道提供金融服务并进行营销，而现在则是横向扩展，进行资源共享，实现了营销的低成本、高效率。过去是产品推销，现在是在营销战略的指导下，从市场、消费行为分析入手，考虑金融产品设计，进一步满足客户在金融产品、服务上日趋多元化、差异化的需求，同时在发展中注重提高各项服务的科技含量和智能化程度，从而促使产品和服务不断创新。

☞案例

互联网金融对传统银行的冲击几何

互联网金融可以理解为资金供需双方通过信息技术，摒弃传统金融机构和非金融机构等金融媒介，实现直接交易，以完成资源的高效率配置，降低信息不对称性，提高交易的便捷程度。自2013年以来，随着支付宝、微信支付等网上理财产品的涌现，我国互联网金融进入了快速发展通道，产品类型日益多元化，已经从第三方支付延伸到网上融资、理财等。互联网金融兼具网络开放性及较高风险性，如何加强监管成为监管部门的重要议题，其对传统金融机构尤其是对传统银行的影响也引起了广泛关注。

互联网金融与传统银行的竞合关系

随着计算机、移动终端和移动互联网的飞速发展，金融业呈现出了新特征。互联网金融具有“海量交易、小微金额”的特征，对传统银行金融资源配置方式带来了很大的冲击和挑战。具体来讲，互联网金融对传统银行的影响主要体现在支付业务、借贷业务及中间业务三方面。

在支付业务方面，受互联网金融第三方支付的影响，近年来传统银行的支付业务量明显降低。究其原因，互联网金融业务提供的支付服务相较传统银行内容更为丰富，手续更为便捷，同时还具备碎片化理财的功能。在社会生活中，随着信息技术的发展和智能手机的普及，人们的消费、理财更趋向于碎片化，利用零碎时间完成网络购物、资金配置，突破了传统银行对于支付、理财内容的时间性、空间性限制。于是，传统银行的流量资金受到了负面影响。随着“金融脱媒”进程的加快，传统银行的金融媒介作用被进一步弱化。

在借贷业务方面，传统银行的主要收入来源是借贷利息差收入，随着互联网金融在借贷业务成交量上的“井喷式”发展，互联网金融对传统银行也产生了重要影响，传统银行的主要业务收入受到了侵蚀。在传统银行，银行产品由于安全性较高，对应提供的利息收益较少；同时，在银行贷款方面，针对个人消费贷款、企业对公贷款都有严苛的审核程序，通常要求有对应的资产抵押物，并且贷款利率的浮动性也较大，银行在此部分存在大额的利润空间。但是，随着大数据的发展，特别是疫情对生产与就业的冲击，该部分平台金融产品相较于传统银行对于企业客户的黏性更强。此外，互联网金融公司对于借贷资金还存在还款更为灵活的优势，相较于传统银行的定期还款制度而言，此类金融公司提供的金融还款服务更为便利及个性化。

在中间业务方面，互联网金融对传统银行的支付结算类中间业务和代理类中间业务产生了较大影响。以支付宝第三方支付平台为例，它通过直接关联个人用户的网络购物、生活费用代扣代缴等业务，增强了个人用户对于支付平台的依赖程度。同时，随着支付宝城市功能的拓展及完善，支付宝的应用已经基本覆盖到了城市居民的“衣食住行游购娱医”。在此基础上，支付宝与基金公司、保险公司合作推出的基金产品、保险产品在大数据运作下，更为精准地为客户提供选择项目，相较传统银行采用的人工业务模式，更为贴合普通大众的需求。

此外，互联网金融对传统银行业务的不断侵蚀进一步表现为电子渠道与物理网点及人工服务的博弈。数据显示，截至 2020 年 6 月末，工农中建四大行员工合计数为 154 万人，较年初合计减员超 2.6 万人，如果考虑到劳务雇佣合同的方式，那么实际受影响的金融从业人员的数量将更多。在金融科技发展的进一步冲击下，传统银行的内生产品链正逐渐演化为全社会的产业链，基础业务也正在被外部细分领域的公司所取代。但是从金融业发展的客观规律来看，互联网金融更多地应当被视为传统银行业务的有益补充，更多表现出金融的普惠性、包容性发展。两者在短期内存在竞争关系，但在长期发展中，两者更应当被视为一个完整的金融系统，通过差异化策略，能共同提升金融服务的质量和效率。

传统银行如何应对互联网金融的挑战

首先，树立“互联网+”理念，革新传统思维模式。传统银行应当借鉴互联网金融的创新优势，在互联网及内容创新迭代频繁的当下，关注到银行产品需求方的变化，进一步拓展互联网思维，突破对互联网交易的认识局限。在传统银行业务流程中，对于互联网技术的应用仍然停留在交易的“触网”，对于互联网金融的认识停留在表面。实际上，互联网金融是基于信息技术水平提升的金融资源配置创新。金融市场的供给方通常是个体客户，互联网金融通过大数据信息，最大限度地吸收了个人闲置零散资金。在我国的“双创”背景下，小微企业通常不符合传统商业银行的贷款条件，尤其是技术创新企业，符合传统银行的资产抵押条件较为困难，在公司成立初期其拥有的更多的是虚拟资产。对此，互联网金融利用互联网的开放性特征，为金融需求方提供了更为及时、灵活及个性化的资金服务。另外，互联网金融监管也强调了大数据信息系统在风险防范中的积极作用。随着我国金融领域市场化改革的不断深入，存款保险制度的提出也为我国传统银行进行金融产品创新提供了有力的制度保障。

其次，基于普惠性及包容性的发展，丰富金融产品层次。在传统银行的业务模式下，银行存款大部分来自普通居民的定期理财，收益偏低，存量金融资源的价值并没有得到合理利用；同时，在传统银行业务中的基金、债券等理财产品通常设置了较高的进入门槛。随着我国市场经济体制改革的不断深入，金融产品基于市场配置资源作用产生的“门槛效应”将会在互联网金融发展进程中得到缓解。金融产品的普惠性及包容性发展在我国金融精准扶贫进程中已经得到体现。随着金融服务机构的下沉，创新金融扶贫产品内容也为我国金融业的持续性发展提供了新的增长点。此外，从我国传统银行的内部结构来看，几大国有商业银行的资产总额占比超过三成，银行业内部发展不均衡，金融市场的市场活力有待被进一步激发。对此，我国传统银行应当重视金融的普惠性及包容性特征，主动创新金融产品内容，提高产品质量，为我国金融市场结构的进一步优化奠定基础。

最后，协同互联网金融的发展优势，增强金融服务质量。在互联网金融与传统银行的竞争与合作关系中，双方都是围绕金融供需市场进行产品与服务的创新，互联网金融凭借业务模式的创新，极大限度地建立起了庞大的客户基础，并且在与客户的互动过程中进一步增强了客户黏性。随着大数据和云计算技术的不断成熟，互联网金融凭借存量数据信息，对金融用户的资金需求规律、消费偏好和消费能力进行总结并形成了经验，在提供客户需求内容方面体现出了更高的精准性。在产品创新方面，互联网金融相较于传统银行提供的资金周转方式更为多样化，依据客户现金流的不同特征，为客户制定个性化的还款方式和周期。同时围绕电子商务和社交平台，互联网金融通过建立生态金融圈，不断挖掘生态链优势。对此，传统银行应当推动与互联网金融的深度融合，利用自身在风险防控与产品设计方面的经验优势，不断提升金融服务的质量，改善客户的体验。

资料来源：人民论坛网。

本章小结

1. 银行产品营销是商业银行以金融市场为导向，利用自己的资源优势，通过运用各种营销手段，把可盈利的银行金融产品和服务销售给客户，以满足客户的需求并实现银行盈利最大化为目标的一系列活动。

2. 要深入理解银行产品营销的内涵，就要了解：银行产品营销不等于简单的银行推销；客户需求是银行开展营销活动的根本出发点；银行产品营销的目标是实现银行与客户的双赢；银行产品营销的内容具有综合性；银行产品营销是一个连续的管理过程。

3. 银行金融服务具有无形性、不可分割性、异质性、易逝性、不稳定性和专业性。

4. 鉴于银行所提供服务的特性，银行产品营销与有形产品营销相比有如下特点：整体营销比单项营销更重要；强调内部营销的重要性；强调需求的调节与管理的重要性；直面营销比广告营销更重要；强调服务质量控制的重要性。

5. 我国商业银行产品营销的创新主要体现在内涵和模式上。

6. 我国商业银行产品营销模式创新主要包括电话营销创新、手机银行和银行卡营销创新、原有业务“打包”创新、营销平台创新、行业营销创新、个人理财业务创新等。

思考题

1. 在理解银行产品营销的内涵时，我们应着重从哪几点进行把握？
2. 银行金融服务在哪些方面有别于一般的有形产品？
3. 我国商业银行传统营销模式有哪些不足？
4. 在银行产品营销模式上，我国商业银行主要进行了哪几方面的创新？

第五章

银行产品营销策略

⊙本章培养目标⊙

1. 了解银行产品营销策略包括哪些内容。
2. 理解产品策略的基本原理、类型、方法和意义。
3. 理解定价策略中商业银行产品定价的基本原理，并了解国际领先商业银行的定价管理体系。
4. 了解渠道策略的类型、意义和定位，思考我国商业银行如何制定渠道策略。
5. 了解促销策略的手段以及实施方法。

关键词： 产品策略（product strategy）
定价策略（price strategy）
渠道策略（place strategy）
促销策略（promotion strategy）

随着我国商业银行体制改革的深化和同业竞争的日趋激烈，市场营销的理念逐步被引入商业银行的经营管理之中。金融产品种类的竞争、金融产品价格的竞争、金融业务领域和服务质量的竞争等都迫使商业银行管理人员深入研究金融市场的各个组成部分，了解存贷款客户的需求及变化趋势，了解竞争对手采取的营销策略和手段，并根据自己的竞争地位和实力，制定相应的营销策略。

第一节　产品策略

商业银行在产品策略的运用中首先必须明确自己产品的市场定位。任何一家商业银行，无论其规模多大，它提供的产品和服务都无法满足整个市场的全部需求，更不可能样样领先，这就要求各商业银行坚持有所为、有所不为的原则，在巨大的市场中通过市场细分，寻找给自身带来价值的市场份额，找准自己的目标市场，并根据目标市场上客户的特点和需求以及对金融产品某种属性的重视程度进行产品的市场定位。

我国四大商业银行的市场定位是比较明确的。例如，中国银行在外汇业务上独占鳌头；建设银行集中于固定资产和基础设施项目的贷款和投资；工商银行凭借强大的网点优势，在吸收居民存款、办理城镇工商企业流动资金贷款上具有优势；农业银行在农业服务方面具有优势。它们都有相对稳定的客户群体和经营领域。但严格来说，这些银行的市场定位不是在市场探查和市场细分的基础上通过竞争形成的，而是出于历史原因依靠政策分工垄断形成的。在竞争主体多元化、竞争格局多样化的今天，它们也同样面临认真分析市场，重新审视自己，重新洗牌和定位的问题。

一、商业银行营销产品定位

产品定位理论是当前被国际营销界包括银行产品营销人士普遍认可的营销理论。当商业银行在其目标金融市场确定以后，必须进行产品定位，为自己的产品在金融市场上树立一定的特色，塑造一定的形象，并争取目标客户对本银行产品的认同。它需要向目标金融市场说明本银行的产品与现有的及潜在的竞争者的产品有什么区别。这种勾画商业银行产品形象，以使目标客户理解和正确认识本银行产品有别于其他金融竞争者产品的行为，就是商业银行营销产品定位。

商业银行营销产品定位的主要任务就是通过集中本银行产品的竞争优势，将自己的产品与其他竞争者的产品区别开来。营销产品定位的实质是取得目标金融市场的金融产品竞争优势，确立本银行产品在金融客户心目中的适当位置并留下深刻印象，以吸引更多金融客户。随着世界经济的全球化和金融的一体化，我国金融市场已经成为国际金融市场的一部分，国际金融市场也已成为我国金融市场的延伸。金融市场上的金融产品令人目不暇接，竞争日趋激烈。同一金融产品在金融市场上也往往有多个规格，采用十分接近的服务价位、大同小异的包装和基本类似的服务风格，使得金融竞争白热化。所以，商业银行要想让金融市场上的客户在各种金融产品中找到并购买自己喜爱的本银行的金融产品，就必须使本银行的产品与其他银行的产品有所不同，例如运用的便利、服务的差异、形象的特色、费用的优惠，使其在金融客户心目中有一个不可替代的位置。但这往往不取决于作为经营者的商业银行，而是取决于金融市场的客户。因此，从金融产品立项起，商业银行对金融产品的主观定位思考就一定要考虑到能否适应金融客户对本银行金融产品的反定位标准。确切地说，金融产品定位是一个更完整、更科学、更符合金融产品与金融客户相互认可和相互适应的动态平衡的营销过程。

二、积极采用商业银行营销产品定位的必要策略

商业银行营销产品定位实质上是一种金融产品竞争策略，它显示了一种金融产品或一家商业银行同市场上类似的产品或机构之间的竞争关系。金融产品定位方式不同，产品竞争态势也不同。一般来讲，有四种主要的定位策略可以采用（见图 5-1）。

（一）产品市场领先者定位策略

产品市场领先者定位策略是指商业银行选择的目标金融市场尚未被其他金融产品竞争

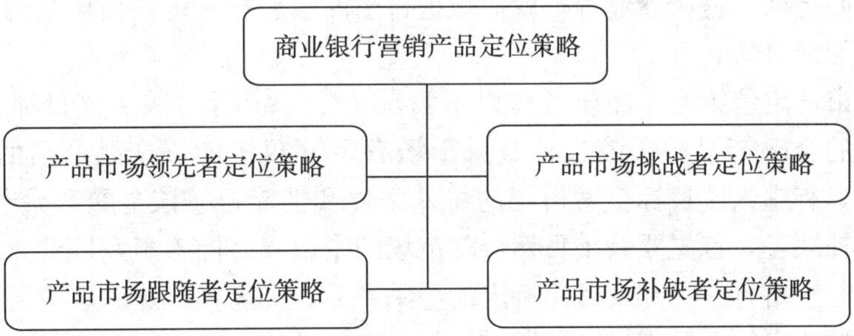

图 5－1　商业银行营销产品定位策略

者发现，拥有该金融产品的商业银行率先进入该目标金融市场，抢先占领市场的策略。产品市场领先者是指这个金融品牌已抢先一步在客户的头脑中占领了有利的位置。其先入为主的属性导致该金融产品拥有市场份额优势地位。然而产品市场领先者必须保持高度警惕并采取适当的策略，否则就很有可能丧失领先地位。

采用这种金融产品定位策略，应该考虑到以下几种情况：①该金融产品符合金融客户需求发展趋势，具有巨大的市场潜量；②本银行该金融产品具备领先进入市场的条件和能力；③该金融产品进入的目标市场必须有利于创造本银行的产品特色。

产品市场领先者定位策略应该主要包括：①创造与众不同的金融产品特色；②使该金融产品尽快扩展到整个国内、国际市场；③保持该金融产品目标市场的占有率；④扩大该金融产品的市场占有率；⑤灵活运用服务价格来整合目标市场等。

（二）产品市场挑战者定位策略

产品市场挑战者定位策略是指商业银行把金融产品的位置定在竞争金融机构附近，与在目标金融市场上占据支配地位的即最强的竞争对手的金融产品“对着干”的策略。

商业银行采取这种产品定位策略，必须考虑到以下情况：①有足够的金融产品开发、投放的市场潜量；②本银行的金融产品具有比其他竞争对手的金融产品更丰富的资源和更强的需求；③本银行能够向目标金融市场提供更好的金融产品。

在金融业中，当居次位的商业银行的金融产品有很大的势力时，它便会倾向于向产品市场领先者等竞争者挑战，以获得更大的金融市场占有率。

（三）产品市场跟随者定位策略

产品市场跟随者定位策略是指商业银行发现目标金融市场的金融产品竞争者已进入，而该目标金融市场产品需求潜力又很大，商业银行跟随金融产品竞争者进入该市场，与竞争金融机构处在一个位置上的策略。

采用这种策略时必须考虑下列情况：①目标金融市场还有很大的需求潜力；②目标金融市场未被竞争对手的金融产品完全垄断；③本银行产品具备进入该目标金融市场的条件和与竞争对手金融产品平分秋色的能力。

（四）产品市场补缺者定位策略

产品市场补缺者定位策略是指把商业银行自己的金融产品的目标市场定在竞争者没有注意到和未占领的金融产品市场位置上的策略。在对商业银行竞争者金融产品的市场位置、客户的实际需求和自己经营的金融产品属性进行评估分析后，如果发现本银行所面临的目标金融市场没有被竞争者占领，存在一定的市场缝隙或空间，而且自身所经营的金融产品又难以正面抗衡，这时商业银行就应该把自己的金融产品定在目标金融市场的空当位置，与竞争者形成对峙。

采用这种市场定位策略，需要考虑以下情况：①本银行有满足该目标金融市场需要的、比较充足的金融产品；②该目标金融市场有足够数量的该金融产品的潜在使用者；③本银行产品具有进入该目标金融市场的特殊条件和性能；④该金融产品经营必须盈利，作为产品市场补缺者，首先要找出目标金融市场的空白点，即善于发现机会。

可以选择的策略有：①开发运用特定的金融产品；②选择特定的客户层次所需要的金融产品；③选择特定的金融市场区域所需要的金融产品等。

通过“补人之短”争取机会，可以借鉴先人的策略，即不首先研究开发新的金融产品，而是等待其他商业银行新的金融产品投放金融市场后，立即派出精兵强将进行金融市场调查，虚心向客户征询新金融产品的优缺点和合理化建议，然后再依据客户反馈的意见，迅速研制开发出符合市场需要的本银行的新金融产品。由于这种新金融产品弥补了别家商业银行金融产品的缺陷，其性能、质量更为完美，因而会深受客户的青睐。

三、恰当运用商业银行营销产品定位的相关方法

商业银行营销产品定位包括新建立的商业银行初入金融市场、商业银行新的金融产品投入目标金融市场或老的金融产品进入新的目标金融市场等情况，商业银行应该运用所有的市场营销组合，使自己的金融产品特色符合所选择的目标金融市场。可以从多个角度出发，采取不同的方法进行定位，并不是一次定位成功就不再改变。这里主要介绍六种类型的定位方法（见图 5-2）。

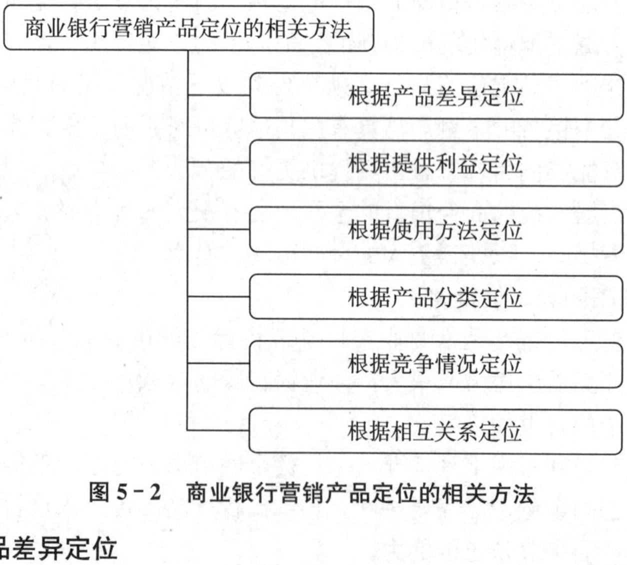

图 5-2　商业银行营销产品定位的相关方法

（一）根据产品差异定位

商业银行应该考虑本银行所准备推出和销售的金融产品相对于其他金融机构的金融产品有哪些显著的差异性，应该避免与国际目标金融市场上的强力竞争者直接对抗，应将自己的金融产品定位在目标金融市场的“空白点”上，开发并销售目前目标金融市场上还没有形成特色的产品，尽可能体现本银行金融产品的独特优势，开拓新的市场领域。金融产品经常容易被模仿，但如果一种金融产品的特征真正是该金融产品独有的特征，那么该金

融产品就不容易被模仿。

（二）根据提供利益定位

商业银行应该分析本银行所准备推出和销售的金融产品为客户所提供的利益，以及目标金融市场客户是否认同，是否认为它很重要。比如，针对客户所做的初级研究发现，尊重个人隐私和保证安全是客户认为非常重要的利益点，商业银行就应该在金融产品设计中充分考虑客户的这一利益点，增强保密性和加强安全保障，从而满足客户的利益需求。

（三）根据使用方法定位

商业银行可以找出金融产品的准确客户群，通过分析客户如何使用及何时使用金融产品，在使用金融产品时有何要求或特别喜好，根据其使用的特点和要求，立足于市场，对金融产品进行创新、设计和构思，不断推出有个性、有特点的项目，同时还要注意金融产品组合的创新，满足客户投资、储蓄、防范风险、增值等多方面的需要，提供全方位的金融服务。可以采取金融产品垂直多样化、水平多样化、无关联多样化等产品组合策略，拓展面向个人、企业以及国际市场的金融服务领域，并及时制定和调整各类金融产品不同生命周期、不同品牌包装的营销策略。

（四）根据产品分类定位

这是非常普遍的一种定位方法。有时，商业银行的金融产品并不是要和某一竞争者竞争，而是要和同类金融产品竞争，因此，商业银行就应该根据现有同类金融产品的特点、客户的其他需要等，进行功能更广、利益更优、服务更便利的金融产品的研究和开发。当金融产品在市场上是新产品时，这种方法作用更大。

（五）根据竞争情况定位

这种定位方法是针对某一特定的金融机构竞争者，而不是针对某一银行的金融产品类别进行的金融产品定位。这需要全面分析竞争对手的各种情况，特别是金融产品开发运用能力、金融市场的占有情况等。挑战某一特定金融机构竞争者的定位方法虽然可以获得成功，但在挑战强有力的金融市场主要占有者时，要更加认真分析、充分准备、慎重行事。

（六）根据相互关系定位

当市场上的金融产品没有明显差异时，根据相互关系定位的方法有积极的效果。利用形象及感性广告的手法可以成功地为这种金融产品定位。如一家商业银行可以抓住客户对某一事物或某一现象的特殊情感做文章，将自己的金融产品定位为与某一事物或某一现象具有特别联系的产品，以同目标客户群建立一种特定的关系，从而使目标客户群认可和接受该金融产品。

总之，中资商业银行要在日益激烈的国际金融市场竞争中求得生存和发展，需要转变经营方式和改变经营作风，运用现代营销管理理论，进行周密的调查和精心的策划，以满足客户需求为中心，将新颖独特、适销对路的金融产品推向国际、国内金融市场，使经济效益最大化。

股份制民营商业银行如招商银行、民生银行等，从诞生之日起就面临同业竞争压力巨大、市场风险较高、银行经营艰难的形势。与四大国有商业银行相比，它们在资金规模、营业网点、人员配备等方面都不能相抗衡，只能在国有商业银行遍布城乡的营业网点布局中见缝插针，尽力拓展生存和发展的空间。因此，对于股份制民营商业银行而言，找准自己的目标市场，集中优势兵力在一个或数个细分市场上开展经营，做到有所为、有所不为，开发个性鲜明的、具有特殊竞争力的产品就显得更为重要。

根据各自的发展战略和市场定位，我国商业银行的产品策略主要有创新策略、差异化策略和品牌策略。近几年各商业银行都纷纷根据市场发展的需要、客户的心理特点以及他们对金融资产安全性、盈利性和流动性的要求，开发出各式各样的金融产品，然而金融产品同质性和无专利性的特点决定了其具有明显的易模仿性，某家银行推出一种新的业务品种，其他银行便迅速开发出同样的产品。这样一家银行要使自己的产品有别于其他银行，还必须在创新的基础上采取差异化策略。金融产品本质上是一种服务，它的差异性主要体现在服务上。对于同样一种产品，不同银行的不同服务也会产生较大区别。因此，营销策略运用较好的银行在推出新产品的同时会注重形成自己独特的服务功能，会用一种不同的个性化服务来区分自己和竞争对手，发展属于自己的特殊优势。例如，目前各家银行都推出了信用卡或储蓄卡，且功能和形式都比较相似，但招商银行的“一卡通”依托电子信息和网络技术，科技含量高，功能新颖、独特，特别适用于文化层次较高的中青年群体。正是这种差异化服务将招商银行的银行卡业务与其他银行的同类业务区分开来。最后，商业银行要凸显自己产品的特色和优势，还必须运用品牌策略，要根据产品的特点打造精品，建立品牌，在客户心目中树立鲜明的旗帜。例如，中国银行的“长城卡”“外汇宝”，建设银行的“乐得家”“龙卡”，工商银行的“金融 e 通道”，招商银行的“一卡通”“一网通”等，都是经营非常成功的金融品牌。这些品牌的推出既提高了银行的知名度，也使银行获得了丰厚的收益。

☞案例

南京银行消费金融中心营销创新案例

为适应小额贷款、快速到账的客户需求，消费金融中心积极开展线上业务，利用人脸识别、互联网大数据等技术比对客户情况，核实贷款额度，从而提高贷款效率。

便捷、快速的线上业务在实际运用中发挥着重要作用。2020 年春节前一天，南京银行消费金融中心客户经理小张接到电话后，给第二天准备回家过年的李先生当天顺利办下了贷款，解决了客户的燃眉之急。原来李先生所在公司临时决定将年终奖推迟到春节后发，已经收拾好行李准备回家过年的李先生准备给家里老人和孩子的钱一时就没有了着落，他跑到银行申请 2 万元小额贷款，来回跑了好几家银行，它们都无法满足当天申请、审批并放贷的需求。焦急之时，李先生发现南京银行“鑫梦享”手机客户端有在线申请“随鑫花”产品功能，介绍中称可以当天到账，李先生抱着试试看的心态提出了申请。按照流程一步步完成审批后，李先生电话咨询放贷时间，中心客户经理小张在进行进一步查询时发现该业务在调用第三方支付时有延迟，于是立即和信息技术中心、第三方支付公司沟通，十几分钟后李先生就收到了贷款。李先生表示他从没想到线上申请贷款可以这么顺利，这真的是帮上了大忙。

南京银行消费金融中心上海分中心客户经理在去拜访汽车商户时发现了一位

办理汽车贷款的特殊客户，这位客户是聋哑人，由于贷款审理面签、回访等过程需要电话联系、当面交流，而聋哑人的生理特征让办理情况变得特殊。该客户经理在了解情况后向分中心汇报了情况，并安排特别的审批流程，通过手势、笔记和手机打字等方式，花了一个半小时与客户进行沟通，正式受理客户申请，最后满足了客户的办理需求，服务得到了客户的肯定。

中心长期与江苏省青少年发展基金会励志阳光助学基金合作，选拔优秀的青年党员奔赴甘肃省白银市靖远县刘川镇，捐助援建鑫梦享阳光希望小学。对于城里的孩子来说，书籍种类繁多，随手可得。对于经济落后地区的孩子而言，可供阅读的书籍十分有限，少有的几本教材已经被翻烂。消费金融中心公益活动的负责人表示，中心的党员同志们在前往甘肃希望小学时，都会自发地携带图书、文具等学习用品，帮助学生建立图书角，给孩子们上课，和孩子们做游戏。

此外，中心还进行公益台历义卖，开展公益贷款服务，将“人人公益”的理念传递给公众和社会；以“与爱同行”为主题，开展走近福利院的爱心公益活动……消费金融中心以每一次行动、每一次服务不断践行着“责任金融、公益金融、普惠金融”三大理念。

资料来源：金投网。

第二节 定价策略

价格是市场营销的关键要素之一，定价策略正确与否关系到企业的生存和发展，成功的定价策略对于实现企业的盈利目标以及取得合理的市场占有率具有重要的作用，错误的定价策略将给企业带来销售额下降、盈利收缩甚至企业倒闭等严重问题。我国商业银行在价格管理方面任重道远，比如一些贷款没有按风险定价、中间业务收费低于成本等，这些问题已经影响到商业银行的财务状况、资产质量、市场份额和可持续发展，因此，我们研究商业银行的定价策略具有十分重要的现实意义。

推进利率市场化改革是我国金融改革发展的重中之重。利率市场化带来的必然是商业银行同业间的价格战进一步升级，存款利率上升、贷款利率下降、存贷款利差收窄。商业银行在很大程度上是价格的接受者而不是制定者，商业银行利率与市场利率相差甚微，因此商业银行需要在狭窄的、稍纵即逝的价格空间中制定出有利于商业银行且富有竞争力的产品价格。所以，我们研究商业银行产品定价也就具有重要的战略意义。

一、商业银行产品定价的基本原理

（一）定价目标

商业银行产品定价最终服务于商业银行的经营目标（见图 5-3）。

（1）目标利润。作为一个企业，追求企业利润或股东价值最大化是商业银行经营的最终目标。利润最大化不一定意味着高价格，为达到这个目标，商业银行需要权衡产品的规模、成本和价格的关系，最终确定能够使商业银行利润最大化的价格。

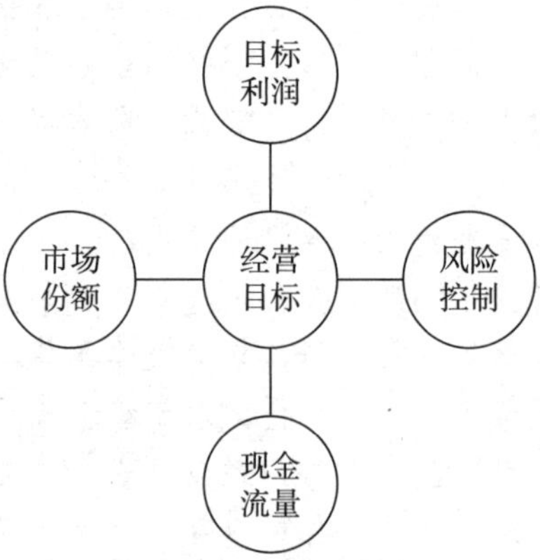

图 5-3 商业银行的经营目标

（2）市场份额。出于战略竞争的需要，商业银行致力于在细分的目标市场中获得、保持和提高市场占有率。商业银行有时也会调整其短期内的利润预期，通过价格战来抢占市场份额，树立其市场地位。

（3）风险控制。通过一定的定价策略，商业银行可以优化资产负债的客户结构、产品结构和期限结构，将信贷风险和利率风险控制在可接受的范围内。

（4）现金流量。在一般情况下，定价的目的是扩大销售量，增加现金流，以提高流动性。

商业银行产品定价需要在以上四个目标之间进行权衡，处理好商业银行的流动性、盈利性和安全性之间的关系。

（二）影响定价的因素

（1）成本。成本包括资金成本和营运成本。资金成本为资金的利息成本，最常用的定义是商业银行资金的机会成本或无风险收益。它有多种计算方法，通常用货币市场利率计算。营运成本是商业银行吸收存款、发放贷款并维持同客户的借贷关系所需要的非利息性成本，包括人员工资、设备成本及需要补偿的费用。

（2）风险。风险包括信用风险和期限不匹配风险。信用风险是指客户不能按期、足额偿还贷款本息从而造成损失的风险；同时，商业银行还需要承担存贷款的期限不匹配带来的风险，这部分成本最终也反映在产品定价上。

（3）预期利润。为了取得预期的资本利润率，商业银行需要在进行产品定价时确定每一笔交易的预期利润。商业银行的利润目标一般以发展战略、红利支付水平等因素为依据制定。

（4）经济环境。市场需求水平、市场利率的波动、商业银行所在地区的整体经济水平都会对商业银行产品价格产生影响。

（5）产品周期。商业银行产品在产生、成长、成熟和衰退四个阶段的市场需求不同，盈利性不同，因此定价策略也应该存在差异。

（6）市场定价。商业银行产品的目标市场定位和客户需求的价格敏感程度不同，定价策略也不同，有的产品要走高价的品牌路线，有的产品要走低价的大众路线。

（7）服务水平。快捷、专业和令人愉快的服务能使商业银行制定高于同业的产品价格。

(8) 政策法规。政策法规是产品定价的法律环境，有时对定价的影响特别大，如利率管理政策、贷款法规等。

影响定价的因素总结见图5-4。

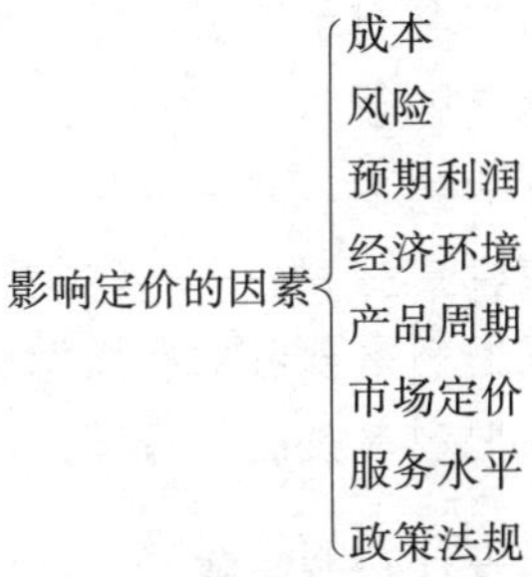

图5-4 影响定价的因素

(三) 定价模型

定价模型就是将影响产品定价的因素以数量化的形式表现出来，用于计算产品的价格。实际上，定价模型通常仅对成本、风险和预期利润进行量化。这里主要介绍对商业银行最具有借鉴意义的三个类别的定价模型：存款定价模型、贷款定价模型和客户关系定价模型。定价模型的具体分类见图5-5。

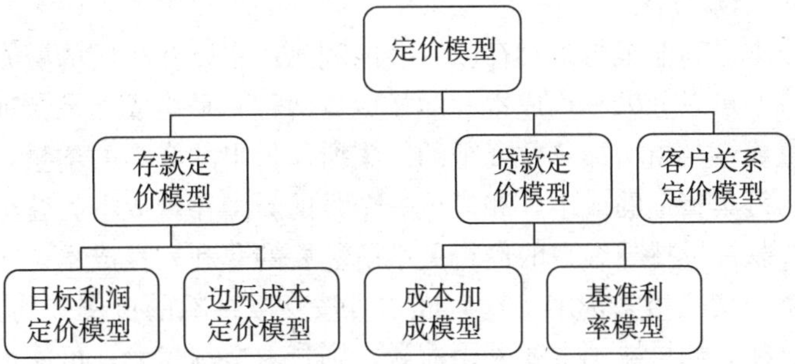

图5-5 定价模型的分类

1. 存款定价模型

(1) 目标利润定价模型。该模型的单位存款价格是在单位资金收益率的基础上减去存款的单位营运成本和目标利润率。该模型的优点是保证商业银行提供的每一笔存款服务都可以弥补成本，并获得商业银行的目标利润率。基本公式是：

单位存款价格=单位资金收益率－目标利润率－单位营运成本

式中，单位资金收益率通常采用同期限的货币市场利率来衡量。目标利润率根据市场和商业银行的战略确定，可根据历史数据测算。单位营运成本包括单位可变成本（签发支票、存取款、支付清算等过程的可变成本）和单位固定成本（开户、销户、账户维持等作业成本）。

目标利润定价模型可被运用于存款和服务费的定价。当公式左边的单位存款价格为正数时，价格为商业银行向客户支付的存款利率；当单位存款价格为负数时，价格为商业银行行向客户收取的服务费。

(2) 边际成本定价模型。当存款的边际收益率等于存款的边际成本率时，得到最佳的存款利率，该利率可以使商业银行的利润最大化。

存款的边际成本率＝[(以新利率吸收的存款总额＋以旧利率吸收的存款总额)×新存款利率－旧存款利率×以旧利率吸收的存款总额]÷增量资金额
＝存款的边际收益率

最佳的新存款利率＝(存款的边际收益率×增量资金额＋旧存款利率×以旧利率吸收的存款总额)÷(以新利率吸收的存款总额＋以旧利率吸收的存款总额)

由于存款的边际收益率就是新增存款的收益率，我们很容易根据公式得到最佳的新存款利率。例如，旧存款利率为7%，存款额从25万元上升到50万元，新增存款的收益率为8%，最佳的新存款利率＝(8%×25＋7%×25)÷50＝7.5%。当存款的边际收益率为8%时，7.5%为最佳的新存款利率。

2. 贷款定价模型

(1) 成本加成模型。在该模型中，商业银行将各项成本加上预期收益率来确定贷款价格（利率），即：

贷款价格＝资金成本＋营运成本＋风险成本＋预期收益率

式中，资金成本是商业银行筹集存款资金的利息成本以及相应的资本成本。从贷款定价的角度，资金成本可以分为平均成本和增量成本两种。平均成本是指现有资金来源的加权平均成本。增量成本是指增加单位资金的筹集所需付出的成本的增量，通常为商业银行在最近一个时期内筹集资金的成本，如最近一个月的新增存款成本。营运成本是商业银行发放贷款和吸收存款并维持与客户的借贷关系所需要的非利息性成本，包括人员工资、设备成本及其他未被补偿的相关费用。营运成本可按贷款余额的比例平均分摊给每笔贷款，也可按交易笔数分摊。如果摊销方式采用前者，则贷款金额越大，可能承担的营运成本越大。营运成本与贷款风险、贷款规模、贷款期限等呈正相关关系。风险成本是指单笔贷款到期后，客户不能偿还贷款，发生违约行为给商业银行所带来的风险损失，它是确定风险溢价补偿的量化标准。风险成本包括预期损失和非预期损失。预期收益率是商业银行通过投入资本所能获得的利润目标，是投入资本的收益率，通常用盈利性资产税前收益率表示，也可用资产收益率表示。

成本加成模型是商业银行最传统的贷款利率定价模型，它不需要一个完善的货币市场作为定价的基础，实施该模型的难点是商业银行必须准确地计算各种成本。

(2) 基准利率模型。该模型是以某货币市场利率为基准利率，然后根据贷款的风险状况加减或乘以一个系数，即：

贷款价格＝基准利率＋违约风险溢价＋期限风险溢价

基准利率通常为某一货币市场利率，如联邦基金利率、国债利率等，也可以是商业银行本身制定的最优惠利率。货币市场利率通常可以被认为是无风险资产或低风险资产的收益率，是商业银行资金收益的最低要求。由于商业银行贷款的违约风险通常高于货币市场工具，因此，贷款定价通常要求加上一定的违约风险溢价。另外，贷款期限通常比货币市场工具的存续期长，所以在进行贷款定价时还要加上一定的期限风险溢价。

基准利率模型是国际银行业运用最广泛的贷款定价模型，主要优点在于简单易行，不用进行复杂的资金成本核算和营运成本分摊。

3. 客户关系定价模型

以上介绍的存款定价模型和贷款定价模型都是单一产品定价，没有考虑客户的整体贡献。客户关系定价模型则针对客户的不同情况，采取差别化竞争战略。它以商业银行与客户的整体关系为基础制定存贷款价格，考虑商业银行在客户的整体关系中得到的盈利而不仅仅是某一笔交易的盈利，以此达到既要补偿商业银行所有筹资及风险成本，又要有市场竞争力的目的，是在具备完善的客户关系管理的前提下可选择的理想方法。

在计算客户盈利率时，收入项目包括利息收入、手续费收入、客户存款的隐性收入等；支出项目包括资金成本、存款利息、管理成本、风险成本、交易成本及其他一切客户关系费用。如果某一项贷款的客户盈利率超过了既定的目标客户盈利率，则该项贷款可能被批准。如果客户盈利率达不到既定的目标客户盈利率，商业银行会通过一些操作调整客户关系，使客户盈利率达到既定目标，比如追加抵押或担保、增加保留余额比例和增加中间业务收入等。

国际上对关系定价也有不同看法，有人认为关系定价会减少利润，如果商业银行对每一笔业务都分别制定可以盈利的价格，则商业银行就可以获得更多的利润。而主张关系定价的人则认为，除非定价能够充分考虑到客户的整体关系，否则商业银行很容易受到价格竞争的影响，从长远考虑，商业银行最为英明的战略应该是建立起能鼓励和保护自己客户的总体关系定价机制。

计算客户盈利率有多种方法，这里简单列出几种（见图 5-6）。

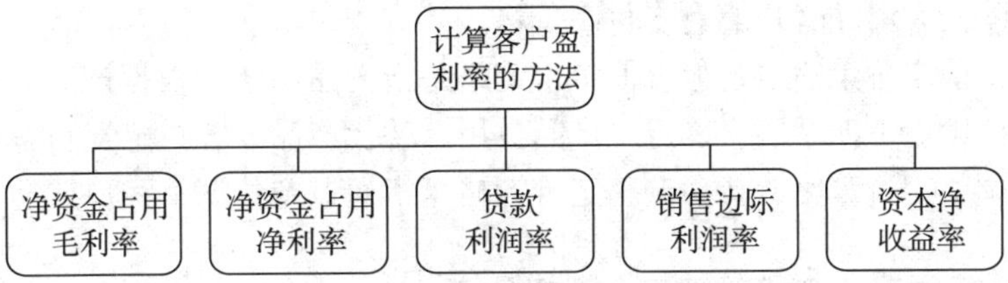

图 5-6 计算客户盈利率的方法

（1）净资金占用毛利率。

$$净资金占用毛利率=\frac{收入-费用}{贷款-存款}$$

（2）净资金占用净利率。

$$净资金占用净利率=\frac{收入-费用-资金成本}{贷款-存款}$$

（3）贷款利润率。

$$贷款利润率=\frac{收入-费用-资金成本}{贷款}$$

（4）销售边际利润率。

$$销售边际利润率=\frac{收入-费用}{收入}$$

（5）资本净收益率。

$$资本净收益率=\frac{收入-费用-资金成本}{贷款\times资本分配率}$$

（四）定价策略

定价模型解决的是产品定价的定量方法问题，而定价策略要解决定性方法问题，即如何根据市场需求、产品周期、产品定位和经营战略等因素灵活运用定价模型。定价策略的分类如图 5－7 所示。

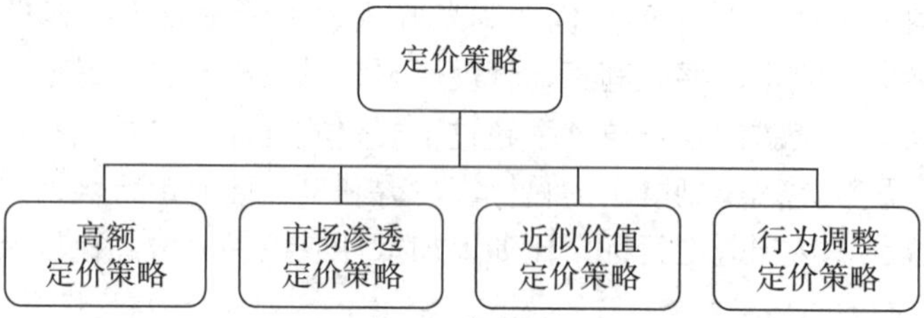

图 5－7　定价策略的分类

（1）高额定价策略。高额定价策略是指以高定价吸引高端客户。以下情况可以采用这一策略：①在市场发展初期或在一些细分市场上，销售量对价格不敏感；②有助于树立新产品的质量和信誉形象；③用于测试新产品的需求，最好是从高价格开始。

（2）市场渗透定价策略。市场渗透定价策略是指以低价尽早占领市场。以下情况可以采用这一策略：①销售量对价格非常敏感；②很大的销售量可以节约生产或分销成本；③竞争激烈；④没有潜在客户愿意支付高价格。

（3）近似价值定价策略。近似价值定价策略是指产品的定价根据产品对客户的价值确定。产品的价值由以下四个因素确定：产品效用、替代产品、客户感觉和需求能力。

（4）行为调整定价策略。行为调整定价策略是指通过定价调整客户行为。

二、国际领先商业银行的定价管理体系

国际上流行的商业银行定价管理体系大体上可以分为两类：一类执行严格、精细的系统性定价；另一类根据直觉定价。美国的少数商业银行执行系统性定价，而大商业银行则几乎无一例外地选择了系统性定价。对于大多数中小商业银行，市场定价机制左右了它们的价格，商业银行利率和市场利率保持一致，这些商业银行通过市场调查和经验数据来获得定价信息。根据直觉定价的商业银行认为产品价格是由市场决定的，商业银行在价格面前别无选择，而且它们自认为无法在价格的精算上与大商业银行“较量”，价格精算的成本过高。有的商业银行也认为系统性定价只是会计和计算技术的“把戏”，更多的是纸上谈兵，真正用在产品销售实践中的可行性不高。

国际上的大银行普遍认为，严格、精细的系统性定价体系有利于改进盈利管理和风险管理过程。

系统性定价提高了银行自身和客户的信息透明度，使得银行更加了解自身以及客户有关定价的信息，在不对称的信息较量中赢得了相对于客户的主动权。一方面，系统性定价理念充分发挥了企业定价机制的长处，弥补了市场定价机制的盲点和时滞缺陷；另一方面，由于决定银行产品是否被客户接受的因素除了价格以外，还有客户满意度、客户便利性等其他因素，因此银行利率可以适度偏离市场利率，从而实现高于市场平均水平的收益率。执行系统性定价的银行往往不是简单地追求高利差，而是在寻觅和实现更优的成本管理、风险管理、交叉销售以及客户关系管理等方面的中间目标并间接实现了银行价值最大化。国际领先商业银行的定价管理体系通常包括以下五个关键性要素：

1. 专业的定价决策

银行的定价决策属于高层决策，一般由资产负债委员会下设的定价委员会做出。定价委员会有两个，一个为零售服务定价，另一个为企业服务定价。委员会成员包括最高管理层，以及市场部、会计部、科技部的负责人或业务专业人才。由于定价决策由多方面的业务专家做出，因此定价决策更为科学。定价委员会需要定期检查定价政策，以使产品定价决策对市场变化做出灵活反应。

2. 规范的定价政策

领先银行都制定了统一、规范、严格的定价政策。所有分支机构面向客户的利率报价基本一致，不同网点报价差异带给客户的收益不足以弥补客户的询价成本。定价政策由总行制定，分行及其分支机构的价格审批权很小。统一、规范、严格的定价政策的目的主要有两个：一是避免分支机构相互进行价格竞争；二是防止客户经理和管理人员碍于人情而降低价格。

3. 丰富的定价工具

采用多种多样的定价模型，而不是一种定价模型，以尽量适应复杂多变的市场。产品品种划分相当详细，在不同时期，决策层可以针对不同品种选用最合适的具体定价方法。计算成本的方法要多样化，以便从不同角度衡量一笔业务和一个客户的盈利性。

4. 精细的信息系统

系统能够即时量化并比较不同客户、信用风险等级、对抗类型的产品的收益率；动态跟踪风险等级的变化；支持管理层判断某笔交易是否盈利、盈利多少，从而支持价格谈判；支持精确的客户关系管理，从而支持银行交叉销售并通过定价主动筛选客户；能够提供价格政策变化对销售量和利润的影响，从而为进一步的决策提供重要的基础信息。

5. 高效的执行系统

银行在制定了规范统一的定价政策的同时，还建立了一套高效的价格优惠审批机制。在各市场部门设立集中报价中心，安排专人统一负责价格优惠审批，审批通过电话传真或内部网络系统最快可以在几分钟内完成。

商业银行经营以营利为目的，而产品定价是银行获得盈利的具体措施。它涉及银行的成本和收益，在营销策略中占有特殊的地位。与一般工商企业的有形产品定价相比，金融产品的定价有其特殊性。它除了考虑企业的经营成本外，还要考虑政策与法律因素、货币流通因素、宏观经济因素和客户心理因素等，是一个非常敏感且涉及面很广的问题。例如，我国商业银行的存贷款利率和服务收费受到金融政策和法规的管制，尚未完全市场化，银行定价的自主权较小；又如商业银行的存贷款利率变动影响微观经济行为和宏观经济变量，它们的确定有非常重要的意义，需谨慎对待。

☞案例

农商银行加快金融创新，探索发展新模式

近年来，一些农商银行即便在省联社管理体制约束下，也在互联网金融领域跳起了舞姿曼妙的“舞蹈”，其中最适合的创新方式是做金融电商平台。

这种电商平台有两类 App。一种是整合传统商户资源，集老百姓衣、食、住、用、行、娱、付于一体，涉及百姓生活购物、休闲娱乐、民生缴费、社区服务、金融支付、积分融合、互动社交等多个方面，旨在为用户提供全面、便捷、实惠的“一站式”生活服务和金融服务。另一种是由银行主导开发，汇聚银行在当地某个特色领域内的优质客户，以他们的共同需求搭建一个 App。例如，在线支付、二维码收单、POS 机（销售终端机）收单等。

不管是哪种金融电商平台，只要是线上平台，就会沉淀大数据；只要有大数据，就可以对客户画像。电商平台每天留下的信息流、资金流、客流、货流数据，都成了农商银行分析客户信贷需求、为客户提供流水贷等有针对性信贷资金服务的重要依据。金融电商平台做大了，农商银行还可以依此进一步发展供应链金融和产业链金融，将自己打造成一家特色鲜明、小而美的商业银行。

农商银行处于熟人社会，对当地特色产业支持很大，拥有丰富的客户资源。农商银行只需把同类客户归集在一起，先做一个行业单一的金融电商平台，成熟后再快速复制到相近行业，或者从一个地区复制到另一个地区，最后实现对县域市场的完全把控。由于农商银行网点多，客户经理多，而传统线下客户比如一些快消品地方总代理拥有的县域物流网络可以打通物流配送“最后一公里”，形成与淘宝和京东的差异化经营。这条道路真正是以互联网思维发展互联网金融，能赋予农商银行可持续发展的动能，因而也最符合农商银行的特点，可以成为农商银行互联网金融的未来发展之路。

资料来源：中国金融新闻网。

由于以上原因，定价策略在我国商业银行产品营销策略中的重要性还没有充分体现出来，各银行金融产品的市场价格差异不大，无法形成竞争的手段，但随着市场经济的发展和国内外金融市场的连通，这一现象将逐步发生改变。当前我国已放开了外币存贷款利率管制，利率市场化改革加快推进，金融业对外开放取得积极进展，这表明定价策略将日益成为商业银行的一种重要的竞争手段，由此银行根据自己的盈利目标和经营状况合理制定金融产品的价格，也将逐渐被市场理解和接受。商业银行应在今后的经营活动当中，针对不同的市场、不同的客户、不同产品的风险程度进行定价设计，这种定价既要顾及市场的需求和客户的承受能力，又要有利于银行产品营销策略的实施，通过合理的产品定价，真正达到推销金融产品、增强竞争能力、提高盈利水平、规避金融风险的目的。

第三节 渠道策略

银行市场营销活动效益的高低不仅取决于银行产品的开发与提供，而且取决于银行的分销渠道。前者是形成金融产品使用价值的过程，即银行降低金融产品的成本、提高产品质量、增加产品的式样与功能、制定合理的价格以提高市场竞争力；后者是金融产品使用价值和价值的实现过程，即银行通过适应客户需求的变化，将已经开发出来的产品及时、方便、迅速地提供给客户，以满足不同客户的需要。从一定程度上讲，建立良好的分销渠道要比组织产品开发更为重要。

一、银行实施渠道策略的意义

渠道策略是沟通银行与客户之间关系的桥梁，合理选择渠道策略对保证银行正常经营、建立现代金融制度都具有十分重要的意义。商业银行经营效益的高低不仅取决于金融产品的品种和价格，而且还取决于适当的分销渠道。分销渠道是连接金融产品供应者和需求者的基本纽带，它的合理设计和拓展有利于商业银行适时、适地、方便、快捷地将金融产品提供给客户。商业银行传统的分销渠道有分支机构网点、代理行等。随着电子信息和网络技术的发展，商业银行的分销渠道日益多元化，自助银行、手机银行、网上银行等现代分销渠道已被广泛使用。各种新型分销渠道的出现极大地拓宽了商业银行的经营空间，缩短了银行与客户之间的距离，增强了金融企业提供产品和服务的能力。今后我国银行在渠道策略的运用中应实行“两条腿走路”的方针：一方面要充分利用现代科学技术，大力发展互联网上的“企业银行”“家庭银行”“移动银行”，突破时间和空间的限制，扩大银行服务的覆盖范围，使客户能在任何时候、任何地方享受到便利的银行服务；另一方面仍要加强传统分销渠道的建设，要增加营业网点的服务功能，优化柜台的服务方式，中小商业银行还应适当增加营业网点的数量，这是因为营业柜台仍然是商业银行吸收存款、回笼现金、办理业务、联系客户和扩大宣传的重要领地，它在银行的经营活动中发挥着重要作用。

正确的渠道策略可以更有效地满足客户的需求。银行根据不同的客户需求选择合理的分销渠道，就可以把各种金融产品提供给客户，并根据消费者需求的变化，随时调整金融产品的种类与功能，更好地解决金融市场中的供求矛盾和结构矛盾，以满足不同地区、不同层次客户的不同需求。

选择合适的渠道策略可以简化流通渠道，方便客户购买。一家银行自身的活动范围总是有限的，无法将其产品提供给所有的客户，但如果选择合理的分销渠道，借助中间商，便可在大的空间范围内方便客户购买，加速产品流通，缩短流通周期，实现产品销售的及时性与扩大化，有效地平衡供求关系。

合理的渠道策略有利于降低银行销售费用，提高经济效益。渠道策略的不同组合各有优势，如果银行能合理地选择渠道策略，那么银行一方面可以减少分支机构的设置，节约相应的销售费用；另一方面又可以扩大客户面，增加销售量，加速资金周转。

由此可见，银行经营效益的高低不仅取决于银行产品的种类，而且取决于渠道策略。

二、主要的银行渠道策略

银行如果能够合理地选择把金融产品推向客户的手段和途径，那么就能将银行的产品和服务适时、适地、方便、快速、准确地销售给客户。可以说，商业银行制定和实施渠道策略的目的就是通过建立最佳的分销渠道，使客户感到银行所提供的产品和服务既具有可接受性，也具有增益性、便利性。银行渠道策略的类型可谓多种多样，下面介绍几种主要的银行渠道策略。银行渠道策略类型总结见图 5-8。

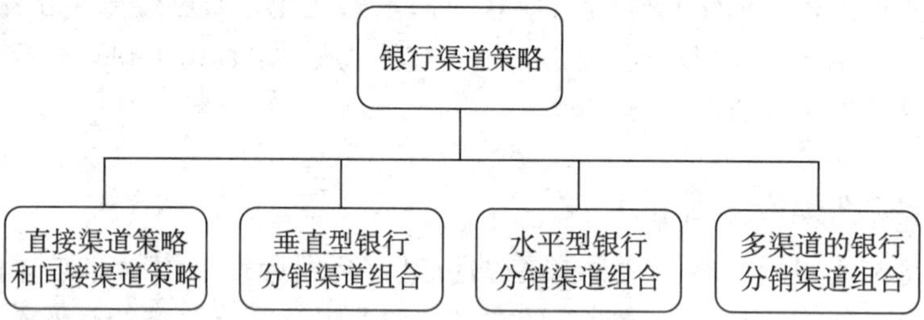

图 5-8 银行渠道策略类型总结

(一) 直接渠道策略和间接渠道策略

这是根据银行销售产品是否利用中间商来划分的。所谓直接渠道策略，也称零阶渠道策略，是指银行直接把产品提供给客户，不需要借助中间商完成产品销售的策略；而间接渠道策略是指银行通过中间商把金融产品销售给客户的策略。

(二) 垂直型银行分销渠道组合

这是指由银行、批发商和零售商组成实行专业化管理和集中计划的营销网，按不同成员的实力与能量对比产生一个最终决策者，由它进行集中的管理与决策，以实现分销渠道的纵向联合，取得最佳的市场营销效果。

这种模式是针对分销渠道的不足而提出来的。在传统银行产品营销中，分销渠道的任何一个成员都不能对其他成员拥有足够的控制权，容易造成各自为政，成员之间常常发生矛盾，影响了银行的整体和长远利益。垂直型银行分销渠道组合则把银行和各个中间商组成一个统一体，集中管理、集中决策和统一执行，可在最大限度上减少各方成员为谋取自身利益而出现的矛盾。

在西方国家，这种模式已成为市场的主要分销方式，也被实践证明是营销渠道中效益最好的一种模式。

(三) 水平型银行分销渠道组合

这种渠道策略是指由同一层次的两个或多个相互无关联的营销组织组成长期或短期的联合体开展营销活动。这种联合可以是暂时性的，也可以是以契约形式固定下来而形成的永久性的联合。这种联合主要是从分销渠道的宽度来考虑的，通过联合可降低各成员的经营风险，避免激烈竞争所导致的两败俱伤，并可充分利用各自的资金、技术等方面的优势共同开发市场。

(四) 多渠道的银行分销渠道组合

多渠道的银行分销渠道组合也称综合分销渠道组合，是指银行通过双重或多重营销渠道，将相同的银行产品打入各种市场。在这种组合中，银行拥有多种不同的分销渠道，并且对每种渠道都拥有较大的控制权。

另外，银行在选择渠道策略时应该遵循以下几个基本原则：①经济性原则。银行产品营销应以最小的投入取得最大的产出，因此，以最有效率的方式和最低的营销费用销售产品是银行选择分销渠道的一个重要原则。②适度控制原则。控制是指银行对分销渠道施加影响的程度。从长远来看，银行对分销渠道的选择除了考虑其经济性外，还必须考虑能否对其进行有效的控制。③易于沟通原则。银行制定的渠道策略必须在最大限度上有利于各方交流信息并加强合作。沟通包括银行和各中间商之间的沟通，也包括中间商彼此之间的沟通，它是一种信息的双向传递和反馈。沟通对分销渠道的正常有效运转至关重要，银行在选择分销渠道时必须考虑沟通。

三、影响商业银行产品营销渠道的因素

商业银行产品营销渠道是指商业银行把金融产品推向客户的手段和途径，包括筹资渠道和资金运用渠道。商业银行在选择自己的产品营销渠道时，应结合目标市场和营销战略综合考虑以下因素（见图 5－9）。

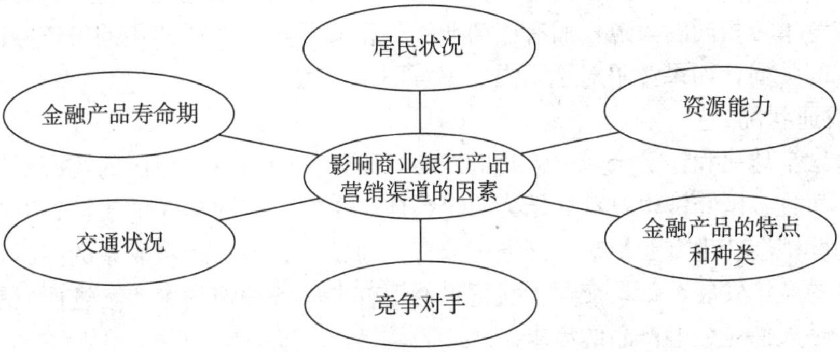

图 5－9 影响商业银行产品营销渠道的因素

(一) 居民状况

目标市场客户的人口和心理特征是选择营销渠道的基础，一个营销渠道成功与否在很大程度上取决于它所在地区的居民状况。居民状况包括居民的性别、年龄、职业和居住区域等。客户需要什么、为何需要、何时需要以及如何购买决定了商业银行产品的营销渠道。居民的年龄和性别不同，其对金融产品和渠道就会有不同的需求。随着人口的增长和年轻人组建新的家庭，商业银行在选择营销渠道时要充分考虑年轻人的需求。由于职业方面的影响，居民总希望金融产品的营销点越近越好。另外，随着经济的发展和城镇居民区的大量开发，人口会出现迁移现象，其中，最大的迁移方向是新开发区或郊区，在这些较佳的居住环境中，商业银行选择适当的营销渠道就可以扩大金融产品的销售规模。

(二) 资源能力

商业银行的资源能力决定了其所选择渠道的类型和渠道成员的关系。若资源能力（包括人力、物力和财力）不足，商业银行无力占领整个市场，在选择营销渠道时，就要采用密集性市场策略，即把自己的力量集中在一个或少量的细分市场上，实行专业化生产和销售。

（三）金融产品的特点和种类

金融产品的特点在商业银行选择营销渠道时起着重要作用。如果同质性产品差异性较小，主要的竞争项目是价格，那么商业银行在选择营销渠道时可采用无差异性市场策略，即把整个市场看作一个大目标市场，所有的客户对某种金融产品有着共同的需求，忽视他们之间实际存在的差异，如国库券交易；对于价格差异性较大的产品，银行在选择营销渠道时就要采用差异性市场策略，即把整个市场分成若干个细分市场，银行根据自身条件和环境状况，可同时在两个或更多的细分市场上从事营销活动，如随着我国利率市场化的改革，可从贷款市场扩大到存储市场。

金融产品的种类也是商业银行在选择营销渠道时应考虑的一个重要因素。如果商业银行生产单一的、批量大的金融产品，在选择营销渠道时，则应采取无差异性市场策略；若生产小批量、多品种的金融产品，开展多种金融服务，并且产品品种越来越多，则应采取差异性市场策略。当商业银行开发出新的金融产品时，一般采用密集性市场策略，使用强有力的推销手段，组成营销队伍直接向消费者推销，也可委托代理商销售。

（四）竞争对手

商业银行的营销渠道受竞争对手所使用的渠道的限制。在金融市场上，有些商业银行往往采用与竞争者相同的渠道，而有些商业银行则避开竞争者所使用的渠道。此外，还要看竞争对手的强弱，如果竞争对手不强，也可不予考虑。

（五）交通状况

随着金融全球化和经济金融一体化的发展，不仅一国国内各地区的经济联结为一个有机的整体，而且各国经济也日益联结为一个整体。这样，交通运输的规模、方向和距离对金融产品的营销会产生重要影响。交通运输在沟通城乡、地区经济联系的同时，也促进了城乡、地区的经济发展，带动交通干线密集的地方发展各种购物中心，进而发展各种金融机构，以满足人们对金融产品的需求。

（六）金融产品寿命期

当金融产品处于引入期和上升期时，可采用无差异性市场策略选择营销渠道来扩大市场占有率；而当产品进入成熟期后，则应改为采用差异性市场策略选择营销渠道，以便开拓新市场，也可采用密集性市场策略选择营销渠道以保持原有的市场。

四、商业银行分销渠道的定位

为了更好地制定渠道策略，必须首先对分销渠道进行准确的定位。商业银行分销渠道的定位应该从以下几个方面着手。

（一）加快传统网点的功能改造和职能调整

要在网点实行高低柜分开。在高柜方面要大力推广集对公、对私业务于一身的综合柜员制操作模式，建立前台综合交易平台。在低柜方面要配备专职的客户关系管理和产品营销人员。在大中城市部分规模较大的网点要建立专门服务于中高端客户的理财中心，而一些日常的现金或转账等简单的业务则交由移动支付方式来完成。

（二）实现分销渠道的多元化

从国际领先商业银行的发展实践来看，在高科技手段的基础上发展起来的新兴分销渠道对业务处理的能力要求较高而运行成本低。可以考虑建成一个集人工服务网点、自助银行、POS机、电话银行、网络银行、电视银行等各类现代化分销渠道于一体的、多元化的立体分销渠道网络，以便各类分销渠道的配备数量和服务功能可以基本满足业务发展的需求。

（三）实施客户、产品与分销渠道的差别整合

全面分析不同层次的客户需求、不同产品的功能和特点以及不同地区的经济发展状况，同时对人工营业网点、自助银行、手机银行、移动支付等不同分销渠道进行成本、效益、效率、效能分析，制定科学合理的分销渠道总体建设发展方案。

在产品与渠道的整合方面，随着数字金融的快速发展，不同分销渠道所占比例发生了颠覆性的改变。大量业务可以通过移动支付的功能实现；因此，银行需要及时调整各类分销渠道的数量和结构。

通过对客户、产品与分销渠道的差别整合，最终实现将最适合的产品通过最适合的渠道销售给最适合的客户，使银行分销渠道体系实现成本低、效率高、功能强、效益好的最终目标。

（四）分销渠道的专业化、产业化发展策略

商业银行分销渠道电子化、网络化的发展趋势使商业银行在各类现代化分销渠道的建设中需要投入大量资本金以及系统开发和日常运行维护费用，客观上要求商业银行强化对这些分销渠道的经营管理，加强成本核算，提高经营效益。同时，现代化的分销渠道也需要配备一支强大的专业科技人员队伍和一批懂技术、会经营的高级管理人才，专门从事分销渠道的维护和管理。

商业银行可通过组建如网络银行部等事业部性质的分销渠道，实现对分销渠道的集约化经营，集中发挥资金、技术、人才和产业化经营的优势，提高分销渠道的经营效益，确保商业银行分销渠道建设的领先地位。

五、商业银行产品营销渠道选择策略

（一）合理设置分销渠道

商业银行的金融产品具有提供与分配的同时性，一般都直接面对客户，因此，分销网络是商业银行最早也是最普遍的营销渠道，合理设置分支机构和营业网点对吸引客户和发展零售业务尤为重要。在市场竞争日益激烈的情况下，地点的选择就显得十分重要。选择一个好的地点就等于为自己做了广告，这是实现营销目标的无价之宝。在商业银行长期的业务发展中，根据经济环境和其他因素，以下两种模型在选址上应用最为广泛。

1. 空间模型

银行先在全国范围内进行普查，确定可以作为选址对象的地区，然后对候选区进行详细的分析研究。其步骤一般有三个：一是确定服务区域，通常将分支机构设在商店和工厂附近，以便向潜在的客户提供方便的服务。商业银行要分析候选区有无不利的限制因素、候选区与周围城镇的距离和人口密度等。二是搜集该区的原始数据，分析候选区的业务潜力。三是计算候选区设立分支机构的投资收益值。经过上述三个步骤分析论证，银行就可做出最后的选址决策。

2. 变量法

英国威乐伯·史密斯咨询公司就曾使用这种方法为商业银行选址。其方法是先确定有业务潜力的地点，然后用现有的主要街道将这些地点连接起来。商业银行要把竞争对手的分支机构也归属在所选择的地点内，并计算出所有银行网点和消费点之间的最少往来时间，然后在此基础上最终确定分支机构的地址。商业银行在使用此方法选址时要考虑以下因素：①提供服务的种类；②银行员工的数量和素质；③所设网点的周围环境；④网点的交通便利程度；⑤网点的物质设施；⑥停车场；⑦醒目程度。

（二）大力扩展网点功能

居民的需求具有多样化的特征，而当前我国商业银行很多基层的网点仍为功能单一的储蓄所，这在很大程度上制约了个人金融业务的发展。据统计，在英国，一个典型的家庭要同20多个金融产品的供应者打交道，它会从商业银行、投资公司和证券公司等金融企业购买不同的金融产品。今后，我国商业银行应大力拓展基层网点的业务范围，积极办理消费贷款、代理收付、代客理财、信用卡和外币兑换等业务，从而推动个人金融业务的发展。

（三）拓展营销渠道

1. 大力开展金融业务创新，拓展业务范围

在全球范围内，由于科技手段的发展，商业银行的交易系统、清算系统和服务网络日新月异。同时，银行业的一些替代产品如各类直接投资工具也迅速发展，为银行客户提供了更多的投资方式，这样就直接威胁到了银行业的生存。西方银行家丹尼尔·卡罗在《银行销售世界》一书中指出，到目前为止的经验证明，成就甚少或者基本上失败的是那些满足现有服务项目的银行。迫于这种压力，国际上许多商业银行运用现代科技，推出了繁多的、令人目不暇接的金融产品。随着我国金融市场的发展，商业银行竞争日益激烈。商业银行要根据市场变化和用户的需求，积极推出新的金融产品和服务。当前，商业银行要把个人金融业务和代理业务作为开发重点，对信用证、委托等中间业务也要进行创新。随着我国金融业混业经营的发展，商业银行要大力开拓银行、证券、信托、保险之间的混业新业务。金融工具创新主要涉及各种存单、可转换债券、金融期货、期权、远期协议、掉期业务等。这一方面能够提高竞争能力，另一方面又能在金融创新中防范和化解金融风险。

2. 扩大金融服务和产品的代理分销渠道

商业银行要扩大金融产品的销售规模，就必须建立自己的代理网络，包括寻找更多的代理商和信用卡的特约商。另外，商业银行也可以和其他金融机构结成战略联盟，形成长期的战略合作关系。通过这种合作，双方能够更有效地利用资源，降低成本和分享客户，扩大产品服务范围。

3. 并购

并购是商业银行拓展分销渠道最为快捷和有效的手段，尤其在新开发的区域，跨地区和跨国经营更是如此。并购按其目标和行业主要有以下两种模式：

第一种是目前最具有影响力的模式，就是银行之间，或保险公司之间，或证券公司之间所进行的并购。在金融自由化发展的浪潮中，国际机构集团化已是大势所趋。这种并购方式已成为商业银行扩大零售网络的主要手段，同时也有助于增强银行的实力和节

约费用。如1998年4月，美国国民银行与美洲银行合并组成新的银行集团，这个新的银行集团成了美国国内最大的商业银行。过去，我国国有商业银行的分支机构按行政区域设置，造成一些网点成本高、效益低。我国商业银行应以提高规模效应、减少管理层次和降低成本为目标，采取有效兼并、重组等措施，实现规模化、集约化，提高国际信誉，增强竞争力。

第二种是银行、保险公司和证券公司之间的并购。这种并购的主要目的仍是扩大分销网络，另外也可借助对方的条件来扩大自己的服务范围。例如，1998年4月，花旗银行与旅行者集团合并，实现了商业银行与投资银行的强强合作。2009年6月12日，中国平安集团（简称中国平安）发布公告称，与深圳发展银行（简称深发展）达成股份认购协议。协议规定，平安寿险将认购深发展非公开发行的不少于3.70亿股，但不超过5.85亿股的股份。每股认购价格为18.26元人民币。股份认购协议涉及资金为106.82亿元人民币。通过本次交易，中国平安最多将耗资221.73亿元收购深发展总计11.05亿股股权。完成本次收购后，中国平安将成为深发展第一大股东。这项并购交易得到国家有关管理部门的批准，意味着中国平安将控股一家全国性银行，除了能分享深发展的客户资源外，还能利用它在全国的287个机构网点，让银行保险产品以更低的手续费“上架”。之前平安银行受地域所限，其服务仅能覆盖平安15%的保险客户，而深发展的“加盟”能将这一比例提高至80%，这就为续保缴费、支付赔款等保单管理等服务提供了便利。此前，平安寿险、财险和养老金公司之间的交叉销售已经羡煞同行。中国平安此番得深发展助阵，再将麾下信托、证券、期货等业务统统考虑进来，子公司之间的协同效应不可小觑。规模经济、品牌效应以及不同业务因收益周期差异而形成的风险对冲机制，都将有助于中国平安进一步完善综合金融经营，优化资产配置，加快推进保险、银行、投资三大业务的均衡发展。今后，随着我国金融业混业经营的发展，银行可以和资产质量较好的券商及保险公司成立金融控股公司来拓展营销网络，扩大金融服务范围。

4. 合作营销

当前根据西部大开发重点项目多、融资额度大以及融资渠道需要多样化的特点，可构建项目贷款的银团贷款机制，建立同业合作、优势互补、资源共享的销售体系。这既可以实现同业双赢的目标，避免无序竞争所带来的伤害，又可以有效地分散信贷风险。此外，也可由地方政府有关部门牵头组织银企资金供需洽谈会与金融产品营销会，实现银企零距离的沟通和营销。

(四) 积极开发新的营销渠道，建立网络银行

我国加入WTO后，外国金融机构涉足我国金融市场后一般不是拼网点，而是采取避重就轻的服务手段来占领我国金融市场上空白或者薄弱的领域。面对巨大的电子商务市场，网络银行会成为它们的一种选择。我国的金融机构要在瞬息万变的营运环境中不断调整营销策略，借助新技术和电子设备不断开发新的营销渠道。今后，要进一步加大对网络银行投入和开发的力度，组成强有力的营销队伍，尽早抢占这一市场，为网上用户提供方便、及时的服务。

商业银行产品营销渠道选择策略总结见图5-10。

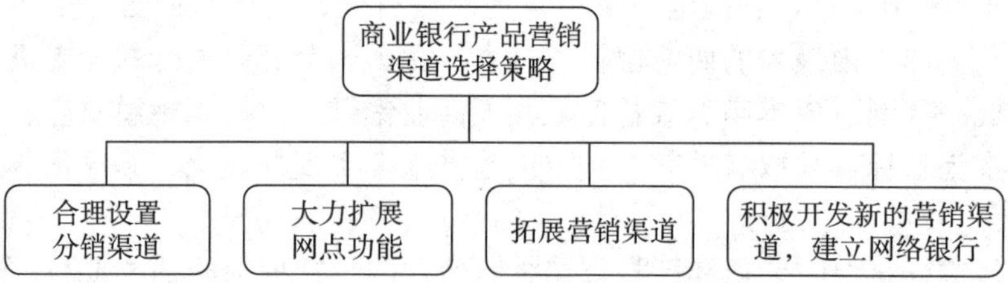

图 5-10　商业银行产品营销渠道选择策略

☞案例

2021 年度中国金融创新奖

2021 年 9 月 24 日，由《银行家》杂志社组织的“中国金融创新论坛暨 2021 中国金融创新成果线上发布会”成功举行。本届中国金融创新奖共设置 14 类奖项，分别是“最佳金融创新奖”“最佳金融科技创新奖”“十佳交易银行创新奖”“十佳金融市场创新奖”“十佳投资银行创新奖”“十佳零售银行创新奖”“十佳信用卡金融创新奖”“十佳财富管理创新奖”“十佳家族信托管理创新奖”“十佳普惠金融服务创新奖”“十佳公司金融创新奖”“十佳智能风控管理创新奖”“十佳普惠金融科技创新奖”“十佳金融科技创新奖”。凭借着在信贷科技赋能金融机构数字化转型方面的创新探索与良好实践，大数金融数字信贷联合运营项目荣获“十佳金融科技创新奖”。同获殊荣的还有工商银行、招商银行、平安银行、光大科技、阿里云等金融机构及金融科技企业。

资料来源：中国经济网。

分析：金融产品营销是伴随着金融市场的完善和金融企业的成熟而逐步发展的，金融产品营销的水平反映了金融业的整体发展水平。改革开放几十年来，我国金融业蓬勃发展，金融企业正逐步成为自主经营、自负盈亏的独立法人机构。在激烈的市场竞争中，金融企业结合金融业的特殊性，研究客户需要，规划产品与服务，通过整体营销活动满足不同客户的需求，营销意识不断提高，营销事件不断丰富。

六、对我国商业银行制定渠道策略的建议

(一) 进行传统网点的功能整合和职能调整，推广综合柜员制

进行网点的功能改造，整合现行的业务流程。为了增强银行的核心竞争能力，依托现代化的计算机业务处理系统和网络，进行业务流程再造，提高分销效率，降低分销成本。明确网点人员的职能划分和功能定位，改变目前临柜人员埋头于核算工作的现状，建立起以市场为导向的前台操作模式。

(二) 加大传统网点的优化调整力度

进行传统网点的调整改造，进一步优化网点布局。一是要加快网点调整改造步伐，对

所有网点进行盈亏平衡分析，对低于盈亏平衡点且没有发展潜力的网点要坚决撤并或搬迁。二是对于部分骨干网点，要在资源配置上予以倾斜，对经济环境好、资源丰富、有发展潜力的网点，在资源配置上要给予适当倾斜，并注重拓展业务功能，强化网点的辐射能力。

（三）加快发展新兴分销渠道，实现分销渠道的多元化

随着商业银行业务的发展和科技手段的不断应用，POS机、自助银行、电话银行、网上银行、手机银行等新兴的银行分销渠道不断涌现，银行业分销渠道已突破柜台约束，把非现金性业务扩大到柜台之外，打破了银行服务的地域和时空限制，极大地满足了客户的需求，因此，发展POS机、自助银行、电话银行、网上银行等新兴渠道十分有必要，应继续发展自助终端。

（四）扩大自助终端的覆盖范围，提高自助终端的服务水平

一是要改变ATM布局，改变设备跟随网点转的局面，充分体现自助设施方便、快速的特点，提升服务质量。二是增设自助银行数量，形成传统网点的有力补充。以大中城市为重点地区，实现新增自助银行与网点结构调整相配合，逐步形成全行多功能、多方式的分销渠道。三是优化POS机配置，重点是发展特约商户，尤其在高收入行业设置自动支付终端POS机，占领高端客户市场。

（五）加强网上银行建设

要加大对网上银行的资金投入，加强网络运行监控和系统维护升级，实现网络的整合和统一；要提供高速、安全、可靠、可扩展的网络平台，提高网络运行质量。

（六）加快总、分、支行的布局调整，强化分销渠道的管理

我国商业银行大都实行的是总行、一级分行、二级分行、县级支行、分理处和网点六级管理体制，在产品分销方面存在环节多、行动慢、时间长、成本高的缺陷。商业银行应该改变以行政区域为主设立分支机构的传统方式，逐步压缩机构层次，逐步减少内部管理层次，缩小管理半径，最终形成总行、分行和支行的三级架构管理模式，实现“直通式”的扁平化管理。

第四节　促销策略

商业银行促销策略是指商业银行将其金融产品向客户进行报道、宣传以说服其使用的手段，具体的促销策略主要有广告、人员推销、公共关系活动、销售促进、促销策略组合等（见图5-11），每一种手段又有多种方式。

一、广告

广告是指商业银行支付一定的费用，通过各种媒介把金融产品的信息传递给广大目标客户，以促进金融产品销售的一种方式。商业银行的广告可分为两类，即形象广告和产品广告。形象广告的目的是扩大商业银行的知名度，提高其美誉度，给客户留下值得信赖、亲切并能提供最佳服务的印象，使客户成为回头客；产品广告是对商业银行提供的金融产品进行宣传。从金融业的竞争态势和业务发展来看，形象广告应成为商业银行广告的重

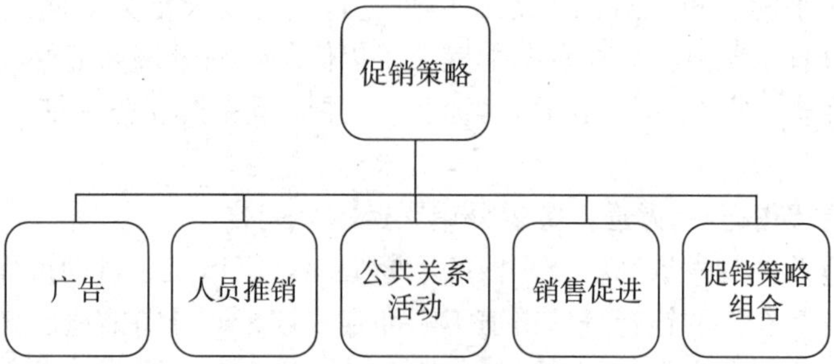

图 5-11 促销策略

点，形象的塑造是一种更高层次的竞争，良好的企业形象能获得客户的信任，从而吸引更多的客户。

商业银行形象广告与产品广告的实施都离不开对广告媒体的选择。广告媒体有很多，例如：印刷媒体有报纸、杂志、电话簿、画册、火车时刻表、挂历等；电子媒体有广播、电视、电子显示屏、霓虹灯等；户外广告有广告牌、海报、旗帜广告、车厢广告、气球广告等；邮寄广告有宣传小册子、服务指南、明信片、手册等；展示广告有橱窗、门面广告等；其他媒体还包括手提袋、购物袋等。商业银行应掌握各种媒体的特点和适应性，根据广告预算、宣传对象的特点和规模、广告的类型等对媒体加以正确选择。如电视能将视觉形象与听觉结合，有丰富多彩的表现手法，吸引力强，适用于商业银行的形象塑造，通过生动的景物可以更好地说明金融产品的功能，但其成本高，播放时间短；广播的宣传地域和人口覆盖面广，成本低，但有声无形，难以为抽象的金融产品提供直观而又引人入胜的宣传；报纸的读者广泛、稳定，覆盖面广，传播迅速，商业银行可以根据不同的金融产品情况和促销目的，制作各种类型的广告，即使是一种复杂的金融产品，也可以在报纸中刊登一段详细的说明文字，在为商业银行分支机构和网点提供促销支援时，还可将分支机构和网点的情况列于其后；杂志有较强的选择性，在杂志上刊登广告能做到有的放矢，宣传效果好，但是受阅读范围的限制，接触对象不太广泛；广告牌醒目、美观，接触面广，对行人能进行反复宣传，可主要用于对商业银行名称、服务内容的宣传；邮寄广告有较强的选择性，可对特定细分市场进行宣传，在推出新产品的初期，邮寄广告还能起到短期保密作用，防止在大面积推广前招来模仿者，同时还可以让老客户首先了解新产品的信息，优先享用新产品。

二、人员推销

人员推销是指商业银行派出客户经理向客户面对面地介绍金融产品的特点、作用、使用程序及费用等，并随时解答客户对所推销的金融产品的有关疑问。由于金融产品的复杂性和专业性，人员推销成为商业银行金融产品销售成功的一个关键因素，也是提高客户忠诚度并使其购买更多金融产品的有效手段。这是商业银行最主要的促销方式。

客户经理是商业银行人员推销的主体。作为商业银行金融产品的营销人员，客户经理代表商业银行为客户提供存款、贷款、中间业务等全方位金融服务，是客户与商业银行联系的纽带，其基本职能是搜集信息、开拓市场、满足需要和提高客户忠诚度。这些都要求客户经理必须具有全面的知识和掌握多种营销技巧，所以商业银行要加强对客户经理的选拔、培训、考核和管理。

三、公共关系活动

公共关系活动是商业银行以相互满意的双向交流为基础，通过良好声誉和可以信赖的行为影响舆论的一种有计划的努力。商业银行公共关系活动的主要职能是通过向客户传递理念性和情感性的企业形象，以及金融产品的信息，争取客户对商业银行的好评，处理不利于企业的业务往来关系，激发公众的金融消费欲望。商业银行公共关系活动的对象包括工商企业、事业单位、同业机构、内部员工、地方政府、新闻媒体、社会公众等。

商业银行公共关系活动的方式有很多，主要有：①与新闻界建立良好关系，以便将有价值的信息刊登于新闻媒体，通过新闻媒体的传播引起社会公众对商业银行或某种金融产品的注意。②金融产品业务宣传，对某些特定的金融产品进行宣传。③信息沟通，包括内部和外部的信息沟通，通过提供业务通讯，告知新产品、服务或营销计划，处理好投诉等，促进客户和社会公众对本银行的了解。④游说，通过游说争取和促进立法及政府部门对商业银行经营的支持。⑤社会公益赞助活动，赞助可以最大限度地增加市场营销机会，商业银行通过赞助各类文体活动和比赛等，可以一举三得：一是通过广告牌创造宣传商业银行名称的机会；二是获得免费的宣传报道；三是给公众一种对社会有责任感的印象。

宣传报道是公共关系活动中的一个重要部分，在促销预算偏低的情况下，宣传报道是宣传商业银行形象与产品形象的有效方式。新的金融产品品种的推出、业务的开拓、银行公开庆祝纪念活动、重大融资活动等，均可以新闻报道形式发布，只要宣传的内容有趣、有新闻价值，媒体就会竞相采用，其产生的社会价值和宣传效果甚至比广告还大，因为宣传报道在人们心目中比广告有更大的可信性。由于宣传报道的内容要由新闻机构决定，有些内容，如取得贷款的程序怎样、在何处办理等无法刊出，所以商业银行还应考虑配之以广告，详细公布无法在报道中公布的信息，以取得完整的宣传促销效果。

☞**案例**

卡塔尔世界杯开幕在即：银行借势“起飞”，信用卡营销开启“整活”模式

万众瞩目，全球狂欢！11月21日0时，卡塔尔世界杯揭幕战打响，32支球队，64场赛事将给世界带来一场饕餮盛宴。四年一度的世界杯无疑是关注度最高的体育赛事之一，借着这股热潮，有不少银行推出了世界杯主题信用卡以及各类刷卡福利活动。在分析人士看来，此举是银行期望借助热点事件获取用户增长以及用户活跃，从而在激烈的信用卡竞争中抢占市场先机。

多银行发力世界杯信用卡营销

紧扣2022年卡塔尔世界杯赛事节奏，银行发行主题信用卡热情满满。11月20日，北京商报记者梳理发现，目前已有农业银行、深圳农商行推出了世界杯主题信用卡，持续深挖体育营销，回馈广大新老球迷客户。

具体来看，近日，农业银行推出了“Visa① 农行 FIFA② 世界杯信用卡（套卡）”，2022 年 11 月 1 日—2023 年 1 月 31 日，首次办理并核发的新客户主卡持卡人，在核卡后次两个自然月内，使用该卡通过线上渠道消费 3 笔且每笔满 18 元，即有机会抢 FIFA 世界杯纪念礼品兑换券 1 张，客户可凭券在 FIFA 世界杯吉祥物、FIFA 世界杯训练用球、FIFA 世界杯纪念帆布袋中三选一进行兑换。

深圳农商行也推出了世界杯主题信用卡，2022 年 10 月 26 日—12 月 31 日，新户成功申请“Visa FIFA 世界杯信用卡”并激活消费一笔，达标后至 2023 年 1 月 15 日前，可通过该行手机银行权益中心免费领取卡塔尔 2022 训练用球/毛绒吉祥物钥匙扣/帆布袋，礼品数量共 2 600 份。

还有一些银行虽然暂未推出世界杯主题信用卡，但也上线了各类信用卡刷卡优惠活动。例如，中国银行在 2022 年 11 月 16 日—12 月 31 日推出刷卡送吉祥物的活动，活动期间，通过中国银行信用卡微信公众号、缤纷生活 App 完成线上报名，且持中国银行 Visa 双币个人信用卡累计消费满 5 000 元人民币，消费排名前 38 888 名的客户，可获得 2022 年卡塔尔世界杯吉祥物一个。

上海银行也推出了类似的营销活动，在 2022 年 11 月 10 日—12 月 10 日活动期间，持卡人使用 Visa 上海银行信用卡累计消费金额满 2 万元（含），可有机会抢世界杯限量款足球或 2 万积分，每户活动期间限享 1 次。

谈及银行借势世界杯发力信用卡营销的举措，易观分析金融行业高级咨询顾问苏筱芮表示，银行借助大型体育赛事热潮开展获客营销的行动历来有之，一方面来看，一些银行业机构积极主动参与大型活动并提供相应的金融服务，对借势营销的手段非常熟悉；另一方面来看，银行业机构也具有持续获客的需求，期望借助热点事件获取用户增长以及用户活跃，从而在激烈的信用卡竞争中抢占市场先机。

建立长周期用户活跃营销模式

“乘风”体育赛事，推广信用卡营销一直是银行采用的较为常见的手段。北京商报记者注意到，目前，多银行推出的世界杯主题信用卡可选择的权益多种多样，除了较为常规的抢兑纪念礼品之外，还有诸如首年免年费、刷卡返现、手续费减免、出行礼遇、酒店、航司、租车、商务、餐厅高端权益尊享等福利。

资料来源：宋亦桐．卡塔尔世界杯开幕在即：银行借势“起飞”，信用卡营销开启“整活”模式．北京商报，2022-11-20。

四、销售促进

销售促进是除广告、人员推销、公共关系活动以外的刺激客户购买的各种企业营销活动，其方式繁多，灵活多样，具有非规则性和非周期性，往往用于短期的和额外的促销工作，短期效果比较明显。其作用主要体现在两个方面：①通过向客户提供某些额外利益

① Visa 即维萨，一种信用卡品牌。
② FIFA 即国际足球联合会。

（如赠品），吸引新客户和报答忠于本企业的老客户；②可以补充和配合其他促销活动和手段，加强沟通。

商业银行可用于销售促进的手段和工具有很多，主要包括：①广告特赠品，即将印有银行名称的有用物品作为礼物送给客户，如日历、笔、钥匙圈、购物袋、T恤、雨伞等；②免费服务，在某类金融业务项目竞争加剧时，为大力推广、招揽客户，可采用免除部分手续费的办法促销；③销售点宣传，即银行网点门前的招牌、海报，置于柜台上的宣传册等；④研讨会，以特定目标客户为市场，向特定客户传授专业知识；⑤比赛、抽奖、游戏等。当商业银行开展销售促进时，应综合考虑市场类型、销售促进目标、竞争条件与环境、促销预算分配、每一种销售促进手段的费用与效率等，在五花八门的手段中加以选择。

五、促销策略组合

上述四种促销手段和方式都各有其适用性，如公共关系活动费用少且有利于提高商业银行的知名度；销售促进是一种隐蔽的价格竞争手段，可以逃避金融管制（如利率管制）；人员推销适用于非标准化金融产品的促销；广告对树立商业银行良好形象，争揽大众客户有积极作用。商业银行要取得金融产品促销效果的最优化，就必须综合考虑自身的财力大小、市场的性质、金融产品品种的特性、促销目标和促销策略等因素，对这些促销手段进行选择和搭配，安排和决定适当的促销策略组合。

本章小结

1. 商业银行产品策略的基本原理。商业银行营销产品定位的主要任务就是通过集中本银行产品的竞争优势，将自己的产品与其他竞争者的产品区别开来，取得目标金融市场的金融产品竞争优势，确立本银行产品在金融客户心目中的适当位置并留下深刻印象，以吸引更多金融客户。根据金融产品定位方式的不同，一般有四种主要的定位策略和六种定位方法可以采用。

2. 商业银行定价策略的基本原理。成功的定价策略对于实现企业的盈利目标以及取得合理的市场占有率具有重要的作用，商业银行产品定价最终服务于商业银行的经营目标，而影响定价的因素有很多，于是定价模型就将影响产品定价的因素如成本、风险和预期利润等以数量化的形式表现出来，用于计算产品的价格。定价模型解决的是产品定价的定量方法问题，定价策略解决的是定性方法问题，即如何根据市场需求、产品周期、产品定位和经营战略等因素灵活运用定价模型。

3. 商业银行渠道策略的基本原理。银行产品的开发与提供是形成金融产品使用价值的过程，银行的分销渠道是金融产品使用价值和价值的实现过程。商业银行产品营销渠道也就是商业银行把金融产品推向客户的手段和途径。影响商业银行产品营销渠道的因素有很多。为了更好地制定渠道策略，必须首先对分销渠道进行准确的定位，从而采取相应的营销策略。

4. 商业银行促销策略的基本原理。商业银行的促销策略和一般工商企业一样，包括广告、人员推销、公共关系活动、销售促进和促销策略组合等。商业银行可通过综合运用各种可能的营销策略，形成一个系统的、科学的营销体系，有效地发挥市场营销在商业银行经营管理中的作用。

思考题

1. 什么是商业银行营销产品定位？它的主要任务及实质是什么？
2. 商业银行营销产品定位的策略有哪几种？它们分别是怎样实施的？
3. 商业银行营销产品定位的相关方法有哪几种？
4. 商业银行产品定价追求哪些目标？影响定价的因素有哪些？
5. 商业银行产品定价模型有哪几种？定价策略有哪几种？两者之间有什么联系？
6. 分小组讨论国际领先商业银行的定价管理体系以及系统性定价的特点。
7. 什么是银行渠道策略？银行实施渠道策略的意义是什么？
8. 银行渠道策略的类型有哪些？影响商业银行产品营销渠道的因素有哪些？
9. 商业银行产品营销渠道可以选择哪些策略？这对我国商业银行制定渠道策略有什么启示？
10. 假定你是商业银行金融产品的促销者，你可以采取哪些金融产品促销策略？

第三部分

保险产品营销

第六章

保险概述

⊙本章培养目标⊙

1. 了解保险的概念、分类及特征。
2. 了解保险的基本职能和派生职能并理解保险在宏观经济、微观经济中的作用。

关键词： 保险（insurance）
政策性保险（policy insurance）
商业性保险（commercial insurance）
财产保险（property insurance）
责任保险（liability insurance）
人身保险（personal insurance）
信用保证保险（credit guarantee insurance）

自从有人类起，就有风险，因此也就有了人类对付风险的行为，不论是出于主动还是被动。随着历史的进展，人类面临的风险发展着、变化着，人们的风险意识不断提高，对付风险的办法日益增多，技术越来越优良。在众多的风险处理方法中，购买保险是重要的一种。本章着重介绍保险的概念、分类、特征、职能和作用。

☞**案例**

保险的起源

人类社会从一开始就面临着自然灾害和意外事故的侵扰，在与大自然抗争的过程中，从古代人们就萌生了对付灾害事故的保险思想和原始形态的保险方法。

●《礼记·王制》中的“耕三余一”思想是颇有代表性的见解。该思想是指每年如能将收获粮食的三分之一积储起来，这样连续积储三年，便可存足一年的粮食，即“余一”。

- 在古埃及石匠中曾有一种互助基金组织，该组织向每一个成员收取会费以支付个别成员死亡后的丧葬费。
- 古罗马军队中的士兵组织以收取的会费作为士兵阵亡后对其遗属的抚恤费用。
- 海上保险起源于 14 世纪。当时，意大利借贷盛行，因其条件苛刻，利息惊人，具有很大的风险，盈利与承担的风险责任比例悬殊，其素有冒险借贷之称。它逐渐被传至腓尼基（地中海东岸古国，今黎巴嫩和叙利亚沿海一带）和古希腊船舶与货物的所有者。凡接受有资本者的高利贷，当船舶及货物安全到达目的地时，即须偿还本金及利息；若中途船货蒙受损失，则可依其受损程度，免除借贷关系中债务的全部或一部分。由于借贷利息极高，约为本金的 1/4 或 1/3，该形式后被教会禁止，以后人们便逐渐改用交付保险费形式，从而出现了保险契约或保险单。
- 意大利热那亚商人在 1347 年 10 月 23 日签发的船舶航运保险契约是迄今发现的最古老的一份保险单。
- 17 世纪后半期爆发的两次英荷战争加深了人们对海上保险作用的认识。一些国家成立了实力较为雄厚的保险机构，例如经英国皇家特许批准专营海运保险的英国皇家交易保险公司和伦敦保险公司。
- 17 世纪 80 年代，劳合社创立。劳合社迄今已有几百年的历史，它已成为国际保险业历史最悠久和最有影响力的保险组织。
- 18 世纪保险业加速成长。它发轫于近代资本主义的摇篮地英国。在商品经济发展和海运贸易日益兴旺的带动下，英国保险业逐渐繁荣，保险机构遍布英国各港口，在伦敦形成了有较大实力的保险市场。

第一节 保险综述

一、保险的概念

进入 20 世纪 80 年代以后，保险学界关于保险的定义有了新的观点。1981 年，美国学者格林（Mark R. Greene）和特里施曼（James S. Trieschmann）在合著的《风险与保险》一书中这样写道：“保险可以从两个主要含义上来阐述：一是作为发挥补偿职能的社会经济制度来考虑；二是作为当事人双方之间所拟定的合法补偿合同来考虑。定义不能只强调上述两个含义的一个方面。”这一思路是可取的。因此，本书不是用简短的语言给出保险的定义，而是从多方面去阐述保险这一概念的含义。

关于保险这一概念，我们可以从多个角度来认识。

首先，保险属于经济范畴。我国台湾保险学者袁宗蔚先生对保险的定义是：“保险者，为确保经济生活之安定，对特定危险事故发生所致之损失，集合多数经济单位，根据合理计算，共同酬金，以为补偿之经济制度。”据此，保险是集合同质风险单位以分摊损失的一种经济制度，其手段是集合大量同质风险单位，其作用是损失的分摊，其目的是补偿风险事故所造成的损失以确保经济生活的安定。保险这种经济制度体现了一定的经济关系，在投保人（被保险人）与保险人之间是一种产品交换关系。面临某种风险的经济单位需要一种经济保障，而保险人则能提供这种保障服务，这种保障服务就是一种特殊的产品。保险体现的是一种在投保人（被保险人）之间国民收入的再分配关系。一定时期内少数经济单位所遭受的风险损失，由参加保险的全体经济单位分摊，保险发挥了“千家万户帮一家”的作用。因此，投保人（被保险人）之间也是一种互助共济关系。

其次，从法学的角度看，保险是一种合同行为。《中华人民共和国保险法》第二条规定：“本法所称保险，是指投保人根据合同约定，向保险人支付保险费，保险人对于合同约定的可能发生的事故因其发生所造成的财产损失承担赔偿保险金责任，或者当被保险人死亡、伤残、疾病或者达到合同约定的年龄、期限等条件时承担给付保险金责任的商业保险行为。”这里强调投保人与保险人在法律上地位平等。在平等、自愿的基础上，经过要约和承诺，订立保险合同。保险合同反映投保人、被保险人、受益人与保险人之间的权利义务关系。保险人的主要权利是向投保人收取保险费，其主要义务是当约定的风险事故（即保险事故或保险事件）发生时向被保险人（或受益人）赔付保险金；被保险人（或受益人）的主要权利是当约定的风险事故发生时可以向保险人请求给付保险金，同时投保人（被保险人）需要履行支付保险费等合同规定的其他义务。

最后，从风险管理的角度看，保险是一种风险转移机制。通过这一机制，众多的经济单位结合在一起，建立保险基金，共同对付不幸事故。面临风险的经济单位，通过参加保险，将风险转移给保险公司，以财务上确定的小额支出代替经济生活中的不确定性。而保险公司则是借助概率论中的大数定律，将充分多的面临同样风险的经济单位组织起来，按照损失分摊原则，建立保险基金，使整个社会的经济生活得以稳定。

二、保险的分类及特征

(一) 保险的分类

保险所涉及的范围，除有形财产和人身外，还包括无形的利益、权利、责任和信用等。国际上对保险的分类没有一个固定的原则和严格的标准，各国根据不同需要有不同的分类方法，通常是按保险的经营性质、业务对象和保险范围进行分类（见图 6－1）。

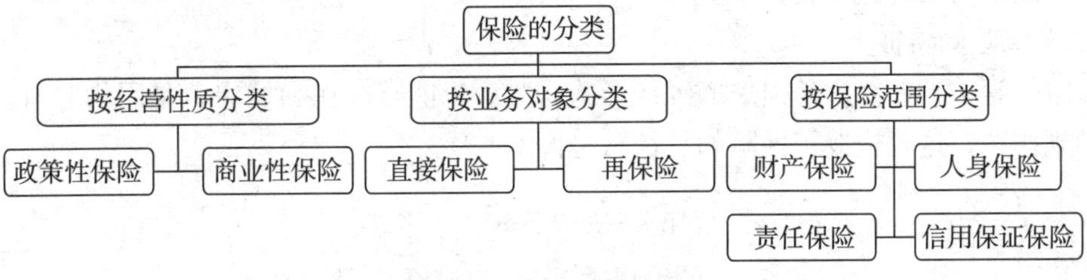

图 6－1　保险的分类

1. 按经营性质分类

按保险的经营性质，保险可分为政策性保险和商业性保险。一般而言，保险大多是商业性的，完全由保险公司按商业惯例经营，国际保险贸易中的保险项目全部是商业性的。

政策性保险则是依国家有关法令开办的，其又可分为经济政策保险和社会政策保险，包括出口信用保险、农业保险、存款保险、养老保险、基本医疗保险、失业保险、工伤保险、生育保险等。

2. 按业务对象分类

按业务对象，保险可分为直接保险（原保险）和再保险等。《服务贸易总协定》中关于金融服务的附件就是按此标准对保险进行分类的，它将保险分为直接保险（包括共同保险）；再保险和转分保；保险中介，如经纪和代理；保险附属服务；等等。

3. 按保险范围分类

按保险范围，保险可分为财产保险、责任保险、人身保险和信用保证保险。虽然国际保险业界对于保险种类的划分并无统一标准，但大多数国家按这样的标准分类。

（1）财产保险。财产保险是将各种物质财产以及与它们有关的利益作为保险标的的保险。该类保险承担各种保险标的因自然灾害、意外事故所发生的物质及与其相关的利益的损失。它又可具体分为海上货物运输保险、运输工具保险、火灾保险、工程保险、利润损失保险、盗窃保险和农业保险等。

（2）责任保险。责任保险是指以被保险人的民事损害赔偿责任作为保险标的的保险。凡根据法律或合同规定，被保险人应对受害人承担经济赔偿责任的，由保险人负责赔偿。责任保险有两种承保方式：一种是作为损害赔偿保险的组成部分，以附加责任的方式承保，不另签责任保险单；另一种是责任保险单独承保，这种责任保险主要包括公众责任保险、雇主责任保险、产品责任保险、职业责任保险和保赔保险等。

（3）人身保险。人身保险是指以人的生命和人体机能作为保险标的，以被保险人的死亡、残疾、疾病、意外伤害作为保险事件的保险。保险人根据约定于保险事故发生或保险期满时，对被保险人履行给付保险金的义务。其主要险种有人身意外伤害保险、人寿保险、健康保险等。

（4）信用保证保险。信用保证保险实质上是一种担保服务，主要分为两类：一类是权利人投保他人的信用，如出口信用保险就是承保出口商因进口商不履行交易合同而遭受的损失；另一类是由保险人代被保险人向权利人提供担保，如果被保险人不履行合同的有关义务或者有违法行为从而致使权利人受到经济损失，保险人承担赔偿责任，该类保险包括忠诚保证保险（承保雇主因雇员的不法行为所致的损失）、履约保险（承保订立合同双方中的一方违约所负的经济责任）等。

（二）保险的特征

保险作为一种补偿意外损失的经济形式，之所以能够存在和发展，是因为它有其自身特殊的规律性，这就构成了保险的特征（见图 6-2）。

保险的特征：
- 存在特定危险事故
- 保险对危险事故造成的损失给予经济补偿
- 保险必须有互助共济关系
- 保险的权利和义务对等

图 6-2 保险的特征

1. 存在特定危险事故

建立保险制度的目的是应付特定危险事故的发生。因为只有存在发生意外事故的危险，才有必要建立补偿损失的保险制度，所以危险的存在是构成保险制度的首要条件，可以说“无风险则无保险”。

保险上所说的危险包括三种情况：第一，危险的发生与否不确定。某一特定的意外事故如果肯定不会发生，就没必要保险。相反，如果肯定要发生危险，也无人能承担保险责任。第二，危险发生于何时不确定，某一特定事故的发生可以确定，但何时发生不能预测，这也是一种不确定性。例如在人寿保险中，人的死亡是确定的，但何时发生不能确定。第三，事件发生后所导致的结果不确定。例如上海年年有台风是确定的，但每年造成的损失则是不确定的。

2. 保险对危险事故造成的损失给予经济补偿

保险属于善后对策，是用经济手段来补偿损失。所谓经济补偿是指这种补偿不是恢复已毁灭的原物，也不是赔偿实物，而是用货币补偿。因此意外事故所导致的损失必须在经济上能计算价值，否则无法保险。

在人身保险中人本身按理来说无法计算价值，但人的死亡和伤残会导致劳动能力的丧失，从而使个人或家庭的收入减少而开支增加，所以人身保险是用经济补偿或给付的办法弥补这种经济上的负担，并不是保证人们恢复已失去的劳动能力或生命。

3. 保险必须有互助共济关系

如果危险事故发生后造成的损失是由某单位来承担或由政府来救济的，那么这种情况不属于保险范围。保险体现的是“人人为我，我为人人”的精神。保险需要最大限度地集合有共同风险的企业和个人，以集体的力量分摊损失。集合的企业和个人越多，范围越广，风险就越分散，保险经营就越稳定。

4. 保险的权利和义务对等

保险是一种法律行为，是根据保险行为当事人约定的条件，以保险的形式成立的。保险人有根据保险合同的规定收取保险费的权利，也有建立保险基金、分散风险、实现经济补偿和给付保险金的义务；被保险人有交付保险费的义务，也有在遭受损失时向保险人要求经济补偿的权利。在保险合同中，保险人与被保险人权利和义务的转换都是有偿的、对等的。这种权利和义务的对等是建立在具有法律效力的保险合同基础上的。

第二节 保险的职能与作用

一、保险的职能

保险的职能即保险所特有的社会功能，这是由保险的本质决定的，因而保险的职能是保险本质的体现。保险的职能并非一成不变，随着生产力和生产关系的发展变化，原有的保险职能不仅不会消失，而且还会派生新的职能。因此，保险的职能分为基本职能和派生职能（见图 6-3）。

（一）保险的基本职能

保险的基本职能即保险的固有职能，这是保险在一切经济形态下所具有的职能，是指

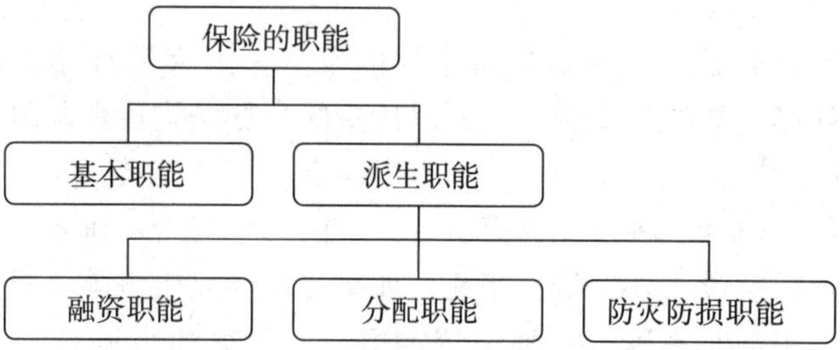

图 6-3 保险的职能

积聚保险基金，对约定保险事故的发生向被保险人或受益人支付保险金，简言之即经济补偿或给付职能。

保险的基本职能是保险得以产生和发展的内在根源。经济补偿是建立保险基金的目的，也是保险产生和发展的原因。自然灾害和意外事故的客观存在使社会再生产过程面临着风险，一旦风险事故发生，社会再生产过程就会受到破坏（其特征是形成经济损失）。为了保持社会再生产过程的稳定，就需要对这种经济损失进行补偿。保险便是为适应这种需要而产生的。事实上，当社会生产处于初级阶段时，出现剩余产品以后，人们便开始采取一些类似现代保险的行为来补偿由自然灾害和意外事故所造成的经济损失，继而保障人们由意外伤害和疾病等引起的需要，或者生存到一定年龄段时生活上的需要，类似人身保险的各种互助行为由此出现。后来随着社会生产的进一步发展，特别是商品经济的迅速发展，社会财富迅速增加，风险也相应集中，客观上要求补偿方法进一步完善。经营保险是有利润的，这一“秘密”被商人们发现，是现代商业保险产生的原动力，而在这之前的保险均为原始的保险范畴，是一种纯粹的互助行为或国家行为。由此可见，保险从来就是一种经济补偿行为。

保险的基本职能在现代社会的产品生产和流通过程中体现得更为明显。随着科学技术的发展，生产规模日益扩大，各种风险因素相应增加，一旦发生风险事故，造成的损失往往十分惨重。这时，仅仅依靠单位自保显然无济于事。因此，组织经济补偿在客观上已十分有必要。国家后备基金只能对影响到国计民生的重大事故损失给予适当的经济补偿，而不可能将全社会各经济单位（含个人）的灾害事故损失完全承包下来；银行的信贷资金也可用于经济补偿，但它是根据有借有还的原则，用于满足产品流转过程中的资金需要，不能被无偿地长期占用；单个经济单位提留的自保基金规模有限，不足以应付重大损失。相比之下，保险基金的经济补偿是最有效的。

现代保险的经济补偿或给付包括以下几方面具体内容：①补偿被保险人由自然灾害和意外事故所造成的经济损失；②对被保险人在保险期间发生人身伤害或生存到保险期满给付保险金；③承担被保险人依法应负的民事赔偿责任；④承担商业信用和银行信用的履约责任。

（二）保险的派生职能

1. 融资职能

保险的融资职能是指将保险基金的暂时闲置部分以有偿返还方式重新投入社会再生产过程。

在保险经营过程中，始终存在一笔处于闲置状态的保险基金。在商品经济中，运动是资本的固有属性，实现价值增值是资本的职能，因此将处于闲置状态的那部分保险基金（保险资本）投入社会再生产过程，则是资本自身的内在要求。

保险基金投入社会再生产过程有两种方式：一种是保险公司直接运用；另一种是间接运用，即把保险基金全部存入银行，而银行将其作为储蓄存款加以运用。这两种方式都使部分保险基金有条件地转为积累基金，因此从宏观上讲，它们具有相同的效果。但是，以营利为目的的保险公司从自身的经济利益出发，总是愿意采用直接运用的方式。

需要注意的是，保险的融资职能是由其基本职能——经济补偿或给付职能派生的，保险基金的运用是以保证偿付为前提的。因此保险基金的运用应当坚持安全返还原则、盈利性原则和流动性原则，这是由保险业的特点决定的。

2. 分配职能

保险的分配职能是指保险参与一部分国民收入的再分配。保险的经营活动主要是筹集和使用保险基金。通过向投保人收取保险费而建立的保险基金，实际上是用货币形态表示的一定量的社会产品，它与其他形式的后备基金相互配合，履行对遭遇保险事故而受到损失的被保险人的经济补偿与给付责任。由于保险费是全体投保人缴纳的，而最后从保险公司获得经济补偿与给付的只是满足保险条件的一部分人，故这一部分社会产品就以保险公司为中介，在保险参加者之间进行了一种再分配，这种分配的完成，也就是经济补偿与给付的实现。

3. 防灾防损职能

保险的防灾防损职能是指保险人介入防灾防损活动。保险的这一职能体现了保险双方的共同利益。从广义上说，防灾防损是全社会的共同任务，而且社会上还有专门的防灾防损职能部门，如公安消防、生产安全、交通安全、劳动保护、防震、防汛、防洪部门等。保险公司加入这一行列是由保险经营的特点决定的：①保险公司的大量业务都同灾害有关，因此积累了丰富的防灾防损工作经验，比如对各类事故的原因和损失情况都有分析研究和统计资料。这不仅为改善保险公司的经营管理提供了科学依据，而且使保险公司有积极参与防灾防损工作的责任。②搞好防灾防损是保险公司把社会效益与经济效益相结合的最有效的途径。防灾防损搞好了，保险事故就会减少，保险赔付也会随之减少，保险公司的经济效益则会因此提高。同时，防灾防损可使被保险人乃至整个社会减少由灾害事故造成的损失，有益于社会。保险的防灾防损职能已日益受到人们的重视，并发挥着越来越重要的作用。

（三）关于保险职能的其他学说

保险学界关于保险的职能有多种学说，主要有以下几种：

1. 单一职能论

单一职能论主张经济补偿是保险的唯一职能。其理由是：经济补偿是建立保险基金的根本目的，也是保险产生的原因。在社会再生产过程中，存在风险事故对生产力的破坏与怎样筹资维护生产力的矛盾，保险则通过经济补偿恢复生产力，从而解决这一矛盾。保险公司通过收取保险费建立保险基金，其目的既不是投资，也不是积蓄，而是弥补被保险人的经济损失。

2. 二元职能论

二元职能论同保险性质“二元说”相呼应。该学说认为，从财产保险的角度看，保险具有经济补偿的职能；从人身保险的角度看，保险又具备保险金给付的职能。其理由是：经济补偿职能只适用于财产保险，因为此类标的都可以基于现实估价；而人身保险的标的是人的生命和生理机能（或劳动能力），其价值是不能用金钱来衡量的，因此在人身保险中，当个人劳动能力受到破坏、死亡或生存到一定年龄时，保险人对于被保险人（或受益人）的保险金给付不能被认为是对人的价值的补偿。事实上，这种给付不是基于现实的估价，而取决于被保险人经济生活的需要和支付保险费的能力。

3. 双重职能论

双重职能论认为保险既有经济补偿职能，又有分散风险职能，这两个职能是相辅相成的。分散风险作为处理风险事故的技术手段，只是保险经济活动所特有的内在功能，而经济补偿作为积极体现保险行为内在功能的现实表现形式，是保险经济活动的外部功能。分散风险只是处理风险的手段，并不能避免风险事故的发生，所以要使分散风险的目的得以实现，必须基于科学的计算，在最大范围内筹集后备基金，以便进行经济补偿。同样，如果没有保险公司在最大范围内扩大承保面，将所承担的风险责任科学地分散，保险的经济补偿也不能顺利实施。

4. 多元职能论

多元职能论认为保险有多种职能，但具体看法又有不同：①主张分散风险和补偿损失是保险较为低级的职能，现代保险还具有积累资金、融通资金等较为高级的职能；②主张把保险职能与保险公司职能相区别，提出分散风险和补偿损失是保险永恒的职能，而保险公司作为商品经济条件下的产物，其职能要打上商品经济的烙印，如融资等；③主张保险在一切社会形态下的基本职能为分散风险和组织经济补偿，而在不同经济体制下保险还有不同的其他职能。

二、保险的作用

保险的作用是保险职能实现的结果，是保险职能在国民经济中所产生的社会效应。保险职能的发挥对全社会以及国民经济总体所产生的经济效应就是保险在宏观经济中所起的作用；保险作为各经济单位管理风险的财务手段，其所产生的经济效应体现了保险在微观经济中的作用。

（一）保险在宏观经济中的作用

1. 有利于保障社会再生产过程的正常进行

社会再生产过程由生产、分配、交换和消费四个环节组成，它们在时间上是连续的，在空间上是并存的。自然灾害和意外事故的发生使得社会再生产各环节之间的连续性可能被迫中断，一个企业的受灾还会影响社会再生产过程的均衡发展。保险作为一种处理风险的技术，能有效、及时并迅速地对这种中断和失衡起到修复作用，从而保证社会再生产过程的连续性和稳定性。

2. 有利于财政收支计划和信贷收支计划的顺利实现

财政收支计划与信贷收支计划是国民经济宏观调控的两大方面。对于资金运动来说，物质资料的生产、流通与消耗是第一性的，所以财政和信贷所支配的资金运动首先决定于生产、流通与消耗。严重的自然灾害和意外事故的发生都将造成财政收入的减少和银行贷款归流的中断，同时会增加财政和信贷的支出，从而给国家的宏观调控带来困难。企业通过保险使灾害事故所造成的财产损失得到补偿，有利于企业尽快恢复生产，及时清偿银行贷款。因此，保险对财政收支平衡和信贷收支平衡起着保障作用。

3. 有利于对外贸易的发展

在国际贸易中，保险已成为必不可少的一个环节。一方面，无论是进口产品还是出口产品，都必须办理保险，保险单是国际结算的必备文件之一；另一方面，一些特殊保险业务的发展，如出口信用保险等，为对外经济贸易提供了强有力的保障，有利于对外经济合作的发展。

如果一个国家或地区具有发达的保险市场，在对外贸易的相关保险业务方面具有优势或强大的竞争力，那么开拓和发展外贸保险业务将为本国或本地区赚取保险外汇收入，有助于增强国际支付能力。

4. 有利于积聚资金，扩大积累规模

一定时期的国民收入经过分配和再分配可形成积累基金、消费基金和后备基金三部分。其中，消费基金被用于生活消费；积累基金要返回社会再生产过程，用于扩大再生产；后备基金用于补偿各种经济损失。前面指出，后备基金中有一部分处于闲置状态，经过保险人的资金运用（包括存入银行），这部分资金又都返回到社会再生产过程。这是对积累规模的间接扩大。

5. 有利于科学技术向现实生产力的转化

在各种经济活动中，采用新技术将具有更高的劳动生产率。产品竞争从最初简单的价格竞争向产品技术含量方面的竞争发展。在产品价值中，技术附加价值的比重越来越大。但是对于新技术的运用，生产企业面临新的风险，新技术的开发以及被应用于生产过程，或被产品成功吸收等过程，都具有一定的风险。保险为企业开发新技术、新产品以及使用专利提供保障，从而促进科学技术推广应用。

（二）保险在微观经济中的作用

1. 有利于企业经营活动的连续与稳定

在生产经营活动中，自然灾害和意外事故是客观存在的，不可完全避免。企业总是面临着各种不同的风险，因此要进行有效与适当的风险处理。保险作为处理风险的一种技术，具有及时、合理补偿的特点。通过保险，企业将面临的部分风险转移给保险人，一旦发生合同约定的灾害事故，致使生产经营活动受到影响甚至中断，保险人将对保险事故所致损失进行补偿，以使企业尽快恢复正常的生产活动，同时也减少企业的间接损失。

保险作为企业风险管理的财务手段，能够把企业面临的不确定的巨额损失转化为固定的、少量的保险费支出，保证企业的经营稳定性。如果企业不购买保险，那么为了应付可能发生的灾害损失，防止严重影响生产经营活动，就需提取大笔风险准备金，并且这笔风险准备金不能投入生产过程中去。因此，这种自保型的风险处理手段具有很大的局限性。

2. 有利于企业加强风险管理

保险具有防灾防损的职能。充分发挥这一职能不仅可以提高保险公司的经济效益，而且能大大促进全社会的防灾防损工作，减少各种灾害损失，造福社会。

保险公司的防灾防损有以下几种方式：①在保险合同条款中，规定投保人和被保险人的防灾防损责任。例如，投保人和被保险人应当遵守国家有关部门制定的消防、安全、生产操作和劳动保护等有关规定，维护劳动者和保险财产的安全。保险人还可以对保险财产的安全情况进行检查，发现不安全的因素，及时提出合理的改进建议，投保人或被保险人应及时采取措施加以处理，否则对于由此引起的保险事故所造成的损失，保险人不予负责。②利用费率杠杆，促进被保险人的防灾防损工作。例如，机动车辆保险设置了无赔款续保优惠，而对于出险率较高、赔付率较高的车主则提高费率。③建立防灾基金，拨给有关部门增设防灾设备，开展防灾宣传，以增强社会的防灾力量。

3. 有利于安定人们的生活

城乡居民生活的安定是整个社会得以安定的基础，保险在这方面有着重要作用。城乡居民个人所有的生活资料可以通过参加家庭财产保险获得保障；人的伤、残、病、亡给个人及家庭造成的经济上的损失可通过事先参加人身保险来弥补；由民事损害责任造成第三者人身伤亡或财产损失的，可通过参加责任保险而使受害者的经济利益得到保障。

保险的作用总结见图 6-4。

- 保险的作用
  - 保险在宏观经济中的作用
    - 有利于保障社会再生产过程的正常进行
    - 有利于财政收支计划和信贷收支计划的顺利实现
    - 有利于对外贸易的发展
    - 有利于积聚资金，扩大积累规模
    - 有利于科学技术向现实生产力的转化
  - 保险在微观经济中的作用
    - 有利于企业经营活动的连续与稳定
    - 有利于企业加强风险管理
    - 有利于安定人们的生活

图 6-4 保险的作用

☞案例

中国人寿 2021 年十大寿险理赔案例

一元复始，新岁序开。中国人寿发布了《中国人寿 2021 年寿险理赔服务年报》，通过多维理赔数据全景展现了公司寿险业务硬核理赔实力。2021 年赔付件数超 1 911 万件，不到 2 秒就赔付 1 件赔案，理赔金额超 546 亿元，平均每天赔付 1.5 亿元，最高赔付 9 950 万元，稳居行业前列。中国人寿坚守保险保障初心，以快捷、温暖的理赔服务，倾力守护人民群众的美好生活。十大理赔案例正是“国寿理赔·快捷温暖”理赔服务品牌的生动诠释和真实写照。

案例一：9 950 万元

客户 A 先生，经营一家大型企业，家庭收入丰厚且具有很强的保险意识。从 2000 年起，A 先生先后在中国人寿投保康宁终身保险、国寿鑫易宝年金保险、国寿鑫享金生年金保险等多份保险。2021 年 8 月，A 先生在家中突发疾病身故。中国人寿在接到客户家属的理赔报案后，立即核实处理，及时向客户家属给付保险金 9 950 万元。

启示：人生无常，变数难阻挡，我们能做的就是提前准备好应对风险的保障。保险不仅是对生活的投资，更是我们面对未知的坚硬铠甲。

案例二：6 758 万元

客户B女士，是一名职业经理人，保险意识很强。从2013年起，B女士先后投保国寿福禄双喜两全保险（分红型）、国寿金如意年金保险（分红型）等多份保险。2021年6月，B女士因循环衰竭疾病身故。中国人寿接到客户家属理赔申请后，积极开展理赔服务，快速向客户家属给付保险金合计6 758万元。

启示：保险是抵御风险的盾牌，风险降临时，保险可以为亲人筑起避风港，守护他们走过泥泞，渡过难关。

案例三：1 925 万元

客户C女士，是一家企业的管理人员，一直以来都非常重视保险保障。从2014年起，C女士先后投保国寿金如意年金保险（分红型）、国寿福禄双喜两全保险（分红型）等多份保险。2021年5月，C女士因心脏疾病身故。中国人寿接到客户家属理赔申请后，立即核实处理，及时给付客户家属保险金合计1 925万元。

启示：一份保险，虽不能杜绝所有的疾病，却能让被保险人患病时免于为钱所困，为家人延续希望。疾病无常不可测，爱家人，爱自己，从一份保障开始。

案例四：1 271 万元

客户D女士，是一家企业的负责人，拥有良好的经济条件和较强的保险意识。自2011年起，D女士先后投保国寿福禄满堂养老年金保险（分红型）、国寿福禄金尊两全保险（分红型）等多份保险。2021年9月，D女士因恶性肿瘤身故。中国人寿接到客户家属理赔申请后，立即核实处理，迅速给付客户家属保险金合计1 271万元。

启示：在未来的道路上，这一笔理赔金会作为D女士生命的延续，一路陪伴她的家人，继续披荆斩棘，再创辉煌。

案例五：1 020 万元

客户E先生，中国人寿的老客户，从2003年起，陆续投保康宁终身保险、国寿康宁终身重大疾病保险（2012版）等多份保险。2021年10月，E先生不幸罹患重大疾病。中国人寿接到客户的理赔申请后，立即核实处理，及时向客户给付重大疾病保险金1 020万元。

启示：重疾来临，在巨额治疗费用面前，有多少家庭能从容面对？谁来呵护我们的生命和家庭？给自己和家人准备一份保险，虽不能杜绝所有的疾病，却能让一个家庭延续前行的希望。

案例六：900 万元

客户F先生，经济条件很好，拥有很好的保险意识。从2019年起，F先生先后投保了国寿鑫富宝年金保险、国寿鑫缘宝年金保险（万能型）（乐惠版）等多份保险。2021年1月，F先生因主动脉夹层动脉瘤身故。中国人寿接到客户家属理赔申请后，立即核实处理，及时给付客户家属保险金900万元。

启示：生命来来往往，哪有来日方长，只有在无事时做有事时的准备，才能在风险来临时从容面对。保险，不能杜绝风险，但是可以转移风险，能在最关键的时候帮助家人、延续投保人对家人的爱。

案例七：781 万元

客户 G 女士，是一名个体老板。从 2016 年起，先后投保国寿鑫易宝年金保险、国寿鑫福宝年金保险等多份保险。2021 年 2 月，G 女士因乳腺恶性肿瘤身故。中国人寿接到客户家属理赔申请后，积极开展理赔服务，及时给付客户家属保险金 781 万元。

启示：生活中并非永远充满阳光，风雨总在不经意间来临。保险或许不能马上驱散阴霾，但是一份适合的保险，正如一把及时撑起的雨伞，为家人遮风挡雨，陪伴他们坚定前行，迎接风雨后的绚丽彩虹。

案例八：754 万元

客户 H 先生，是自由职业人员，一家人生活幸福快乐，但是他居安思危，具有很好的风险防范意识。从 1997 年起，H 先生先后投保 99 鸿福终身保险、国寿福禄鑫尊两全保险（分红型）、国寿福禄双喜两全保险（分红型）等多份保单。2021 年 5 月，H 先生因疾病身故。中国人寿接到客户家属理赔申请后，立即核实处理，及时给付客户家属身故保险金合计 754 万元。

启示：保险的真正意义是对家人的“责任”与“爱心”，它虽然不能代替人们陪伴在家人身边，但可以在关键时刻帮助家人渡过难关，为家庭提供有力保障。爱家，从添置一份保险保障开始。

案例九：729 万元

客户 I 女士，作为一名优秀的企业负责人，同时也具有非常强的保险意识。自 2002 年起，I 女士先后投保康宁终身保险、国寿鸿瑞两全保险、国寿如 E 康悦百万医疗保险等多份保险。2021 年 3 月，I 女士不幸病故。中国人寿接到客户家属的理赔申请后，立即核实处理，及时向客户家属给付保险金 729 万元。

启示：人生旅途中，风险的到来总是让人措手不及，预置足额的保障能使我们在风险来临时更加安心和从容。人无法预知风险何时发生，唯一能做的就是：在一切还来得及的时候，为自己和家人添置一份保障。

案例十：713 万元

客户 J 女士，企业高管，有较强的保险理念。J 女士自 1997 年起，陆续投保 99 鸿福终身保险等多份保险。2021 年 11 月，J 女士因胆道感染身故。中国人寿接到客户家属的理赔申请后，立即核实处理，及时向客户家属给付身故保险金 713 万元。

启示：对于 J 女士一家而言，700 余万元的理赔款虽无法抹平失去亲人的伤痛，但它如同黑暗中的一缕阳光，可以用温暖照亮家人前行之路，为家人未来的生活提供坚实的保障。

未来，中国人寿将继续向客户提供快捷、温暖的理赔服务，用多元的服务工具、暖心的服务项目、细致的服务态度，充分发挥保险保障功能，为人民群众的美好生活保驾护航。

资料来源：中国人寿保险股份有限公司网站。

分析：自然灾害和意外事故的客观存在使得社会面临不可知的风险，为了保证社会生产过程的正常运行，就需要对风险带来的经济损失进行补偿。保险便是为适应这种需要而产生的。

本章小结

1. 保险的概念。保险这一概念可以从多种角度来阐述。保险属于经济范畴；从法学的角度看，保险是一种合同行为；从风险管理的角度看，保险是一种风险转移机制。

2. 保险的分类。按经营性质分类，保险可分为政策性保险和商业性保险；按业务对象分类，保险可分为直接保险（原保险）和再保险；按保险范围分类，保险可分为财产保险、责任保险、人身保险和信用保证保险。

3. 保险的特征：存在特定危险事故；保险对危险事故造成的损失给予经济补偿；保险必须有互助共济关系；保险的权利和义务对等。

4. 保险的职能。保险的职能即保险所特有的社会功能，这是由保险的本质决定的，保险的职能分为基本职能和派生职能。

5. 保险的作用。保险的作用是保险职能实现的结果，是保险职能在国民经济中所产生的社会效应。保险职能的发挥对全社会以及国民经济总体所产生的经济效应就是保险在宏观经济中所起的作用；保险作为各经济单位管理风险的财务手段，其所产生的经济效应体现了保险在微观经济中的作用。

思考题

1. 我们可以从哪些角度来认识保险这一概念？试说明保险的分类及特征。

2. 保险的职能是什么？根据你的理解，保险的作用有哪些？

第七章

保险产品营销策略

⊙本章培养目标⊙

1. 了解保险产品营销的含义和特征。
2. 理解保险产品组合策略、品牌策略、开发策略及生命周期策略的内涵。
3. 了解定价策略的种类和渠道策略的类型。
4. 了解促销策略的各种形式及特点。

关键词： 保险产品营销（insurance product marketing）
产品组合策略（product portfolio strategy）
品牌策略（brand strategy）
开发策略（development strategy）
生命周期策略（life cycle strategy）
定价策略（price strategy）
渠道策略（place strategy）
促销策略（promotion strategy）

第一节　保险产品营销概述

一、保险产品营销的含义

保险产品营销是关于保险产品的构思、开发、设计、费率厘定、推销及售后服务等的计划与实施过程，也就是保险公司以保险为产品，以市场为中心，以满足被保险人需求为目的，实现保险公司目标的一系列整体活动；或者说是一个险种从设计前的市场调研到最终转移到保险消费者手中的动态管理过程。具体来说，它包括如下几方面内容：

1. 保险产品营销的起点是投保人的需求

每个人一生下来就会有各种各样的需求，如生理需求和社会需求。作为投保人来说，他的需求是客观存在的。首先，趋利避害是人的本能，在现实生活中，人们总会想出各种办法去避免风险。从一定意义上讲，保险产品就是一种趋利避害的产品，它能在灾害事故发生时，为投保人或被保险人免去一定的忧虑，并带来一定的物质上的补偿和精神安慰。其次，寻求保障和补偿是人的天性。比如，人们在购物时总希望得到一定的售后服务和退货保证，当人们购买了保险后，他们就获得了一定的保证，从而可以做到临危不惧、处乱不慌。

当然，人们的需求可以通过各种形式的产品来满足，比如，当人们口渴时，可以通过饮料、乳制品等具体的产品形式来满足这一需求。当人们需要满足其保值需求时，可以购买黄金首饰、珠宝、房地产，以寻求一定的保障。但是，就趋利避害、寻求保障和补偿兼于一身来讲，只有保险产品能做到。人们的需求和欲望是多种多样、无穷无尽的，然而，要满足人们的需求和欲望，必须有一定的购买力来支持。就保险而言，投保人纵然有趋利避害、寻求保障和获得补偿的需求和欲望，但是，如果人们缺乏支持这种需求和欲望的经济能力，就很难形成对保险产品的需求。因此，就保险产品营销来说，发现投保人的需求并设法去满足这种需求是营销活动最关键的第一步。

2. 保险产品营销的核心是社会交往活动

保险产品营销要能顺利进行，其核心是提供满足这些需求和欲望的保险产品，应在公平合理的原则下进行交易，从而实现交易双方的需求，使保险产品的营销活动得以最终完成。第一，保险产品营销要提供满足需求的保险产品。保险产品就是由保险人提供给保险市场的，能引起人们的注意和购买，从而满足人们减少风险和转移风险，必要时能得到一定经济补偿需求的承诺性服务组合。保险产品营销人员必须能了解以及挖掘投保人的需求和欲望，并尽一切可能提供满足这些需求和欲望的保险产品。第二，保险产品营销要求进行公平合理的交易。要使提供给市场的保险产品被投保人接受，双方必须通过交换和交易完成这一过程。第三，保险产品营销注重整体营销效果。现代营销学强调整体性营销活动，也就是说，不能把营销仅仅当做推销或促销，或只是当做一项有了任务就去完成，有了危险就去急救的临时性工作，而应把营销作为一项长期的、固定的、细致的工作来进行。营销的手段应包括市场调研和预测、投保人心理与行为分析、产品开发与设计、产品定价、渠道选择、促销策略组合、关系营销等（见表 7－1）。因此，保险产品营销手段也应强调整体性。

表 7－1 保险产品营销活动的手段与目的

手段	目的
市场调研和预测	保险产品市场需求的发掘与测量
投保人心理与行为分析	更好地了解投保人的需求
产品开发与设计	开发和设计满足投保人需求的保险产品
产品定价	制定双方都能接受的价格
渠道选择	采取最可行、最合理、最方便的渠道形式
促销策略组合	采取最有效的沟通形式，从而引起注意、激发欲望、导致行动
关系营销	维系保险人与投保人之间的长期友好关系

3. 保险产品营销的宗旨是客户满意

自 20 世纪 90 年代以来，西方越来越多的企业将客户满意放在首要位置加以考虑。通常吸引一个新客户要比维持一个老客户花费更多的时间和精力。1987 年，加拿大某杂志调查表明，获得一个新客户增加的成本要比维系一个老客户高 5～6 倍。波士顿咨询公司的调查也显示，留住一个老客户只需花费获得一个新客户的 1/5 的成本。对保险产品营销来说，客户满意更为重要。

一般而言，如果投保人对保险产品了解不足，则更应通过关怀令其满意。由于保险产品的特性以及保险在我国发展的历史很短，许多人对保险产品一无所知或知之甚少，这就给营销者提出了新的、更高的要求，要求他们从投保人和被保险人的利益出发，让人们买前顺心和可心，买后放心和省心。如果投保人对保险产品的需求不迫切，也要通过打动人心的沟通使其满意。要使人们对保险产品的潜在需求变为现实需求，就需要有打动人心的双向交流和沟通。通过交流和沟通，一方面使人们了解保险产品的功能，产生购买保险产品的欲望；另一方面也使保险产品营销人员发掘人们对保险产品的需求，从而不断推出新险种满足人们的需求，最终实现客户满意。如果投保人对保险产品顾虑重重，同样也需要通过良好的服务形象令其满意。在一些企业不顾消费者利益、追求短期收益的情况下，消费者对购买无形产品顾虑重重是完全可以理解的。那么，怎样才能打消人们的顾虑，说服人们采取购买行动？根本的一条途径就是通过良好的服务形象让客户产生对营销人员以及保险产品的依赖和忠诚。

二、保险产品营销的特征

保险产品是一种特殊的产品，它具有不可感知性、不可分离性、稳定性以及不可储存性等特点，这些决定了保险产品营销相比其他行业营销而言有不同的特色。同其他产品的营销相比，保险产品营销更注重主动性、人性化以及客户关系。离开了主动性，保险产品营销就会陷于盲目和停滞；脱离了人性化，保险产品营销就会变得缺乏活力；忽视了客户关系，保险产品营销就会成为无源之水、无本之木。概括起来，保险产品营销有如下特征（见图 7－1）。

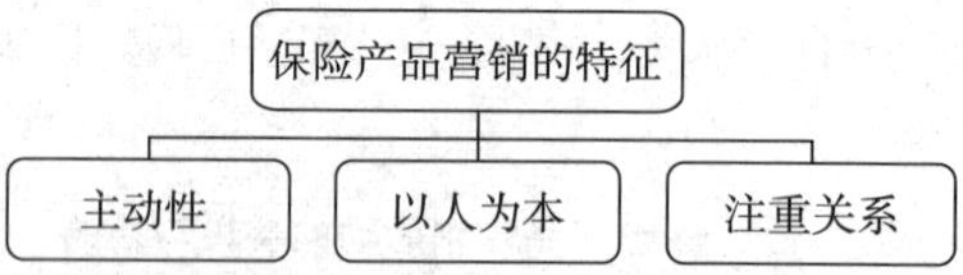

图 7－1　保险产品营销的特征

1. 主动性

保险产品营销的最大特征就是主动性，因为如果没有主动出击和主动性营销活动的开展，许多营销活动就会难以顺利进行。保险产品营销的主动性表现在以下三个方面：

（1）变潜在需求为现实需求。多数人对保险的需求是潜在的。尽管保险能转移风险，提供一种保障补偿，但由于它是一种无形的，看不见、摸不着的抽象产品，因此，对大多数人来说，似乎对它的购买没有迫切性，尤其是寿险产品更是如此。因此，保险产品营销者必须通过主动性的营销变投保人的潜在需求为现实需求。比如，通过主动接近客户、主动向客户宣传、提供客户所需要的一切服务，实现投保人需求的转变。

(2) 变负需求为正需求。由于保险产品大多数是与人们的生死存亡相关的，因此，对很多人来说，他们对保险产品的需求是一种负需求。也就是说，人们因不喜欢和不了解保险产品而对其采取消极回避的态度。因此，保险产品营销人员必须通过积极、主动的营销活动，扭转人们对保险产品的消极态度。

(3) 变单向沟通为双向沟通。沟通是人们交流思想，获取相互理解、支持的重要手段之一。有许多保险公司在与人们沟通和交流时，注重的是一种单向沟通，也就是单纯地将企业想要传达的信息，通过一定的媒介传递出去，至于这些信息如何为消费者所接受，消费者对该信息的反应如何等等，它们考虑得很少，导致所提供的产品和服务在很大程度上难以满足消费者的需求。保险产品营销人员必须将单向沟通变为双向沟通，也就是要通过主动性营销，将企业想要传达的信息，按消费者能理解和接受的方式，通过信息传播媒介传递给消费者，并跟踪和注意消费者对信息的反馈，通过消费者对所经营的保险产品的意见，及时调整和改进服务策略，以实现客户满意。

2. 以人为本

保险产品营销是以人为出发点并以人为中心的一项活动。保险产品营销要时刻面向自己、面向员工、面向客户，以实现三者利益的统一。

(1) 面向自己。这是指保险产品营销者必须正确了解自己的需求，并使其经营活动令自身满意。只有使自身满意，才有可能实现令他人满意。只有明确自身的需求，才可能要求其将自身的需求与员工的需求、客户的需求以及社会的需求统一起来。因此，保险产品营销首先是围绕营销者自身的营销，是最大限度发挥营销者自身积极性和创造力的活动。

(2) 面向员工。从一定意义上说，员工也是客户，令客户满意，必须首先使员工满意。因为保险产品营销活动在很大程度上要通过员工的共同努力来实现，如果没有员工的满意，怎么能指望其行为令最终的消费者满意呢？因此，关心员工的成长，注重员工道德的培养，使每个员工都树立起敬业精神和主动精神，是保险产品营销成功的关键。

(3) 面向客户。保险产品营销的最终目的是实现客户满意。保险产品营销者要认识到：客户是企业的衣食父母，客户是企业生存和发展的保证。因此，保险产品营销者要面对客户，要能从客户的需求出发，不断开发和提供满足客户需求的产品和服务，要能针对客户对外界事物认知的特点，有的放矢地开展营销活动，要能维护客户的根本利益，向客户提供满意的服务。

3. 注重关系

现代企业的营销是一个与消费者、竞争者、供应商、经销商、政府机构、社区以及社会组织发生相互作用的过程。在此过程中，建立与发展同相关个人及组织的关系是营销的关键。保险产品营销作为一个蓬勃发展的事业，更要注重关系。具体说来，保险产品营销中的关系营销分为以下三个方面：

(1) 建立并维持、发展与客户的良好关系。客户是企业生存和发展的基础，市场竞争的实质是争夺客户。因此，建立并维持与客户的关系，强调以客户为中心，强调客户的高度参与性与联系性，以及长期为客户服务，密切与客户的感情，是保险产品营销制胜的法宝。

(2) 促进与竞争者的合作。在当今市场竞争日趋激烈的形势下，视竞争者为仇敌，与竞争者势不两立的竞争原则已非上策，相反，善待竞争者，与竞争者在竞争中求合作、在合作中求竞争的双赢原则是现代市场竞争对企业提出的新要求。

（3）协调好与政府的关系。政府对经济生活进行干预是当今世界各国通行的做法。政府出于维护社会整体利益，实现整个社会稳定、协调发展的目标，必然会制定各种政策、法规和法令对宏观经济进行管理和调节，这些宏观调控手段和措施必然会对企业经营产生影响。因此，保险产品营销人员要能采取积极的态度协调与政府的关系，积极与政府合作，努力争取政策的理解和支持，为企业营销活动创造良好的外部环境。

此外，保险产品营销更适合于非价格竞争。保险价格是根据对风险、保额损失率、利率、保险期限等多种因素的分析，通过精确的计算而确定的，因此它是较为客观、较为科学的。为了保证保险人和被保险人的利益，这一价格不能被轻易降低或提高。另外，为了保障保险人的偿付能力、规范竞争，国家有关部门对保险价格进行统一管理，所以价格竞争在保险产品营销中并不占有重要地位。相反，非价格竞争更适合于保险产品营销活动。因此，保险产品营销人员要善于从险种开发、促销以及渠道上寻求竞争优势，从而更好地实现企业目标。

第二节　产品策略——保险产品营销的基石

一个企业要生存、发展，立于不败之地乃至创一流，必须有适合客户需要即市场需要的产品，保险企业也是企业的一种，它也遵循“客户至上、产品第一”的原则。一个企业如果没有好的产品，一切管理效益将是无稽之谈。产品是企业的生命。我国现行保险市场上的产品品种较为单一，格式几乎是固定的，养老保险附加一些意外伤残责任，或子女教育婚嫁金保险中带有固定保额的意外责任，保户没有可选余地；缴费方式和险种保额无法更改；价格不合理，各公司为扩招业务员，将总佣金在 3～5 年提满；险种的对象面窄，对急需得到保障的人，如残疾人，提供的险种不足；险种开发粗放，在开发新险种时没有考虑展业的规模性，开发前也缺乏深入调查等。金融市场的开放对我国保险机构的产品策略决策提出了更高的要求，我国保险业要想借金融市场开放的东风而发展，科学合理的产品决策至关重要，它关系到保险公司的生存、发展及腾飞。

一、保险产品组合策略

保险产品组合策略是指保险公司根据保险市场需求、保险资料、公司的经营能力和市场竞争等因素，确定产品保障机制的组合方式。保险产品的组合关系到保险公司险种开发的计划与保险资源利用，关系到保险公司的经济效益和发展前途，必须予以足够的重视。保险产品组合策略要以满足客户需求为基础，以提供基本安全保障为主体，以提高保险公司效益为目的，并且要有利于保险产品促销。

保险产品组合包括广度、深度、密度（关联性）三个因素。确定保险产品组合就要有效选择其广度、深度和密度。保险产品组合广度是指保险公司有多少不同的保险产品和保险产品线。所谓保险产品线是指保险产品大类或产品系列，如人身保险、信用保证保险等类别，其中任何一类都包含若干保险险种。保险公司经营的保险产品线越多，保险产品组合广度越宽。保险产品组合深度是指保险公司经营的每种保险产品线内所包含的保险险种的多少，如果保险公司经营的险种多，保险产品线广，就说明其保险产品组合深度深，相反，则保险产品组合深度浅。

保险产品组合密度又称保险产品组合关联性，是指各保险产品线在最终销售渠道、销售方式和其他方面的密切程度。例如，家庭财产保险与人身保险组合的密度较强。

保险产品组合广度、深度和密度的不同，可以形成保险公司营销的特色。如果某保险公司合理扩展保险产品组合的广度，增加保险产品系列，就可以使其在更大的市场领域内发挥作用，承保更多的风险，提高市场份额。如果某保险公司注重挖掘保险产品组合的深度，围绕某一类保险产品开发更多的险种，就可以满足不同的保险需求，吸引更多的客户。如果某保险公司保险产品组合密度高，就可以使用更强的营销力量去占领保险市场。

保险公司在对保险产品组合做出决策时，首先要对保险产品组合进行分析，分析内容如下：①可能由目前的主要险种改制而成的未来的主要保险产品；②目前主要险种的状况；③可能成为主要盈利途径的险种；④过去效益最好、销量最大但销路逐渐萎缩的险种；⑤销路尚未完全失去，仍可继续经营的险种；⑥已经失去销路或销路未打开就衰退的险种。上述分析可为保险公司进行保险产品组合决策提供依据，以使保险公司选择合适的细分市场，配以合适的保险产品组合，从而达到长期发展目标。目前保险产品组合策略主要有以下三种（见图 7－2）。

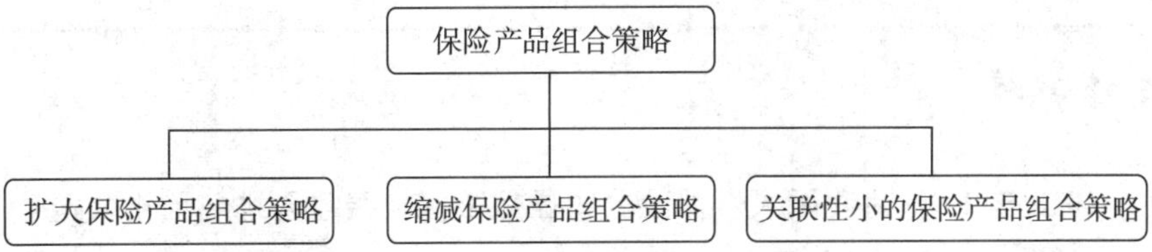

图 7－2　保险产品组合策略

1. 扩大保险产品组合策略

扩大保险产品组合有三种途径：①增加保险产品组合的广度，即增加新的险种系列；②加强保险产品组合的深度，即增加各险种系列内的保险险种数量；③并行开发保险产品的广度和深度。

扩大保险产品组合可以使保险公司充分利用人力、物力、财力，发挥保险产品营销人员的潜力；可以增加保险公司经营的理性，同时满足客户的多样化需求。扩大保险产品组合有两种策略可供选择：①保险产品系列化策略，即在基本相同的保障责任上，附加一些险种，扩充保险责任范围。②增加保险产品线的策略，即在原有的保险产品线基础上增加关联性大的保险产品线。例如人身保险可细分为人寿保险、健康保险等相关的保险产品线。人寿保险又可细分为死亡保险、生存保险等相关的保险产品线。

2. 缩减保险产品组合策略

这是指保险公司缩减保险产品组合的广度和深度，即减少一些利润低、无竞争力的险种。这是在保险市场处于饱和、竞争激烈、保险客户交付保险费能力下降的情况下，保险公司为了更有效地进行保险销售，或者为了集中精力进行专业化经营，取消某些市场占有率低、经营亏损、保险客户需求不强烈的保险产品而采取的策略。缩减保险产品组合策略可以使保险产品营销人员集中精力推销保险需求高的保险产品，提高保险推销效率和服务质量；可以减轻环境威胁，提高保险公司的经济效益；还可以完善保险产品的设计，使之更适合保险消费者的需求。

3. 关联性小的保险产品组合策略

随着保险市场需求的发展和保险公司之间竞争的激烈化，越来越多的保险公司将财产保险与人身保险进行组合，使新组合的保险险种更能满足消费者的需求。例如，有的保险公司将驾驶员意外伤害保险与机动车辆保险相组合，形成具有特色的新险种。从保险业发展来看，财产保险与人身保险的组合适应了保险市场的需求变化，受到了广大消费者的欢迎。

二、品牌策略

保险产品是一种特殊的产品，作为产品，就应该有自己的品牌。保险公司保险产品品牌在市场上的知名度和拥有的品牌忠诚者的数量，决定着保险公司保险产品的竞争力、市场占有率、公司规模和经济效益。知名度高、美誉度高是品牌成功的表现。某保险公司品牌如果在相当数量的消费者心目中形成了稳固的良好印象，在市场上享有相当高的知名度和美誉度，就会变成通常所说的名牌。要在众多的同类产品中凸显自己，必须形象突出，让人们知道你与众不同，这就必须创出自己的品牌并不断创新，以维系该品牌在人们心目中的地位，即你的“不可替代性”。

☞友情链接

2018 年 1—5 月我国人寿保险公司原保险保险费收入排名前十公司

第一名：中国人寿，1—5 月原保险保险费收入为 30 708 540.46 万元。中国人寿保险股份有限公司是中国最大的人寿保险公司，总部位于北京，注册资本为 282.65 亿元人民币。

第二名：平安人寿，1—5 月原保险保险费收入为 24 377 952.47 万元。中国平安人寿保险股份有限公司成立于 2002 年，以规模保险费来衡量，平安人寿是国内第二大寿险公司。

第三名：太平洋人寿，1—5 月原保险保险费收入为 11 046 821.68 万元。中国太平洋人寿保险股份有限公司成立于 2001 年。

第四名：太平人寿，1—5 月原保险保险费收入为 6 931 752.44 万元。太平人寿保险有限公司 1929 年始创于上海，1956 年移师海外专营寿险业务，曾是中国近现代史上实力最强、规模最大、市场份额最多的民族保险公司之一，也是现今中国保险市场上经营时间最长和品牌历史最悠久的中资寿险公司之一。

第五名：人保寿险，1—5 月原保险保险费收入为 6 491 979.97 万元。中国人民人寿保险股份有限公司是主要由中国人民保险集团公司发起成立的全国性寿险公司。

第六名：泰康人寿，1—5 月原保险保险费收入为 6 153 938.58 万元，成立于 1996 年。

第七名：华夏人寿，1—5 月原保险保险费收入为 6 103 412.99 万元，成立于 2006 年。

第八名：新华人寿，1—5 月原保险保险费收入为 5 462 210.28 万元，成立于 1996 年。

第九名：生命人寿，1—5 月原保险保险费收入为 4 236 191.42 万元，成立于 2002 年。

第十名：中邮人寿，1—5 月原保险保险费收入为 3 202 137.25 万元，成立于 2009 年。

品牌战的底蕴是建立优秀的企业文化系统，以一套完整的企业形象设计来加强企业的凝聚力，使全体职工形成共同的价值观、共同的经营理念、共同的思维方式和行为模式，从而维护企业统一的目标印象。面对外资保险机构强有力的冲击，国内保险业只有以优质的品牌争取客户的支持，才能赢得市场和竞争。具体做法是在企业内部明确经营理念和战略，设计外部标志并全方位推广使用。在企业内部明确经营理念和战略的具体做法有以下几点（见图 7-3）。

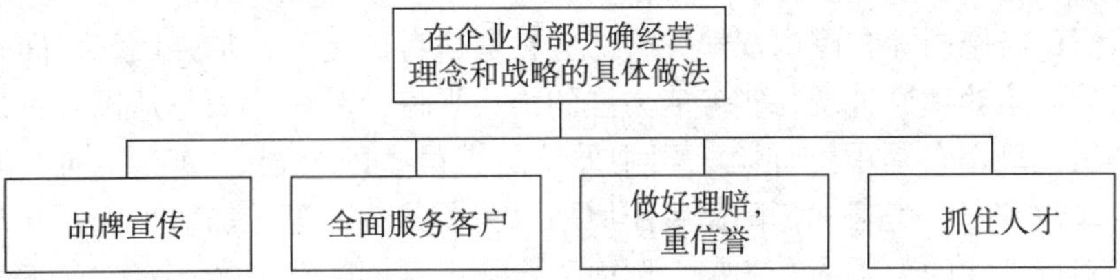

图 7-3　在企业内部明确经营理念和战略的具体做法

1. 品牌宣传

品牌战的第一步棋是宣传，宣传不是无中生有，而是宣传实在的东西，但要富有亲和力和感染力。这包括保险消费观念的宣传、险种的宣传、服务的宣传、理赔信誉的宣传等。总之，宣传是一面旗帜，贯穿产品提供的始终。

保险对于很多中国人而言还是比较陌生，人们的保险观念比较淡薄，因此，国内保险公司不失时机地加大宣传力度，是树立形象的有效手段，如对于某些自然灾害，灾后有的保险公司及时理赔，受到了当事人的好评。同样是遭受损失，被保险人和没有买保险的人的遭遇却大不一样，保险公司可抓住这一点进行推介，从而在其他省、市扩大影响。另外，通过录制、播放电视、广播专题节目，印发精美的宣传手册、宣传单，开办咨询业务等灵活多样的手法，可使品牌宣传深入社会生活的各个角落。从更长远的角度看，注重大中小学生的保险基础知识教育乃是百年大计。

2. 全面服务客户

保险业是服务业，属于服务业中投入和消费明显时空分离的类型，服务态度、服务质量是竞争的重点。一方面，以“真诚”为核心，想人之所想，急人之所急，只有最了解客户期望的公司，才能提供最受欢迎的服务。对代理人和推销员采取有效的激励措施，使他们自觉地肩负起维护公司形象、真诚为客户服务的责任；建立详细的客户档案，包括家庭结构、经济状况、兴趣爱好、健康状况以及子女教育等；建立定期拜访制度，和客户交朋友、密切关系，及时了解并反馈情况，让客户在满足需要的同时增加对公司的信赖。另一方面，以“便利”为核心，开展多种服务方式，如电话咨询、网上查询、信函往来，以方便不同客户。

3. 做好理赔，重信誉

一位保险界名人说过：“我们唯一的资产就是我们的承诺，履行承诺，否则，我们的信誉就会受到影响。”这里的履行承诺指的是及时、准确、科学地执行保险合同。中国国内的保险公司保险费收入低与客户抱怨理赔难大有关系。保险业内确实存在严重的“重展业，轻承保；重保险费，轻管理”的现象，这种短视行为已严重影响到保险公司的形象，对于前景低迷的保险业无疑是雪上加霜。对此，各保险公司应改变传统的“单兵作战”，注重合作，拿出解决方案，比如仿效中国台湾的模式，建立一个特设的理赔协作组织。

4. 抓住人才

随着中国金融市场开放程度的提高，国内保险公司面临的最大挑战要算人才流失的尴尬了。大型外国公司不缺资金、技术，缺少的是熟悉中国国内保险业情况的人才。同时，我国保险公司本身也存在“两多两少”的情况，即机构人员多，业务工作少；新员工多，专业骨干少。为解决这个问题，一方面是在经济上加大对人才培养的投资，如支持大专院校正规化保险教育；建立保险业统一的培训教育基地；建立优秀保险人才库，形成职业化的保险人队伍；实施国际和国内双轨并行的各种资格考试制度；加强国家之间保险人才的培训交流活动，培养理论过硬、实务能力强的精兵强将。另一方面是从国外引进人才。以平安保险公司为例，它是中资保险公司中外籍员工最多的公司。1999 年初，国际著名的精算专家、保险专家、美国林肯国民集团原副总裁斯蒂芬·迈尔加盟平安，此举被赞为平安保险公司引进人才的大手笔。的确，国内公司在产品创新和资产运营方面不妨借鉴一下发达国家领先公司的做法，而引进人才是最直接、最有效的做法。

保险公司在创品牌时总会遇到一些矛盾和困难，要想铸就成功的保险产品品牌，就必须牢固地建立起品牌意识，制定和有效运用品牌策略，孜孜不倦地、全方位地在保险市场上创出本公司的品牌，具体做法见图 7-4。

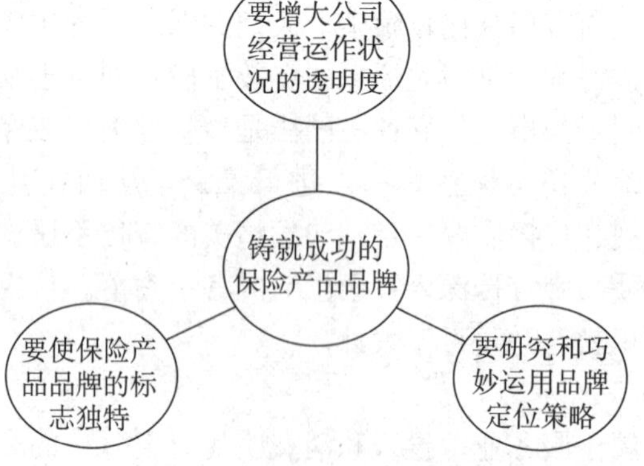

图 7-4　铸就成功的保险产品品牌的具体做法

（1）要增大公司经营运作状况的透明度。保险公司对消费者来讲是负债经营，消费者需要花钱购买产品，因此保险公司不仅要让他们买得称心，还要让他们买得放心，这样才能增加保险公司产品品牌的吸引力。在市场经济下的现代消费者要求了解保险公司的经营运作状况，以进一步理解保险知识及选择他们信得过的保险公司和保险险种。对于保险公司来讲，将资本金状况、人员素质、经营宗旨和经营理念、责任准备金的提留等以一定方式向消费者进行必要的披露，可在较大程度上增强想购买长期险种的消费者的信任感。很难想象一个长期缺乏透明度的公司能获得消费者的信任，其产品品牌能有较大的吸引力。

(2) 要研究和巧妙运用品牌定位策略。品牌定位策略就是保险公司在宣传中根据消费者的心理需求，突出自己的品牌易于被消费者接受的特点，寻求以较为简明的方式进入消费者心里的策略。在激烈的竞争中，保险公司一定要研究和巧妙运用品牌定位策略，寻找正确的对消费者的攻心之路，从而建立起自己的品牌忠诚者队伍。在面对国外保险公司的进入和竞争时，国内保险公司可突出宣传自己民族保险业的定位，从消费者的爱国主义和民族感情诉求出发易于获得认同。日本的保险市场已对外开放多年，但至今国外寿险公司在日本所占的市场份额仍较小，日本国民对自己民族保险业的支持是一个重要的原因。各保险机构都要根据市场需求并结合自身的实力特点，灵活运用品牌策略，建立起自己的品牌忠诚者队伍。

(3) 要使保险产品品牌的标志独特。产品品牌除可用语言称呼的品牌名称，还包括可被认出但不能用语言称呼的部分，即品牌标志，如符号、设计、独特的颜色等。品牌标志可起到让消费者辨识的作用，也可起到塑造保险产品品牌形象、吸引消费者注意、获得消费者喜爱的作用。保险公司应当精心设计既有独特意义，又使人过目难忘的品牌标志。在广告中、单证上、公司门面上乃至工作人员徽章和统一制服上，充分利用这一统一的品牌标志，以强化公司的产品品牌效应。另外，保险产品品牌标志可以同保险公司的企业形象标志一致，就像中国人寿许多分公司把企业形象标志作为产品品牌一样。中国保险市场方兴未艾，跨国公司迫不及待想分一杯羹，形势诱人也迫人。中国的保险公司只有更新观念、大胆创新、做品牌赢家，才能拥有自己的一片天空。

三、开发策略

随着科学技术的飞速发展，市场竞争日益激烈，如果企业不能适应消费者需求变化而不断更新产品，就难以在市场竞争中求得生存。在竞争的保险市场上，除价格、质量、服务等竞争手段外，新险种开发是极为重要的竞争方法，谁能迅速迎合客户需要，及时追随和超前于客户心理变化，顺应市场环境变化和设计投放出尽可能多的保险品种，谁就能赢得客户并赢得市场。新险种是指整体险种和其中的一部分有所创新和改革，能给保险消费者带来新的利益和满足的险种。也就是说，新险种要么是全新构思的险种，要么是在使用性能和经济性能方面优于原有险种的险种，要么是具有新的用途的险种。新险种不一定是完全创新的险种，但必须对原有险种进行变革。

(一) 经济发展的趋势要求开发新险种

为了配合经济形势，中央银行会调整利率。因此，保险公司必须有充分的考虑，既要保证产品的竞争力，又要保证产品可以适应未来可能发生的利率变化，以防范利率风险。例如，一项调查显示，参加养老保险最大的困难是缴费年限过长，如图 7-5 所示。通常缴费年限越长，未来的利率风险越大。以寿险险种来说，1992 年以前，各家寿险公司销售的寿险产品的收益率为10%～18%，1997年，预期收益率已调至7%～9%，1998年又再次下调至4%～6.5%，但对当时出售的长期（20～50年）寿险来说，寿险公司必须履行其高收益的给付责任。而保险公司的资金运用仅限于银行存款、买卖政府债券和金融债券等仅有的几种方式，资金收益逐步萎缩。2023年窗口指导要求寿险新产品定价利率下调至3%，根据当前的市场状况，寿险公司必须积极开发新险种，才能适应竞争，而且，对外开放过程中出现的很多新的经济现象也需要有新险种与之适应。市场在变，险种也必须随之变化，否则只能成为市场的牺牲品。

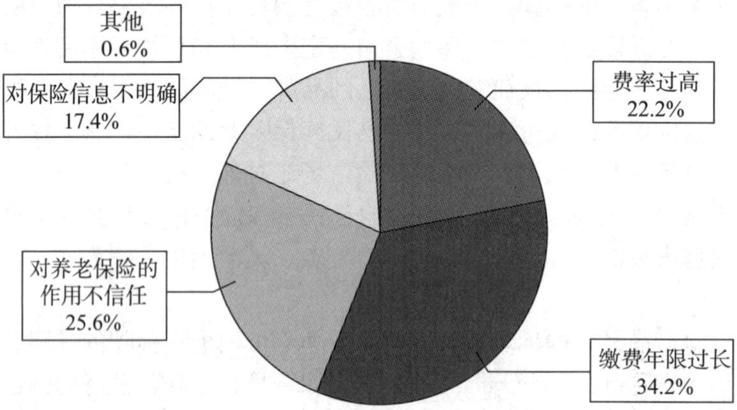

图7-5　参加养老保险的困难

（二）开发新险种，更好地满足现实和潜在的保险需求，不断开拓新市场

随着人们生活水平的提高，按照马斯洛的需求层次理论，人们会产生更高层次的需求，保险需求同样如此。这种新需求是不断发展变化的，这要求保险公司及时抓住时机开发出新的险种来满足这些变化的需求。近几年，我国寿险市场呈现出生机勃勃的景象，很大程度上与不断推出的新险种有关。我国保险市场上还有很多盲点，这里蕴含着无限的商机。随着经济的发展，这些盲点有可能成为市场热点。这就需要我国保险公司进行险种创新，以发展的眼光看待保险产品，以准确快速地把握市场需求来抢占市场，最终赢得市场。

（三）保险市场的开放要求加快新险种开发

开放保险市场以后，虽然一开始我国保险公司在营销网络、文化环境、地域范围等方面有一定的本土化优势，但随着时间的推移，这些优势会逐步丧失。我国的保险公司拿什么去和外资保险公司竞争？我们唯有通过产品创新来获取竞争优势。因为我们比外资保险公司更熟悉我们的市场需求及发展趋势，更容易开发出适合中国保险市场的新险种。未来的保险市场必定是“中外”混战的局面，中国保险公司只有早做准备，及早酝酿，才能在竞争中以优质的险种和服务令“外国人”折服。

新险种可分为完全创新的新险种、模仿的新险种、改进的新险种以及换代的新险种四种：

（1）完全创新的新险种。完全创新的新险种是指保险人利用科学技术进步成果研制出来的能给消费者带来崭新需求的产品。

（2）模仿的新险种。模仿的新险种是指保险人借用外国或外地的险种，移植学习，在本地区进行推广的新险种。

(3) 改进的新险种。改进的新险种是指对原有险种的特点、内容等方面进行改进的险种。这实际上是老险种的发展，赋予老险种新的特点，以满足消费者的需要。

(4) 换代的新险种。换代的新险种是指针对老险种某个突出的特点，重新进行改装，并题以新的名称，使其特点有显著进步的新险种。这种做法比研制完全创新的新险种要容易得多，向市场推广的成功率也高一些。

开发新险种有利于充分利用保险公司资源，降低营销成本，提高经济效益，及时采用新技术，不断推陈出新。增加险种有利于公司的经营稳定，减少风险，稳定利润；还可以提高保险公司的声誉，增强公司竞争力，从而建立和保持公司在市场上的领先地位。

新险种的开发是一项难度大而又细致的工作，它直接关系到保险公司经营的成败。因此，每个保险公司在确定开发新险种时，都要精心组织，不能闭门造车，要从市场需要出发，立足于保户，并根据自身条件进行全面系统的分析研究。从营销角度出发，新险种的开发可以分为新产品构思、筛选、市场分析、新险种设计、市场试销、新险种上市推广几个阶段。在实施新险种开发策略时，要注意推出时机、营销手段和险种服务等方面的问题。

四、生命周期策略

保险产品的生命周期是指一种新的保险产品从进入保险市场开始，经历成长、成熟到衰退的全过程。保险产品的生命周期包括投入期、成长期、成熟期和衰退期四个阶段。

生命周期策略能使我们树立如下四个观点：第一，保险产品的生命是有限的；第二，保险产品的销售经过不同的阶段，每一阶段对保险公司提出不同的挑战；第三，在保险产品生命周期的不同阶段，利润先升后降；第四，在保险产品生命周期的不同阶段，保险产品需要不同的营销、融资、组织和人事策略。

(一) 投入期的营销策略

投入期是指保险产品进入保险市场的开始阶段，此时，保险消费者尚未接受新的保险产品，保险公司销售额增长缓慢，利润为负。在保险产品投放保险市场的初期，保险消费者对新的保险产品有一个接受的过程。从保险公司的角度看，此阶段的特点是：第一，消费者对保险产品不甚了解，保险费收入低；第二，由于对承保风险缺乏了解，所积累的风险资料极为有限，价格的制定不合理；第三，由于承保的保险标的数量有限，风险分散程度较低；第四，由于保险费收入低，而投入成本高，保险公司利润很少，甚至亏损。在此阶段，保险公司要强化广告宣传，诱导保险消费者的需求。可供保险公司选择的策略有：高价格、高营销费用的快速掠取策略；高价格、低营销费用的缓慢掠取策略；低价格、高营销费用的快速渗透策略；低价格、低营销费用的缓慢渗透策略。采用何种策略要根据保险产品市场规模、保险消费者对产品需求的强烈程度和价格敏感度以及市场上竞争对手的多少而定。

根据新险种的特点，在这一时期，可以从服务和促销两方面做出选择：

(1) 双高策略。双高策略是指以全面、细致的服务配合大张旗鼓的广告、公关、宣传、展业推广、人员推销等方式进入市场。这一策略适用于客户因对保险产品不了解而对保险的需求不明显、有重重顾虑的险种，适用于竞争激烈的市场。

（2）双低策略。双低策略是指以一般的服务方式加上低度化的宣传、展业推广等促销手段进入市场。这一策略适用于客户对险种有强烈的需求，但由于市场处于卖方市场，因而客户对服务的需求很难实现的情况。

（3）高促销低服务策略。高促销低服务策略是指以广泛的高度化的广告、公关、宣传、人员推销、展业推广等促销活动配以一般性的服务进入市场。这一策略适用于以“推销为导向”的市场。在这一经营观念的指导下，大多数企业之间的竞争都是从推销及促销险种出发，而不是从提供更好的服务以满足客户需求出发。

（4）低促销高服务策略。低促销高服务策略是指以高水平优质服务配以低度化的广告、公关、宣传、人员推销、展业推广等促销方式进入市场。这一策略适用于“客户导向”的市场，在这种经营观念的指导下，企业一切从客户需求出发，将客户服务作为经营的宗旨。

投入期的营销策略总结见图 7－6。

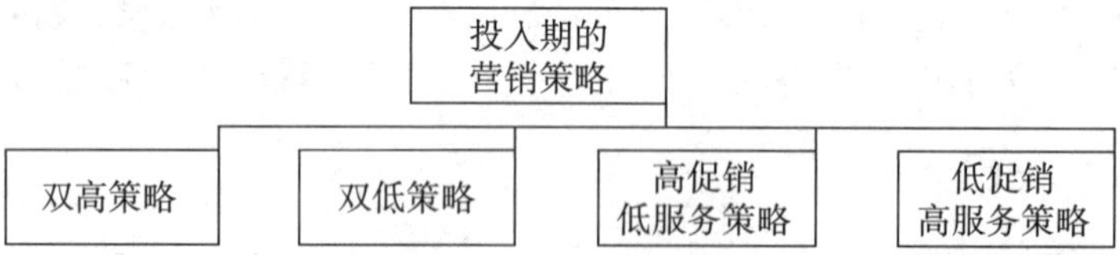

图 7－6　投入期的营销策略

（二）成长期的营销策略

进入成长期的保险产品经过宣传促销，销路已打开，销量迅速增长，利润大大提高，竞争者此时介入的可能性较大。保险产品经试销后销售额急剧上升的时期就是保险产品的成长期。在此阶段，保险公司已掌握风险的出险规律，该险种保障条款的设计日趋完善，价格更加合理，保险需求日益扩大，承保成本不断下降，保险公司要尽可能保持该险种在保险市场上长久的增长率，使这一时期尽可能地延长。第一，不断完善保险产品，使之更适应保险需求和业务需要，并提高保险产品的竞争能力；第二，按保险需求展开广告宣传；第三，为吸引更多层次的、对价格敏感的保险消费者，应在适当时候调整保险价格；第四，为适应保险需求多样化的需要，开拓新的保险行销渠道；第五，要做好售后服务。成长期应选择的策略总结见图 7－7。

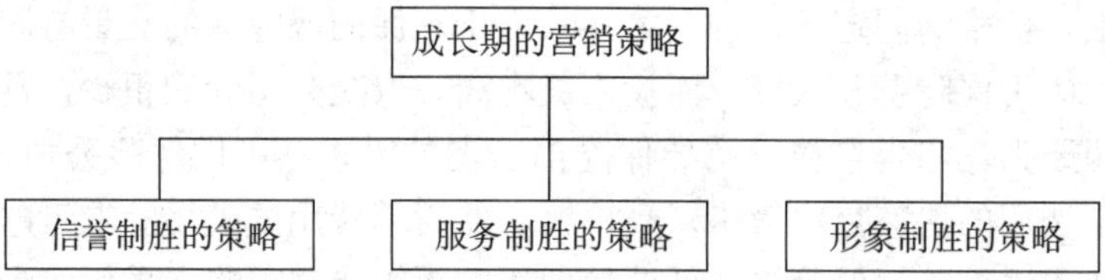

图 7－7　成长期的营销策略

（1）信誉制胜的策略。在成长期，为了能与竞争者抗争，企业必须保持良好的信誉。

（2）服务制胜的策略。企业可以通过提高服务水平、增加服务手段、完善服务方式等，在现有客户心中留下良好的口碑，进一步吸引新客户，扩大市场份额。

（3）形象制胜的策略。企业可以通过有别于竞争对手的优质险种、训练有素的人员、可靠性服务等在公众心目中树立良好的企业形象。

(三) 成熟期的营销策略

进入成熟期的保险产品的销售量增长率下降，此时，保险产品已被大部分购买者接受，为了竞争，保险公司要适当增加营销费用，巩固市场占有份额，利润则相对稳定或略有下降。成熟期是指保险产品销售量最高的阶段。此时保险产品的利润达到最高峰，销售量增长率开始下降，市场呈饱和状态，潜在的消费者减少，更完善的替代品开始出现，而且，保险市场上出现承保能力过剩的情况，承保能力过剩又引发保险市场更加激烈的竞争。在成熟期保险公司应采取的营销策略总结见图 7-8。

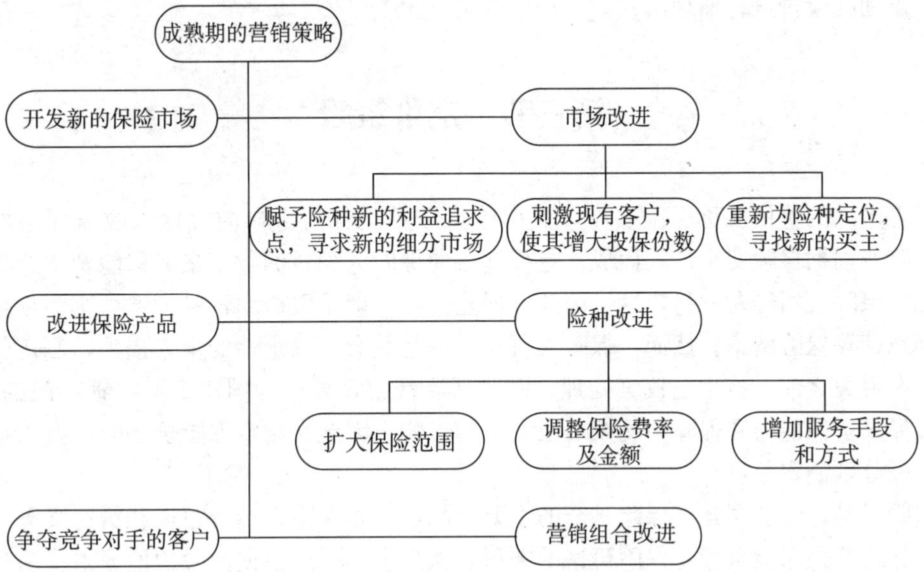

图 7-8　成熟期的营销策略

(1) 开发新的保险市场。如原来以城市人口为对象的养老保险，现在可以在农村开展。

(2) 改进保险产品。对现有的保险产品进行修改完善，以增加其作用和特征。

(3) 争夺竞争对手的客户。对于向其他保险公司投保同一保险标的的投保人，保险公司可适当降低保险价格或提供优质服务来吸引他们，使他们转向本公司投保。

在维持和巩固现有市场的同时，应尽可能地扩大和占有新的市场，具体来说有三种策略：

(1) 市场改进。市场改进即开发新市场，寻求新客户。其实现的方式可以有：①赋予险种新的利益追求点，寻求新的细分市场；②刺激现有客户，使其增大投保份数；③重新为险种定位，寻找新的买主。

(2) 险种改进。通过对险种的改进，使推向市场的险种更加完善。其实现方式可以有：①扩大保险范围；②调整保险费率及金额；③增加服务手段和方式等。

(3) 营销组合改进。通过对险种、费率、保险金额、销售方式、促销手段等的综合调整，进一步寻求延长市场成长期和成熟期的途径。

(四) 衰退期的营销策略

衰退期的保险产品已不适应保险市场的需要，竞争力衰弱导致销售量大幅萎缩，销售额严重下降，利润降低。大部分保险产品的销售量最终都会下降。市场上没有永远的产品。当更完善的保险替代产品出现时，旧的保险产品便迅速退出市场。此阶段的特点是：保险供给能力大而销售量降到最低，保险公司利润急剧下降，保险消费者的需求发生转移。此时保险公司可以迅速舍弃该产品而开发更符合市场需求的保险产品，或对原保险产品进行改进和创新以重新占领市场。具体来说，可采用如下策略：

(1) 收缩策略。尽可能降低一切销售费用，如广告费用、人员推销费用等，以最大限度地赚取利润。

(2) 放弃策略。为了合理地安排资源，取得较好的综合效益，对于那些明显没有前途且又不盈利的险种进行清理淘汰。

第三节　定价策略

保险产品的价格又称保险费率，是保险人按单位保险金额向投保人收取保险费的标准。保险费根据保险费率计算而成，是投保人向保险人缴付的货币量。保险费率合理与否直接影响保险公司经营的稳定性。因此，保险公司一般是以概率论和大数法则为依据，科学精确地计算保险费率。然而，保险人所承保的是具有不确定性的未来损失，制定保险费率发生在损失之前，技术上较难处理，同时保险费率还要受到国家金融监管部门的监管，也受投保人负担能力和保险市场荣衰及竞争的影响，因此在制定保险价格时，要根据不同保险业务分别制定。

保险费是保险公司建立保险基金的主要来源，也是保险人履行赔偿和给付义务的经济基础。保险费是保险金额与保险价格的乘积。保险金额一般根据保险价值或由保险当事人双方协商确定。例如，某财产保险费率是 0.2%，保险金额为 10 000 元，则投保人应当缴纳的保险费为 20（=10 000×0.2%）元。

保险价格由纯保险费率和附加保险费率两部分构成。纯保险费率是保险价格的基本部分，由保险损失率和稳定系数组成。保险损失率是一定时期保险赔款总额与总保险金额的比率，它是保险人根据大数法则，对以往若干年度的统计资料在平衡年度间的风险基础上整理计算出的平均值。

$$\text{保险损失率}=\frac{\text{保险赔款总额}}{\text{总保险金额}}\times 100\%$$

由于未来风险等因素可能变化，预计的保险损失率可能偏离实际损失率，同时若干年度的统计资料只能近似地反映概率及概率分布，而且保险损失率也未包括异常的特大损失，因此，必须在保险损失率基础上考虑一个用均方差计算出来的稳定系数。稳定系数是以异常损失为计算基础的，依据计算出来的那部分保险费用来弥补异常损失的赔偿。

$$\text{纯保险费率}=\text{保险损失率}\times(1+\text{稳定系数})$$

附加保险费率是保险机构经营保险业务的各项费用总和与保险费收入总额的比率。各项费用主要包括办公费、水电费、宣传费、印刷费和员工工资等。

$$\text{附加保险费率}=\frac{\text{经营保险业务的各项费用总和}}{\text{保险费收入总额}}\times 100\%$$

以上纯保险费率和附加保险费率相加所得到的保险费率被称为毛费率，又称总费率。

上述毛费率属于中间费率，一般还不能适应某一具体业务的需要，还要根据不同的风险特点进行调整，如火灾保险中按建筑等级进行分项调整，即进行级差调整；货物运输保险中根据不同的运输工具、路线、货物进行调整，最后形成实际业务中的保险价格。

制定保险价格是保险机构成功进行保险产品营销的关键，要遵守充分保障原则、公平合理原则、相对稳定原则以及促进防灾原则等。当前，制定保险价格主要采用判断法、分类法和修正法。判断法是在具体承保过程中，由业务人员根据每年业务保险标的和以往的经验，直接判断风险概率和损失率，从而确定适合指定情况的个别费率。这种方法较能反映个别风险的特性。分类法是根据若干重要而明显的风险标志，对性质相同的风险予以归类，并在此基础上依据损失率制定分类价格。其准确程度既有赖于分类的适当性，又取决于各类别所包含的风险单位的数量。修正法，又称增减法，即在制定基本费率后，在具体承保中，根据损失经验就个别风险加以衡量后，在基本费率基础上进行增减变动而最终确定保险价格。

宏观定价法是国外近些年来流行的定价方法，主要是针对传统定价法的不足而做出改进，并且重新构造定价的整个决策过程。其对传统定价法的改进主要体现在以下三点：①定价不是从单位产品利润出发，而是根据总利润最大化原则，始终以总利润作为判断产品本身及价格的标准；②传统方法采用费用相加的方法来确定价格，而宏观定价法则给出一系列价格，对每一价格考虑若干种销售方案，并计算出每一价格销售量组合的总体利润，从中选取总体利润最大的一组，得到最优价格；③宏观定价法不把非边际费用列入分析，而是只考虑边际费用。宏观定价法的过程如下：①确定产品所具备的竞争性特点，如高比例的年度佣金或高的后期保单价格；②确定产品的至少三种不同的价格体系，其中一种与业务部门的期望相同，一种偏低，另外还有一种与市场上已有的类似产品价格相同；③将设计产品的性能、用途与市场上已有的类似产品进行比较；④确定单位产品的边际费用，如核保、发行、邮寄通知等费用，但不考虑管理等内部费用；⑤确定与前面的价格体系相对应的佣金制度体系；⑥预测将来的业务进展情况，作销售量与年龄的假设及在产品寿命期间销售情况的假设；⑦确定与单位产品无关的边际费用，估计产品的开发费用、管理费用等；⑧建立预测模型，组成产品价格销售量佣金矩阵，计算每一种组合相应的利润，并确定最小利润目标；⑨召开业务部门、精算部门、管理者三方会议进行决策，决定产品价格与佣金。这种定价方法一方面能在最大限度上使产品价格达到最优，保证公司的安全运行，另一方面还在一定程度上解决了精算部门和业务部门之间的冲突，使它们的利益趋向一致。定价不再只是精算师的责任，通过熟悉市场动态、了解市场需求的营销人员的参与，能制定出更合理的价格。

保险定价策略是保险产品营销组合策略中最重要、最活跃的策略，与其他组合策略存在相互依存、相互制约的关系。因此，保险公司在制定保险定价策略时，必须遵循这样的原则：围绕保险产品营销的总目标，以大数法则和概率论为依据，使制定的保险价格既有利于投保人，又有利于保险公司。保险定价策略包括如下几种。

一、低价策略

低价策略是指以低于原价格的水平确定保险价格的策略。这种定价策略主要是为了迅速占领保险市场，打开新险种的销路，更多地吸引保险资金，为保险公司资金运用创造条件。保险公司的低价策略要严格控制在小范围内使用，因为使用不当会导致保险公司降低或丧失偿付能力，最终损害被保险人的利益，正确使用低价策略应考虑保险产品的具体情况，如保险险种应该是与人们的生活密切相关的，服务于家庭或个人的险种，如人寿保险；险种也应该是政府和社会极为关注的，如农业保险。

实行低价策略，保险公司既要从自身利益出发，考虑到保险险种的促销作用，又要考虑公司的社会利益，如保险公司为支持政府发展农业的政策，对农业保险实行低价策略。实行低价策略要建立在提高管理效率、加强成本与管理费用的控制、降低保险推销成本的基础之上。实行低价策略是保险公司在保险市场进行竞争的手段之一，但是如果过分使用，就会损害保险公司的信誉，导致其在竞争中失败。

二、高价策略

高价策略是指以高于原价格的水平而确定保险价格的策略。保险公司实行高价策略一般是因为保险标的的风险程度太高，尽管市场对保险有需求，但保险公司都不愿经营；或者是因为投保人有选择地投保其部分风险程度高的标的；或者是因为保险需求过剩；等等。实行高价策略，保险公司可以凭高价获得高额利润，有利于提高自身的经济效益，同时也可以利用高价杜绝高风险项目的投保，有利于自身经营的稳定性。但是，保险公司要谨慎使用高价策略，保险价格过高会使投保人支付保险费的负担加重而不利于开拓保险市场，同时，定价高，利润大，极易诱发激烈竞争。

三、优惠价策略

优惠价策略是指保险公司在现有价格基础上，根据营销需要给投保人以折扣与让价优惠的策略。保险公司运用优惠价的目的是刺激投保人大量且长期投保和及时交付保险费，加强安全工作，进而提高市场占有率。保险公司经常采用的优惠价策略主要有以下几种（见图 7－9）：

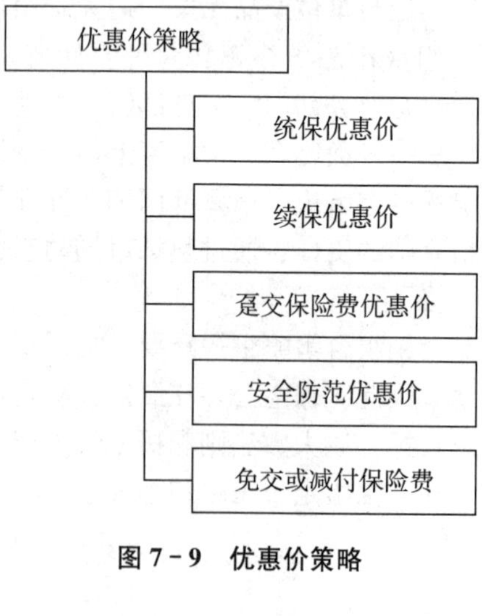

图 7－9　优惠价策略

1. 统保优惠价

如果某家大公司所属的分支机构全部向一家保险公司投保，保险公司可按所交保险费的一定比例给予优惠。例如，某律师协会为所有律师统一投保职业责任保险，保险公司可少收一定保险费，因为统保能为保险公司节省对各个投保人所花费的营销费用和承保费用，提高工作效率。

2. 续保优惠价

续保优惠价通常被运用在财产保险中。保险公司对现已投保的保险人，如果在保险责任期内未发生赔偿，期满后又继续投保的，可按上一年度所交保险费的一定比例给予优惠。例如，某人投保了汽车保险，在上一年度内未发生索赔，在期满续保时，保险公司可按上一年度保险费的10%折扣收费。

3. 趸交保险费优惠价

在长期保险中，如果投保人采取趸交方式，一次交清全部保险费，保险公司也可给予优惠。因为这样做减少了保险公司按月、按季或按年收取保险费的工作量。

4. 安全防范优惠价

根据保险条款的规定，保险公司对于那些安全措施完善、安全防灾工作卓有成效的企业也可以给予一定的安全费返还，即按保险费的一定比例给予优惠。

5. 免交或减付保险费

在人身保险中，有些险种规定，如果投保人在保险期限中丧失交保险费的能力，保险公司允许免交末期保险费或减少保险费的数额，而保险合同继续有效。如子女教育婚嫁金保险，当投保人死亡或完全残废无法继续交付末期保险费时，子女到约定年龄仍可领取保险金。

四、差异价策略

差异价策略有很多，主要包括以下三种（见图7-10）。

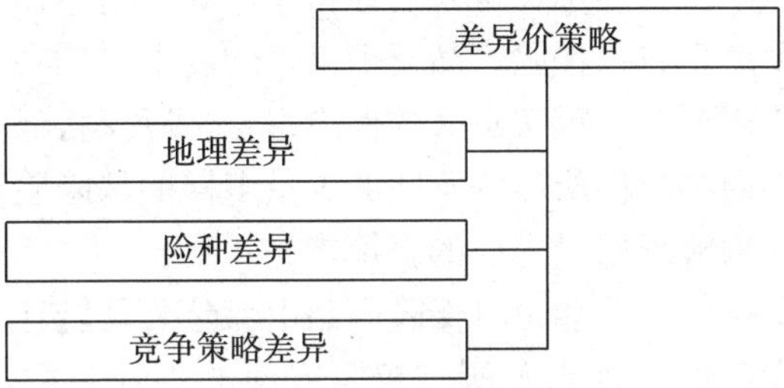

图7-10 差异价策略

1. 地理差异

地理差异是指保险公司对同一保险标的在不同地区采取不同的保险费率的策略。例如，不同地区盗窃案的发生率是不同的，经济发达、流动人口多的地区的盗窃案一般要多于经济落后、流动人口少的地区。因此，盗窃保险的费率应有所区别，发案率高的地区价格高，发案率低的地区价格低。又如，旅客人身意外伤害保险，因旅游的地点不同，其地理条件和气候状况也不同，保险公司在制定保险价格时也应因地制宜，加以区别。但是，在同一地区，风险基本相同或比较接近的保险标的，价格应保持一致。

2. 险种差异

每个险种的保险价格标准、计算方法都有一定的差异，但保险公司在实务中常将一些不同险种组合在一起，以满足不同投保人的需要。因此，保险公司要对险种组合的多种价格进行必要的调整，使其符合市场需求和竞争需要。调整保险价格的具体做法有：第一，如果在同一险种中，保险标的风险接近而保险价格相差很大，则对费率要做出相应的调整，使其保险价格也相近或相同；第二，如果在同一个险种组合中，某个保险险种的风险发生变化，应及时调整该险种的保险价格，即保险价格应反映出该险种风险的变化情况。

3. 竞争策略差异

在保险市场的竞争中，保险价格的竞争是一个重要的内容，在这方面，保险公司的做法主要是：第一，与竞争对手同时调整价格。在竞争者对某个险种的价格做出调整时，保险公司也调整自己的相应价格，以确保自己在保险市场上的份额。第二，竞争对手已调整保险价格，但是保险公司保持原价格不变，以维护自己的声誉和形象，并可获得较高利润。第三，采取跟随策略，当保险公司获知竞争对手已调整保险价格时，先不急于调整自己相应的价格，而是对保险市场进行观察，等待搜集一些资料后再做决策。若竞争对手调整后的价格对市场销售产生了较大的影响，或是对自己的市场造成了威胁，保险公司可考虑跟随竞争对手调整价格；若对保险市场影响不大，保险公司则可采取不调整价格的做法。

第四节　渠道策略——保险产品营销的立足点

保险产品只有通过一定的流通渠道才能到达投保人手中，满足投保人的保险需求，从而实现保险公司的目标。保险产品从保险公司到保户的转移过程中所经过的途径即为保险产品营销渠道。保险产品营销渠道的选择直接制约和影响着其他营销策略的制定和执行效果，营销渠道选择不当，不仅会增加保险公司经营费用的支出，而且还会影响到保险产品的销售。从经济体系的角度来看，保险产品营销渠道的基本作用在于，将本质上异质的各种保险险种转变成客户所需要的有现实意义的保险组合，以及将保险公司生产的多量少样的保险险种分解组合成不同客户群所需的不同的少量多样的保险险种。因此，保险产品营销渠道决策就成为保险机构管理层最主要的决策之一。

保险产品营销渠道所执行的功能是将保险产品由保险公司转移至保户，它能消除和克服保险公司与保户之间在时间、地点、所有权等方面的各种矛盾，承担着沟通信息、促销、资金融通、实际销售等功能，使保险公司可以集中财力搞好自己的主要业务，而中间商凭借自己的专业知识、经验和活动规模，常常能比保险公司干得更为出色。能否以最经济、最有效的方式推销保单，是保险公司在选择营销渠道时要考虑的最重要的因素。因此，在现代社会经济条件下，成立不久、规模较小的保险公司由于其自身财力、经营技能以及其他外部条件的限制，适宜采用传统的直销制，这样既有利于保险公司稳步成长，又有利于树立良好的企业形象。当然，随着公司规模的扩大、市场占有份额的增加以及营销技能和经验的迅速累积，在条件允许的情况下，可有计划地引入代理制和经纪制，最终形成符合自身状况的具有特色的营销渠道组合。而对于规模较大、声誉较高的保险公司，可自行选择既符合企业自身状况，又符合市场规模的最优营销渠道组合。此外，对于财产保险公司，特别是比较集中的企业财产保险而言，宜采用直销制，以便保险公司减少营销成本，加强承保控制；而对于分散的家庭财产保险和人身保险而言，则宜采用代理制、经纪制和营销员制，便于保险公司争取更多的客户，从而不断扩大市场份额，增强企业竞争力。

一、直接营销渠道策略

直接营销渠道即直销制，是指保险公司利用支付薪金的专属员工向保险需求者直接提供各种保险险种的销售和服务，即保险公司派出专职人员直接向目标客户推销、销售保单的方式。这种方式的优势在于：第一，在保险公司的营销人员完成和超额完成预期任务的前提下，此营销系统的成本较低；第二，营销人员到保险市场上直接推销保单，代表的是保险公司本身，易在客户中建立公司良好的外部形象；第三，直接营销最大限度地限制了欺诈行为的发生，有利于保险公司加强对营销员的控制。现在这种方式在西方保险业发达的国家已不多见，但在经济不发达的国家，直销制仍是保险产品营销的主要手段。从长远来看，直销不利于公司争取更多的客户，不能将保户更多潜在的保险需求转化为现实需求，而且营销人员工作效率低下，积极性差，已难以适应现代经济发展的需要。

二、间接营销渠道策略

间接营销渠道也称中间人制，是指利用保险代理人和保险经纪人等中介机构推销保险产品的方法。保险中介人虽然也是中间商的一种，但它又不同于其他行业的中间商。在保险公司、保户与保险中介人之间不发生任何所有权的转移。保险中介人只是代办保险、推销保险、提供专门的技术服务等，从而协助或促成保险经济关系的发生。间接营销渠道策略主要分为保险代理人策略、保险经纪人策略和营销员策略。

1. 保险代理人策略

保险代理人是从事保险代理活动的人。保险代理人制度是代理保险公司招揽和经营保险业务的一种制度。保险代理人按授权范围不同，可分为总代理人、地方代理人和特约代理人；按代理性质不同，可分为专职代理人和兼职代理人；按代理对象不同，可分为独立代理人和独家代理人。在欧美国家，保险代理人制度十分完善，尤其是在美国，保险代理人是整个保险市场的中心角色。在一些国家，保险代理从业人员在数量上已远远超过了保险公司自身的业务人员。在我国，保险代理人队伍随着国内保险业务的恢复得到了迅速的发展，特别是随着我国保险市场的开发与开放，中外保险机构为占领市场，会更多地采用保险代理人制度来发展、壮大自己。保险代理人制度的优势在于：①有利于提高保险公司的供给能力，增加保险业务销售量；②有利于降低保险成本；③有利于提高保险公司的服务质量，增强保险公司在市场竞争中的实力；④保险代理人与保户联系紧密，使其更易获得投保人的信任，便于开展保险宣传，同时也便于经常检查和了解保险标的的安全状况以及投保人履行保险合同的情况；⑤有利于保险公司迅速建立和健全更为有效的保险信息网，提高保险公司的经营水平等。

但核保与推销之间的冲突使保险代理人和保险公司很难形成融洽的合作伙伴关系，而且保险代理人为了获取更多的佣金收入，有时会越权推销保单，导致保险人与被保险人发生矛盾，损坏保险公司在保险市场上的良好声誉。因此，在实践中必须发展保险代理人市场，强化对保险代理人的业务培训，提高保险代理人的业务素质，并对其行为进行规范化管理。

综观国际保险产品营销制度可以看出，保险代理人是各国普遍采用的一种主要保险产品营销渠道。随着保险业的发展，机构代理已积累了一定的经验，个人保险代理市场近年发展非常快，保险代理人已成为保险业充满活力和不可缺少的生力军。

至于对保险代理人模式的选择，从近期看，我国主要采取隶属于保险公司的专用代理人模式。从长远看，代理公司形式的独立代理人是我国保险代理人的发展方向。这是因为：①独立代理人具有独立的法律地位，与保险人之间仅存在委托代理关系，更能考虑被保险人的利益；②代理公司形式的独立代理人业务素质高，技术能力强，机制和制度健全，不仅有利于保险主管部门监管，而且有利于代理公司强化内部管理；③这种模式与国际通行的保险代理人模式相吻合。

借鉴各国的保险代理人制度，我们还应该做到以下几点：①进一步完善保险代理人登记注册制度和教育培训制度；②建立佣金酬劳制度；③建立等级保险代理人制度。这样才能使我国的保险制度更加完善，从而更好地参与世界竞争。

2. 保险经纪人策略

保险经纪人是代表投保人参与保险活动的人。按险种它可分为人身保险经纪人、非寿险经纪人和再保险经纪人。保险经纪人制度是指保险公司依靠经纪人争取保险业务、推销保单的一种保险产品营销方式。在国际保险市场，英国的保险经纪人制度影响最大，保险经纪人的力量最强。

在劳合社市场上，保险业务的成交必须由保险经纪人办理，投保人或被保险人不能向保险人直接办理保险。在劳合社登记的保险经纪人公司有很多家，它们的业务来自世界各地。保险经纪人的主要作用是替客户与承保人协商，以获得最好的保险保障，它们除了在劳合社市场上活动外，还活跃于国际保险市场。

保险经纪人是经纪人的一种，具有为其委托人提供信息、代办相关手续的作用。然而，保险经纪人又是一种特殊的经纪人，对于投保人或被保险人来说，鉴于保险经纪人是风险识别及保险选择方面的专家，因此，投保人和被保险人可以借助保险经纪人以最低的保险费获得最优的保险保障。当客户需要分散巨大的风险时，经纪人有办法在广阔的市场上替其分散风险，避免客户到保险市场上寻找承担全部风险的承保人。保险经纪人由于具有丰富的保险方面的经验，可以帮助其委托人及时发现潜在风险，并在对风险的认知和分析的基础上，提出消除或减少这种风险的各种可能的办法。保险经纪人根据代理法，有义务利用其所有的知识和技能为其委托人以最合理的条件获得最优保障。另外，保险经纪人分布面广，不受代理网点的地区限制，哪里有保源就活动在哪里，因此，利用保险经纪人对于保险人是相当经济的。

从对东西方各国保险产品营销渠道的分析可以看出，保险经纪人在各国保险市场所发挥的作用是不同的，只能说在少数国家占主流地位。保险经纪人在财产保险方面，特别是在大企业或大项目保险领域发挥的作用更大一些。

在中国发展保险经纪人制度，既要借鉴国外的经验，又要结合中国的国情。发展保险经纪人制度需要一定的条件。中国保险业经过不断的发展，逐步建立起了一系列完整与配套的法律法规，其中《保险代理人监管规定》的出台标志着以《保险代理人监管规定》

《保险经纪人监管规定》《保险公估人监管规定》三部规章共同构建的保险中介制度框架基本建立完成，形成了以《中华人民共和国保险法》为统领、以三部规章为主干、以多个规范性文件为支撑的科学监管制度体系。

3. 营销员策略

营销员策略是许多寿险公司竞相采用的一种保险产品营销方法。营销员实际上相当于专职个人保险代理员，他并不是保险公司的正式支薪职员，其收入也不固定，只是按其为公司所收取保险费的一定比例支取。营销员制度是一种新型的寿险营销方式，营销员是保险公司向社会招聘的，并经保险公司培训合格的专职保险业务推销员。其优势在于：①在推销保单的同时也直接、有效地宣传了保险，普及了保险知识，对提高和增强整个社会的保险意识起到了重要的作用。如平安保险公司在许多大城市采用了这种营销制度后，各大城市的大街小巷几乎都有平安人的身影，这种人海战术无形中加深了人们对平安保险的印象，从而为平安保险的业务发展拓宽了道路。②可大幅度降低保险公司的经营成本，提高经济效益。③营销员上门，深入每个家庭进行有针对性的宣传和推销，有利于进一步密切公司与保户之间的关系，增加保户对保险公司的了解。④使保险公司在保险市场的触角得到广泛延伸，有利于保险公司及时捕捉市场信息，做出准确反应，同时也有助于保险公司加强对市场和保源的有效控制。

但是，由于营销员接受的多为短期培训，其业务水平很难保证，同时，由于营销员队伍庞大，业务素质良莠不齐，不仅不易管理，而且承保质量也难以保证，因此，保险公司若想借助营销员策略增进自身的业务素质，就必须在人员培训和行为管理上下功夫，只有这样，才能大有可为。

在发展保险代理人、保险经纪人和营销员制度的同时，我们还应借鉴国外经验，发展其他保险产品营销渠道。例如发展邮寄和电话销售渠道，保险公司可以设计出专门指向特定目标市场的适合邮寄销售的产品，邮寄销售的对象可以是已经持有本公司产品的客户，或是某一收入阶层或某一行业的消费者。如果仅仅依靠信函不能完成交易过程，还可以利用销售人员加以配合。电话销售可用来推销汽车保险等产品。

在国外，银行与保险业联姻形成“银行保险业”的趋势方兴未艾。对于当前的保险公司来说，银行广泛分布的营业网点是保险产品销售的极好渠道。1996 年，我国保险公司纷纷与银行签订代理协议，保险公司、银行联手拓市。其中中保人寿和中国平安与中国工商银行、中保财保与中国农业银行间的代理协议相继签订。保险公司与银行代理关系的加强，除了可以不断开拓客户服务、开展代收业务，更可利用各大型商业银行遍布全国的分支机构网络和业务关系，拓展更为广泛的业务领域。

建立多渠道保险产品营销系统，即使不能直接产生销售产品的结果，也具有促销的效果，有利于保险公司接近客户，同时也有利于客户接近保险公司，使保险公司与客户间的渠道更加通畅。

三、影响保险产品营销渠道选择的因素

保险公司应该仔细选择营销渠道，以最短的时间、最低的成本把保险产品最有效地送达目标客户，满足市场需要，实现企业的营销目标。因此，在做保险产品营销渠道决策时，一般要考虑如下因素：

1. 保险产品因素

保险公司生产和销售什么样的保险产品将直接影响保险公司对营销渠道的选择。保险产品因素主要包括保险产品的类型即险种、保险产品的服务对象、保险产品的价格即保险费率等。保险公司设计营销何种保险？保险价格是多少？面对什么样的目标客户？这些因素是保险公司在选择保险产品营销渠道时必须首先考虑的主要问题。

2. 市场情况

市场情况应考虑的是保险消费者的服务需求。有效的渠道规划首先需要决定不同目标细分市场的消费者从此渠道得到哪一种服务。保险产品营销渠道的设计者应充分了解消费者所要求的服务水平，以选择最有效率的营销渠道。保险公司必须在消费者的服务需求、符合需求的成本和可能性及消费者对价格的偏好三者之间达到平衡。相同的保险产品，价格偏低的较易成功推销。

3. 保险公司自身条件

由于直销制具有明显的优点，所以保险公司大都有直销的愿望，但是进行直销必须有一定的人力、物力和财力，保险公司对市场是否熟悉、有无营销人才和财力大小决定着完成渠道功能的效率。如果条件不好，完成渠道功能的效率还不如中间商，就不应采用直销制。

4. 确定有望从中间商那里得到的合作

有时选择哪种营销渠道并不是保险公司单方面的问题，还要考虑中间商的态度和意见。中间商的态度是否积极、是否乐意合作等对渠道效率必然会产生重大影响。例如对于有些新险种，保险代理人或保险经纪人对其销路没有把握，不肯轻易接受委托，此时保险公司只能自己推销。

5. 环境因素

从微观环境看，保险公司大多应尽量避免采用与竞争对手相同的营销渠道；从宏观环境看，经济形势有较大的制约作用，如在经济萧条时，保险公司的营销策略重点只能是控制和降低保险产品的营销成本，因此必须尽量减少中间环节，取消非必要的附加保险费率。此外，政府有关保险产品营销的各种政策、法规也会限制保险产品营销渠道选择的范围。

6. 营销成本和效益的评价

这是决定渠道选择的最终因素。保险公司在做出选择前，对可供选择的若干渠道的费用、风险和利润最好进行详细的分析、评价和比较，以确保选择的营销方案是最佳方案。

影响直接渠道和间接渠道选择的因素可简单归纳为表 7-2。

表 7-2 影响直接渠道和间接渠道选择的因素

因素	选择直接渠道的原因	选择间接渠道的原因
市场需求特点	购买数量大而集中，需求特殊，购买次数少	购买数量小而分散，无特殊需求，频繁购买
产品特性	特种保险，附加条件保险，附加服务多	一般保险，无附加条件保险，附加服务少
保险公司自身条件	具有营销管理的技能和经验，需要高度控制渠道，财力雄厚，声誉高	缺乏营销管理技能和经验，对营销渠道的控制要求不高，资金紧缺，企业知名度低

第五节 促销策略——保险产品营销的法宝

保险产品被市场成功接受，除了险种新颖、价格合理、渠道畅通外，还有很重要的一点便是配以有效的促销策略。保险促销不仅能向人们传递保险信息，激发人们的保险需求，而且可以为企业树立良好的形象。外资保险机构在中国保险市场能否取得成功，很大程度上取决于促销策划成功与否。对上海五家中资保险公司负责人的调查表明，中资保险公司最应该向外资保险公司学的是“重视公关活动，重视企业形象宣传”。因此，我国保险市场的逐步开放迫使我们要在保险促销上下功夫，研究出高明的促销策略，从而夺得竞争的主动权。

一、广告策略

从保险产品营销学角度看，广告是保险公司支付费用，通过大众媒介向目标客户传递公司保险产品和服务信息，并说服其购买的活动。广告是保险促销组合中的一个重要方面，是寻找保险对象的有效手段，是保险产品营销过程中的一种巨大的推动力。

保险广告具有传递信息、沟通需求、激发需求、增加销售的作用，同时它还有介绍知识、引导人们投保以及鼓励中介机构经营保险的作用。它以告知客户保险产品信息、说明险种特色以及提高企业声誉为目标，对提高企业的知名度、塑造良好的企业形象以及企业的业务发展有着极大的促进作用。

北京未来之路市场研究有限公司曾就京城百姓对保险业的认知情况进行过专项调查，其结果显示：在回答哪家保险机构最具实力的问题时，中国人保以 38.1%的比例遥遥领先，而被调查者表示他们多是从字面或者从广告词“人民保险造福人民”上来判断，中国人保是国家办的且造福人民，自然最强；在问及会选择哪家保险机构时，平安保险以 20.4%的比例遥遥领先，一句“中国平安，平安中国”的广告词为它加分不少。因此，保险广告在宣传保险、传递信息、沟通供求中发挥了一定的作用。

1. 保险广告媒体

广告媒体是指能在广告主与广告对象间起媒介作用，传递广告信息的物质基础。随着商品经济的发展和科技的进步，广告媒体发挥的作用越来越大，形式也越来越多，主要有印刷媒体（报纸、杂志等）、电子媒体（电视、广播、网络等）、户外广告媒体（海报、气球等）、展示广告媒体（陈列广告媒体等）等。在众多的广告媒体中，影响最大的是我们通常所说的“四大广告媒体”（报纸、杂志、电视、广播）及网络。

报纸最早被广告传播所选择。报纸广告具有传播范围广、速度快、版面设计简便灵活、保存性好、成本低的特点。但报纸的时效性短，而且印刷不够精美，难以形象生动地表现广告内容。

杂志是仅次于报纸的印刷媒体。杂志的读者特定，针对性强；读者阅读的有效时间长，精读率高；而且杂志精美醒目，吸引力强。但杂志传播慢、周期长、灵活性差、费用较高，保险公司只能有选择地使用。

电视是视听两用媒体，传播信息的速度比许多媒体快。电视传播保险广告信息覆盖面广、收视率高，集视听于一体，感染力强，电视观众的平均购买力也比较高，而且电视广告具有一定的强制性，人们不得不看。因此，电视广告是目前保险业最常选用的媒体，但它的广告信息消失快、不易保存而且费用很高，因此要策划得当，力求创作出富有感染力以及能给观众留下美好印象的广告。

广播广告也具有传播速度快、覆盖面广的特点，而且广播广告制作简单、时效性强、成本低廉，如果使用得当，不仅可帮助普及保险知识，而且可以宣传公司信誉，树立良好的企业形象。

网络广告就是在网络上做的广告。网络广告利用网站上的广告横幅、文本链接和多媒体发布广告，通过网络将信息传递给互联网用户，它是一种高科技的广告运作方式。与传统的四大传播媒体广告及近来备受垂青的户外广告相比，网络广告具有得天独厚的优势，是实施现代营销媒体战略的重要部分。网络广告的市场正在以惊人的速度增长，网络广告发挥的效用越来越受到重视。广告界甚至认为网络将超过路牌，成为传统四大媒体（电视、广播、报纸、杂志）之后的第五大媒体。因此，在互联网时代，保险公司应更多地使用网络广告快速精准地宣传自身产品。

2. 广告媒体选择策略

在实务操作中，正确选择广告媒体的目的在于以最广泛、最准确、最节约成本的媒体传播形式，把保险信息传递给公众，发挥保险广告的宣传作用，实现保险广告目标。广告媒体的选择策略有如下四点：

（1）根据保险信息的特点选择媒体。保险公司是一个信誉企业，它为客户提供的是各种险种。保险广告传递的主要是有关保险公司信誉、财力、服务、险种方面的信息。对公司信誉性信息的传递，应选择覆盖全国的大众传播媒体；对险种的宣传，可以选择地方性印刷媒体。

（2）根据保险公众接受媒体的习惯选择媒体。保险公司所面临的公众，不管是法人组织还是个人，接收信息的都是人。人们具有不同的性别、年龄、职业、收入和文化程度，其兴趣、爱好、生活习惯不同，对媒体的接触习惯也不同。如老年人爱静，爱听广播、看报纸；青年人好动，喜欢看电视、电影以及上网；年轻女性爱看画报、逛街。保险公司可针对公众接受媒体的习惯，选择公众易于接受的媒体。

（3）根据传播时间选择媒体。广告媒体传播信息的时间也影响广告效果。例如对于电视，在“黄金时间”，即每晚7：00—10：00，收视率高，广告效果好；报纸月初见报优于月底。因此，根据传播信息的时间选择媒体有利于发挥保险广告的作用。

（4）根据保险公司的支付能力选择媒体。利用广告媒体传播保险信息的费用是很高的。一般来说，媒体覆盖面广、黄金时间播出的广告费用高，地方性媒体或非黄金时间播出的广告费用低。保险公司可根据自己的需要和支付能力选择媒体。

二、公关策略

制定公关策略是保险公司一项十分重要的管理职能，它有助于保险公司树立良好形象，赢得公众的理解和支持，帮助保险公司实现营销目标。

（一）保险公关促销活动

2018年我国全国原保险保险费收入达到3.8万亿元，同比增长3.92%，超越日本，世界排名第二。保持这种增长的一个很重要的原因是我国保险公司开展了多种形式的保险公关促销活动，既宣传了保险，又密切了保险公司同外部组织和公众的关系，同时，更树立了保险公司良好的自身形象。我国当前主要采用保险新闻活动、保险赞助活动、保险庆典活动、保险联谊活动、保险竞赛活动等公关活动来进行促销。

☞友情链接

天津港"8·12"爆炸事故理赔案

2015年8月12日，天津滨海新区的某国际物流公司危险品仓库发生爆炸。事故受到党、国家、全社会的高度关注。中国大地财产保险股份有限公司的被保险人在爆炸事故中遭受巨大经济损失。事故发生后，中国大地保险立即启动巨灾理赔应急预案，调遣精兵强将赶赴恶劣事故现场分别进行理赔部署、赔案处理，并克服各种各样的理赔技术困难，率先向被保险人支付巨额保险赔款人民币17.3亿元。

案件特点：本案具有社会影响大、受关注度高以及赔付金额大的典型特点。

涉及险种：财产综合险。

风险类别：火灾爆炸。

赔付金额：17.3亿元。

天津港"8·12"爆炸事故造成了重大人员伤亡和财产损失，保险业积极、主动、及时的赔付为社会稳定和灾后重建起到了非常重要的作用，充分体现了保险公司重合同、守信用、勇于承担社会责任的品质，以及社会保障职能。

资料来源：和讯网。

（二）保险产品营销中的公关决策

保险公关促销活动有利于保险公司树立良好的形象，能有效协调保险公司的内部关系。在保险产品营销中，何时以及如何使用公共关系是营销管理者需要做出的决策。具体来说，这些决策包括以下几个方面。

1. 确定公共关系的营销目标

对于任何一个企业来说，公共关系的营销目标都可以包括：

（1）提高企业的知名度。利用媒体宣传企业，吸引外界的注意，进而形成对企业的良好态度和良好的企业形象。

（2）建立信誉。通过媒体宣传，参与各项社会公益活动，达到在公众心目中建立信任的目标。

（3）激励保险销售人员、经纪人和代理人。企业的公共关系涉及两方面：一方面是外部公关；另一方面是内部公关。内部公关的目的是要激发保险销售人员、经纪人和代理人的工作积极性和热情，使他们端正工作态度，积极为保户服务，使企业形象保持内外一致。

（4）降低促销成本。利用公共关系往往比直接销售、广告等的费用低廉。

2. 选择公共关系的信息与工具

当企业确定了公共关系的目标之后，到底选择什么样的信息与工具呢？通常，企业可以将那些有典型性和代表性的事件、活动编排成故事或新闻形式，并利用媒体向外界传播。比如，新华人寿保险股份有限公司在成立之初，为了提高公司的知名度，以关心人们的身体健康、保护生命为主题，在报刊、电视等媒体中大力宣传，从而使其在保户心目中的知名度大幅提高。

3. 实施公关方案

当一项公关计划已经制订后，接下来最重要的问题就是实施问题，以达到企业运用公关的目的。在实施公关方案时，首先应取得新闻机构的支持，其次应争取获得企业内部员工的支持，因为没有新闻机构的支持，企业公关活动的影响力和覆盖面就会受到很大的限制；而离开了企业内部员工的支持，其公关活动也会缺乏一致性、协调性和长期性。

4. 评估公关活动的效果

评估一项公关活动主要看其对消费者认知、理解和态度转变的影响程度。如果通过该项公关活动，消费者知道并了解该企业及其险种，或消除了对保险产品和企业的疑虑或不信任，或增加了保险销售量等，则说明该项公关活动是有成效的。

保险产品营销中的公关决策总结见图 7-11。

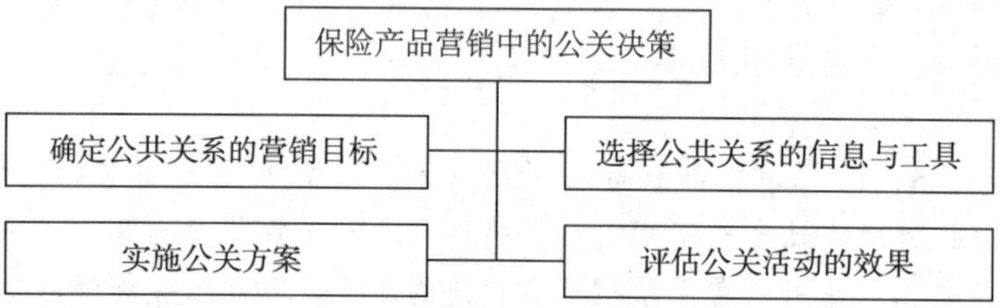

图 7-11　保险产品营销中的公关决策

三、人员促销策略

人员促销策略是保险公司及其代理机构派出促销人员直接接触可能的购买者，帮助和说服他们购买保险产品的过程。促销人员通过人员接触，起到联系企业与客户的纽带作用。促销人员既是企业的象征，又是企业客户情报的信息反馈者。在我国，人员促销这种销售方式出现得较晚，但它以独具魅力的上乘表现赢得了人们的广泛赞誉，于是各家保险公司纷纷采纳，竞相跟进，特别是在外资保险机构进入我国保险市场以后，这种促销方式显示出了无与伦比的活力。

（一）人员促销的特点及任务

尽管人员促销的费用支出大，优秀促销员难觅，但与其他促销方式相比，人员促销方式有明确的优点：

①促销人员可以直接面对面地向客户介绍产品，随时随地解答客户的问题，详细介绍有关条款，引发他们的购买欲望。

②促销人员可以以自己真诚的微笑、亲切的话语、优雅的举止，表现出对客户的关心与关怀，从而减少广告或其他促销方式给人们造成的距离感。

③通过人员促销，客户可直接获得有关保险公司和保险产品的详细信息，促销人员可

以直接了解潜在客户的购买意图和态度，便于及时调整自己的推销策略。

④人员促销有益于使客户与促销人员由纯粹的买卖关系逐步发展成为具有浓厚感情色彩的友谊协作关系，便于建立长期关系，这是其他促销手段难以替代的。

⑤人员促销还具有信息反馈快的特点。非人员促销如广告和宣传，信息反馈速度较慢，远不如人员促销获得的信息真实、详尽且有利于保险公司及时准确地调整销售策略。

⑥促销人员可以帮助客户排疑解难，完成上门服务、代填表格、代办索赔等有关事宜。从一定意义上说，保险促销人员肩负的责任重大，主要表现在：他们是公司的“侦察兵”，负责市场信息的搜集；他们是公司的“外交官”，负责开发客户，维系客户关系；他们是公司的“美誉使者”，有助于传递公司形象，树立公司信誉。

人员促销是信息传递的过程，促销人员的主要任务有：

①及时向保险公司提供保险市场的需求变化及竞争态势等信息，起到帮助公司决策层改善经营管理决策的作用；另外，促销人员要把保险公司及其险种信息传递给新、老及潜在的客户。

②要善于发现新客户，针对潜在客户的需求状况、购买特点及经济状况进行调查研究，从中发展和培养自己的客户。

③要有精明的推销技巧，如接近客户、推销险种、答复质疑、洽谈交易等方面的技巧。这些技巧是促销人员的业务知识、文化修养等的综合表现，也是人员促销成功的关键。

④促销人员是企业做好保前、保后服务的重要力量，不仅保前要向客户提供有关保险公司和险种的资料，回答客户的疑问，而且保后要善于帮助客户熟悉险种的特点，解决一般问题，尽可能向客户提供满意的保后服务。

人员促销就是促销人员直接面对面向客户推销保险产品，其采用的形式主要有：

①促销人员对单一客户，即一个或两个促销人员通过直接登门拜访和电话等方式与某个客户进行交谈，以促销产品。

②促销人员对采购小组，即一个或两个促销人员向一个采购小组介绍并促销产品。

③促销小组对采购小组，即一组促销人员（包括促销经理、促销员、促销工程师等）向一个采购小组促销产品。

④会议促销，即由企业主管和促销人员同买方举行洽谈会，共同探讨双方有关交易事项。

⑤研讨会促销，即通过研讨会形式，比如，公司技术人员向买方技术人员介绍某项最新技术，让客户了解本公司的最新研究成果，并促使其购买本公司的产品。

（二）促销人员的促销步骤

可以说，每个成功的保险产品促销人员都有其成功的经验之谈，但一般来说，他们都遵循如下的促销步骤：

1. 寻找潜在客户

潜在客户是既能因购买该险种而得益，又能出得起钱购买保险的个人和单位。保险公司对此可提供线索，促销人员也应具备寻找线索的技能：

①向现有客户打听潜在客户的名字；

②培养其他提供线索的来源，如供应商、经销商、非竞争的促销人员；

③加入潜在客户所在的组织；

④从事能引起人们注意的演讲和写作活动；

⑤查阅各种资料来源（如报纸、人名住址簿）来寻找名字；

⑥用电话和信件来追踪线索；

⑦不事先通知就拜访各种公司和机构的办公室，兜揽生意。

促销人员在淘汰不合要求的线索时也要有技巧。对潜在客户可通过检查其财务能力、营业量、特别要求、地点和继续进行交易的可能性来鉴别其资格。

2. 接触前的准备

促销人员应尽可能多地了解潜在客户的情况：要进行有关公司、产品、客户以及竞争者的基本知识的储备；要确立访问目标，其中包括鉴定潜在客户的资格，或为了搜集信息，或为了立即成交；要对可能的买主进行综合评估，既要评估他们的实力，又要评估他们在洽谈前的购买倾向以及他们会做出何种决定；要确定最好的访问方法，要把握好访问时机，还应考虑对客户的整个促销策略。

3. 正式接触

促销人员应懂得如何会见客户和向客户致意，从而使双方关系有一个良好的开端。接触可能的买主的任务主要是争取注意、引起兴趣、激发欲望、促成行动。因此，可以在接触可能的买主时点明买主的利益，诱发其好奇心，直言相告或首先发问。可以采取电话约访、缘故拜访以及陌生探访等方式及时接触可能的买主。促销人员要穿着得体，对客户表现出殷勤有礼和关心，具有足够的亲和力。

（1）业务洽谈。通常要以积极的方法详细说明产品，以引起客户的购买欲，这也是业务洽谈的目的。为了使潜在的客户愿意进行洽谈，要注意以下问题：①赢得客户的信赖。这主要取决于促销人员的仪态、品格、专业知识和推销技巧。②配合客户改变介绍的速度。在洽谈过程中，必须完全控制客户，洽谈的速度至关重要。③推销拥有的欲望比推销产品本身更重要。与其贩卖产品，不如贩卖人们祈求拥有各种东西的梦想。④及时处理沉默危机。如果发觉沉默，必须尽快打破，向客户提问，让客户说话。

（2）排除异议。当客户说“让我考虑考虑”时，不少促销人员便不知所措。可能的客户几乎是本能地采取防御态度，他们受到促销人员的进攻越多，他们的防御态度就越坚定。异议并不是鸿沟，甚至有助于销售。促销人员要有一种积极的态度，向客户澄清异议，或把异议转变为购买的理由。

（3）促成签约。促销人员经过一系列的推销工作之后，在条件成熟时可建议和引导客户投保，即促成签约。可以说，促销人员的所有努力，包括对潜在客户的接触、说明、设计等，目的就是让客户在投保单上签字，并交付首期保险费。因此，促成签约是非常关键的阶段，促销人员应镇定自若，正确判断投保信号，抓住成交时机，灵活巧妙地运用成交方法，以获得一个圆满的结局。

（4）售后服务。售后服务有利于树立保险公司的良好形象，能让客户更了解保险公司，能增强保险公司在市场上的竞争力。售后服务能增加客户信心，提高出单率；能建立长期友谊，密切客户关系；还能扩大客户网络，开发新的客户。

正式接触的步骤总结见图 7－12。

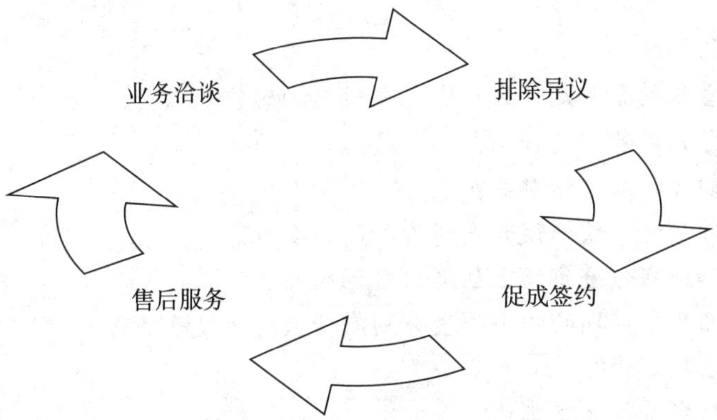

图 7-12　正式接触的步骤

本章小结

1. 保险产品营销。保险产品营销是关于保险产品的构思、开发、设计、费率厘定、推销及售后服务等的计划与实施过程，也就是保险公司以保险为产品，以市场为中心，以满足被保险人需求为目的，实现保险公司目标的一系列整体活动；或者说是一个险种从设计前的市场调研到最终转移到保险消费者手中的动态管理过程。

2. 保险产品营销的特征。保险产品营销的最大特征就是主动性。保险产品营销是以人为出发点并以人为中心的一项活动。保险产品营销作为一个蓬勃发展的事业，应注重关系。

3. 保险产品组合策略。保险产品组合策略是指保险公司根据保险市场需求、保险资料、公司的经营能力和市场竞争等因素，确定产品保障机制的组合方式。

4. 品牌策略。在企业内部明确经营理念和战略，设计外部标志并全方位推广使用。在企业内部明确经营理念和战略的具体做法包括：品牌宣传；全面服务客户；做好理赔，重信誉；抓住人才。

5. 新险种开发的必要性如下：(1) 经济发展的趋势要求开发新险种；(2) 开发新险种，更好地满足现实和潜在的保险需求，不断开拓新市场；(3) 保险市场的开放要求加快新险种开发。新险种可分为完全创新的新险种、模仿的新险种、改进的新险种以及换代的新险种四种。

6. 生命周期策略。(1) 投入期的营销策略有：①双高策略；②双低策略；③高促销低服务策略；④低促销高服务策略。(2) 成长期的营销策略有：①信誉制胜的策略；②服务制胜的策略；③形象制胜的策略。(3) 成熟期的营销策略有：①开发新的保险市场；②改进保险产品；③争夺竞争对手的客户。(4) 衰退期的营销策略有：①收缩策略；②放弃策略。

7. 定价策略具体可分为低价策略、高价策略、优惠价策略和差异价策略。

8. 渠道策略主要分为直接营销渠道策略和间接营销渠道策略，它们各有优劣。

9. 影响保险产品营销渠道选择的有各种因素。

10. 促销策略具体可分为广告策略、公关策略和人员促销策略。

思考题

1. 保险产品营销的含义是什么？它包含哪些内容？
2. 保险产品营销的特征是什么？
3. 保险产品组合策略包括哪些？
4. 针对国内外形势，谈一谈开发新险种的必要性。
5. 保险公司如何在保险市场上创造出自己的品牌？
6. 在保险产品生命周期的四个阶段分别有什么样的策略选择？
7. 如何进行宏观定价？
8. 保险产品的定价策略有哪些？
9. 比较直接营销渠道和间接营销渠道的优劣势。
10. 影响保险产品营销渠道选择的因素有哪些？
11. 促销策略可以选择的形式有哪些？

第四部分
基金产品营销

第八章

基金概述

⊙本章培养目标⊙

1. 了解基金的广义、狭义概念和特点，以及根据不同标准进行的分类。
2. 了解开放式基金营销的意义和原则。

关键词： 基金（fund）
营销策略（marketing strategy）

第一节　基金的概念、特点及类型

一、什么是基金

基金的概念有广义和狭义之分。从广义上说，基金是机构投资者的统称，包括信托投资基金、单位信托基金、保险基金、退休基金、各种基金会的基金。在现有的证券市场上的基金包括封闭式基金和开放式基金，具有收益性功能和增值潜能。从会计角度透析，基金是一个狭义的概念，意指具有特定目的和用途的资金。政府和事业单位的出资者不要求投资收益和投资收回，但要求按法律规定或出资者的意愿把资金用在指定的用途上，从而形成基金。

我们现在所说的基金通常是指证券投资基金。证券投资基金是一种间接的证券投资方式。基金管理公司通过发行基金单位，集中投资者的资金，由基金托管人（即具有资格的银行）托管，由基金管理人管理和运用资金，从事股票、债券等金融工具的投资，然后共担投资风险，分享收益。

证券投资基金在美国被称为共同基金，在英国和中国香港被称为单位信托基金，在日本和中国台湾则被称为证券投资信托基金。

二、证券投资基金的特点

1. 专家理财

专家理财是基金投资的重要特色。基金管理公司配备的投资专家一般都具有深厚的投资分析理论功底和丰富的实践经验，以科学的方法研究股票、债券等金融产品，组合投资，规避风险。相应地，每年基金管理公司都会从基金资产中提取管理费，用于支付公司的营运成本。另外，基金托管人也会从基金资产中提取托管费。此外，开放式基金持有人需要直接支付的有申购费、赎回费以及转换费。上市封闭式基金和上市开放式基金的持有人在进行基金单位买卖时要支付交易佣金。

2. 组合投资，分散风险

证券投资基金通过汇集众多中小投资者的资金，形成雄厚的实力，可以同时分散投资于多种股票，分散对个股集中投资的风险。

3. 方便投资，流动性强

证券投资基金最低投资量起点要求一般较低，可以满足小额投资者对证券投资的需求，投资者可根据自身财力决定对基金的投资量。证券投资基金大多有较强的变现能力，使得投资者在收回投资时非常便利。我国对个人的基金投资收益还给予免税政策。

证券投资基金的特点总结见图 8-1。

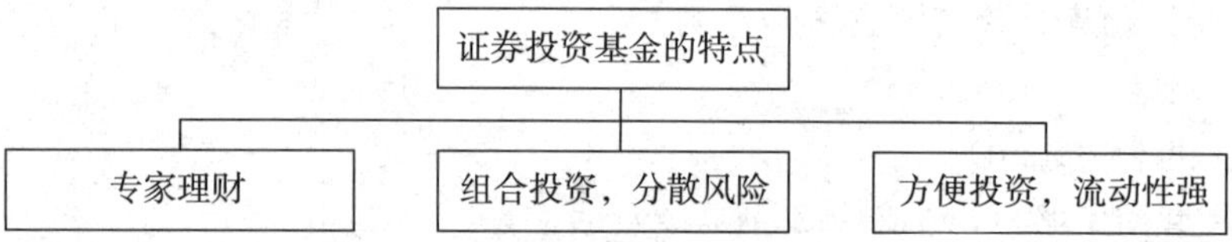

图 8-1 证券投资基金的特点

三、证券投资基金的类型

根据不同标准，可以将证券投资基金划分为不同的种类。

(一) 根据基金单位是否可增加或赎回，可分为开放式基金和封闭式基金

开放式基金是一种发行额可变，基金份额（单位）总数可随时增减，投资者可按基金的报价在基金管理人指定的营业场所申购或赎回的基金。与封闭式基金相比，开放式基金具有发行数量没有限制、买卖价格以资产净值为准、在柜台上买卖和风险相对较小等特点，特别适合中小投资者进行投资。开放式基金不上市交易，一般通过银行申购和赎回，基金规模不固定。

封闭式基金属于信托基金，是指基金规模在发行前已确定，在发行完毕后的规定期限内固定不变并在证券市场上交易的投资基金。由于封闭式基金在证券交易所的交易采取竞价的方式，因此交易价格受到市场供求关系的影响而不必然反映基金的净资产值，即相对其净资产值，封闭式基金的交易价格有溢价、折价现象。国外封闭式基金的实践显示其交易价格往往存在先溢价后折价的价格波动规律。从我国封闭式基金的运行情况看，无论基本面状况如何变化，我国封闭式基金的交易价格走势都始终未能脱离先溢价、后折价的价格波动规律。

封闭式基金有固定的存续期，基金规模固定，一般在证券交易场所上市交易，投资者

通过二级市场买卖基金单位。

世界各国投资基金起步时大都为封闭式的。这是由于在投资基金发展初期，买卖封闭式基金的手续费远比赎回开放式基金的份额的手续费低。从基金管理的角度看，由于没有请求赎回受益凭证的压力，封闭式基金可以充分利用投资者的资金，实施其投资战略，以求利益最大化。

（二）根据组织形态的不同，可分为公司型基金和契约型基金

通过发行基金股份成立投资基金公司的形式设立的基金，通常被称为公司型基金。由基金管理人、基金托管人和投资人三方通过基金契约设立的基金，通常被称为契约型基金。

公司型基金，又称共同基金，是指基金本身为一家股份有限公司，公司通过发行股票或受益凭证的方式来筹集资金。投资者购买了该公司的股票，就成为该公司的股东，凭股票领取股息、红利，分享投资所获得的收益。其特点是：

①公司型基金，形态为股份公司，但又不同于一般的股份公司，其业务集中于证券投资信托。

②公司型基金的资金为公司法人的资本，即股份。

③公司型基金的结构同一般的股份公司一样，设有董事会和股东大会。基金资产由公司拥有，投资者则是这家公司的股东，也是该公司资产的最终持有人。股东按其所拥有的股份大小在股东大会上行使权利。

④依据公司章程，董事会对基金资产负有安全增值的责任。为管理方便，公司型基金往往设定基金经理人和托管人。基金经理人负责基金资产的投资管理，托管人负责对基金经理人的投资活动进行监督。托管人可以（非必须）在银行开设户头，以自己的名义为基金资产注册。为明确双方的权利和义务，共同基金公司与托管人之间有契约关系，托管人的职责明确地列在与共同基金公司签订的托管人协议上。如果共同基金出了问题，投资者有权直接向共同基金公司索偿。

契约型基金，又称单位信托基金，是指专门的投资机构（银行和企业）共同出资组建一家基金管理公司，基金管理公司作为委托人通过与受托人签订信托契约的形式发行受益凭证——基金单位持有证，从而募集社会上的闲散资金。其特点是：

①契约型基金是通过信托契约组建的经理公司，在组织结构上，它不设董事会，基金经理公司自己作为委托公司设立基金，自行或再聘请经理人代为管理基金的经营和操作，并通常指定一家证券公司或承销公司代为办理受益凭证即基金单位持有证的发行、买卖、转让、交易、利润分配、收益及本金的偿还支付。

②受托人接受基金经理公司的委托，并且以信托人或信托公司的名义为基金注册和开户。基金户头完全独立于基金保管公司的账户，即使基金保管公司因经营不善而倒闭，其债权方也不能动用基金的资产。其职责是管理、保管信托财产；监督基金经理人的投资工作；确保基金经理人遵守公开说明书所列明的投资规定，使他们采取的投资组合符合信托契约的要求。在单位信托基金出现问题时，信托人对投资者承担索偿责任。

我国的证券投资基金均为契约型基金。

（三）根据投资风险与收益的不同，可分为成长型基金、收入型基金和平衡型基金

成长型基金是指以追求资本增值为基本目标，较少考虑当期收入的基金，主要以具有良好增长潜力的股票为投资对象。

收入型基金是指以追求稳定的经常性收入为基本目标的基金，主要以大盘蓝筹股、公司债、政府债券等稳定收益证券为投资对象。

平衡型基金则是既注重资本增值又注重当期收入的一类基金。

一般而言，成长型基金的风险大，收益高；收入型基金的风险小，收益也较低；平衡型基金的风险、收益则介于成长型基金与收入型基金之间。

（四）根据投资对象的不同，可分为股票基金、债券基金、货币市场基金、基金中基金、混合基金等

80%以上的基金资产投资于股票的，为股票基金；80%以上的基金资产投资于债券的，为债券基金；仅投资于货币市场工具（风险很低但收益也低）的，为货币市场基金；80%以上的基金资产投资于其他基金份额的，为基金中基金；投资于股票、债券、货币市场工具或其他基金份额，并且股票投资、债券投资、基金投资的比例不符合上述规定的，为混合基金；中国证监会规定的其他基金类别。

从投资风险的角度看，这几种基金给投资者带来的风险是不同的。这几种基金的投资风险由高到低的大致顺序是：股票基金、混合基金、基金中基金、债券基金、货币市场基金。由于风险大小不同，所以投资者应根据自己对风险的承受能力来选择风险水平适合自己的基金投资，也可以通过低风险基金、中等风险基金和高风险基金都投资一部分的办法来分散风险和平衡收益水平，这种行为就叫作投资组合。相同品种的投资基金由于投资风格和策略不同，风险也会有所区别。例如股票基金按风险程度又可分为：平衡型、稳健型、指数型、成长型、增长型。当然，风险越大，收益率相应地也会越高；风险越小，收益率相应地也会越低。

第二节 开放式基金营销的意义和原则

一、开放式基金营销的意义

从基金的组织形态和交易方式的组合看，有封闭式投资公司和封闭式基金，还有开放式投资公司和开放式基金。封闭式基金的资本总额及发行份数保持不变，基金单位（股份或受益凭证）不能追加认购或赎回，投资者只能通过证券交易市场进行买卖。而开放式基金的资本总额及发行份数可以随时变动，即可根据市场供求状况发行新份额或赎回。

开放式基金的随时申购和赎回特性对资产的流动性要求较高，要求基金管理人具有较高的投资管理水平，对基金管理公司的激励和约束比封闭式基金要强，良好的激励约束机制又促使基金管理人更加注重诚信、声誉，强调中长期、稳定、绩优的投资策略以及优良的客户服务，其丰富的产品品种适合各种投资者群体，能实现对社会资源最大限度的调动。因此，开放式基金的地位和作用日益上升，现已成为全球资本市场举足轻重的金融产品。在美国，截至 2021 年底，美国共同基金资产规模已扩张至 26.96 万亿美元，它是美国当之无愧的第一大金融产品。早在 2000 年底，美国共同基金总数就已达 8 171 只，净资产为 69 652.49 亿美元，与 1990 年相比，分别增长了 165%和 554%，投资账户数达 2.44 亿个，按美国人口计算几乎人手一户；而封闭式基金的份额不断降低，2000 年底，净资产为1 348.11亿美元，只有共同基金的 1.94%。

我国开放式基金的发展瞄准 72.44 万亿元居民储蓄存款（2018 年底数据），为居民提供了良好的理财和投资渠道，对超常规培育机构投资者、促进金融资产和社会资源的优化配置以及推动证券市场的发展有着极其重大的意义，具有广阔的发展前景。当前开放式基金销售困难其实是一件好事，任何市场都是在买方的选择下成熟的，卖方市场充斥的只是暴利与傲慢。因此，开放式基金营销重要的意义是它已被纳入社会的选择机制，必须以其质量、品牌和服务赢得公众的选票，并由此形成一种社会的监督和约束机制，促进资本市场的发育成熟。

二、开放式基金营销的原则

（一）诚信原则

开放式基金的推出为公众提供了一个良好的投资品种和家庭理财渠道，有助于公众投资意识的培养和社会融资渠道的开拓。然而，公众对开放式基金的认知有限，但更重要的是公众缺乏对投资前景的信心。过度投机是中国股市的一大特征，一些基金黑幕和造假事件已经使股市在很大程度上丧失了社会公信力。多年的市场较量使公众没有了那种对市场推出的新品种的狂热，取而代之的是怀疑和审视的态度，对开放式基金的发行理所当然地保持观望。因此，诚信已成为中国股市最可贵的品质，从而对客户（基金购买者）的诚信将成为基金产品营销必须坚持的一项重要原则。

其实，基金管理公司必须在基金发行、保管、投资、赎回以及信息披露的全过程中体现诚信原则，通过诚信经营和给客户以最大收益来确立自身的品牌。品牌的本质是一种承诺，基金品牌则是对其投资者提供安全理财、稳定收益和诚信服务的承诺。基金品牌的创立和维护是一个颇为艰辛的过程，需要持续不断地兑现承诺，由此形成客户的满意和忠诚。凡事不能操之过急，用行动来说话才是深得信誉的根本。基金管理公司必须首先确立公开、明确的投资策略，在取得良好业绩的基础上给投资者以稳定的收益，这样老基金的扩容和新基金的推出才是水到渠成的事情。

（二）多样化原则

现代营销学主张了解和辨别客户的需要，从满足客户的多样化需要中进行准确的市场定位，最大限度地获取商家利益。因此，满足投资者的多样化需要是基金产品营销的出发点。作为金融产品，基金同样要进行投资安全性、流动性和盈利性三个目标之间的协调。基金购买者的风险偏好程度是不一样的，大致有风险爱好、风险规避和风险中立三种类型，为此基金管理公司只有推出多元化基金产品和服务才能最大限度地迎合投资者的风险偏好和收益期望，在基金的发行、赎回、服务以及信息披露等各个环节体现多样化原则。

产品多元化是开放式基金吸引投资者的重要方面。从基金投资对象看，不仅有股票基金、债券基金、货币市场基金、期货基金、期权基金、贵金属基金、产业投资基金等，而且在同一类投资对象内部又可细分为若干种类，如美国的股票基金按照投资风格可分为由积极成长型、小企业型、成长型、成长收入型和收入型基金等组成的普通股票基金，以及由混合型基金、专门化基金、部门基金、指数基金等组成的其他股票基金，甚至其中某一基金还可进一步细分；按基金投资计划是否可以改变可分为固定型、融通型和半固定型基金；按投资区域则可分为国内基金、国际基金、全球基金、离岸基金和国家基金等。基金种类的划分最终都是依据购买者不同程度的风险偏好，每一种基金都代表了一个细分市场。因此，基金产品的开发设计实际上源于对细分市场和目标客户的定位。一个基金公司往往会设立多个基金品种，投资者可以自由选择和转换。雨伞基金就是这样一种服务，基金管理公司在一个母基金之下设立若干个子基金，各子基金独立进行投资决策，投资者可以在子基金中进行多种选择，并可自由转换，从而增强了基金的吸引力。还有一种以基金作为投资对象的基金，其特点是双重的专家经营和双重的风险分散，具有双重保护功能，更适合保守型投资者。

(三) 服务原则

基金信托业本质上是一种服务行业，为投资者提供理财服务必须遵从服务营销的理念。服务营销强调客户保留、相关销售和客户传播（即 3R)，对基金而言就是重视对老客户的承诺。老客户对基金的认同与熟悉不仅使这些客户所需的营销费用降低，而且向这些客户推荐基金新产品也更容易。随着市场竞争的加剧以及广告信息的爆炸，人们对大众传播媒介越来越缺乏信任，而在做购买决策时越来越谨慎，越来越看重亲友的推荐，尤其是已有产品使用经验的人的推荐。在如今诚信缺失的证券市场，公众不再凭几句口头承诺就产生投资冲动。维持老客户对基金的忠诚度十分重要，通过他们传播基金产品将取得比其他任何营销攻势都更好的效果。

开放式基金营销应遵循的原则总结见图 8-2。

图 8-2　开放式基金营销应遵循的原则

本章小结

1. 从广义上说，基金是机构投资者的统称，包括信托投资基金、单位信托基金、保险基金、退休基金，各种基金会的基金。从会计角度透析，基金是一个狭义的概念，意指具有特定目的和用途的资金。

2. 证券投资基金的类型。根据基金单位是否可增加或赎回，可分为开放式基金和封闭式基金；根据组织形态的不同，可分为公司型基金和契约型基金；根据投资风险与收益的不同，可分为成长型基金、收入型基金和平衡型基金；根据投资对象的不同，可分为股票基金、债券基金、货币市场基金、基金中基金、混合基金等。

3. 开放式基金营销应遵循的原则有：诚信原则、多样化原则、服务原则。

思考题

1. 什么是基金？
2. 证券投资基金的特点有哪些？
3. 开放式基金营销应遵循哪些原则？

第九章

基金的市场营销策略

⊙本章培养目标⊙

1. 了解基金市场如何进行市场细分和定位。
2. 了解基金的四大营销组合策略。

关键词： 产品策略（product strategy）
定价策略（price strategy）
渠道策略（place strategy）
市场细分（market segmentation）
市场定位（market positioning）

第一节　基金的市场细分和定位

传统营销理论认为，营销策略包含三大要素：①目标市场；②定位；③营销组合。在制定营销策略时，我们首先要通过市场细分，选择对自己最有吸引力的一个或多个细分市场作为目标市场；其次，针对目标市场潜在客户的心理，创造出一个属于品牌本身的独特位置，即定位；最后，根据目标市场的不同及定位的差异，发展出适当的营销组合，即产品、定价、渠道和促销，发挥最大的营销效果，达成营销目标。

一、市场细分

制定营销策略的第一步就是市场细分。基金管理公司必须充分了解投资者的需求，并根据这些需求的特点，选择对自己最有吸引力的细分市场，为该市场提供量体裁衣式的基金产品。对开放式基金的潜在个人投资群体，可以依据不同的细分变量加以归类，比如依据投资特征，可分为投资意识强的股民群体、投资意识薄弱的大众群体；依据家庭年收入，可分为中高收入阶层、低收入阶层；依据经常接触的金融机构，可分为证券营业部群体、银行储户群体等。

以上只是对基金市场个人投资群体的大略划分，接下来还应该根据产品的特征或者投资者的行为特征对市场进一步细分，可用于市场细分的变量包括（见图 9－1）：地理因素（地区、城市）；人口因素（年龄、性别、收入、职业、教育背景等）；心理因素（社会阶层、生活方式、个性）；行为因素（投资的时机、追求的利益、投资的频率、品牌忠诚度、知晓程度、对基金产品服务的态度）；等等。

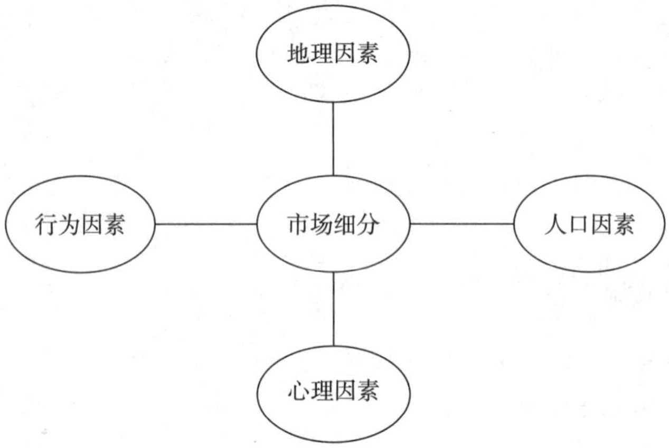

图 9－1　可用于市场细分的变量

没有哪家基金管理公司能够为所有的细分市场服务，根据公司资源、市场地位和竞争策略，进入具有良好发展潜力的一个或多个细分市场，并选定其为目标市场是基金管理公司的必然选择。对于开放式基金的目标市场的界定，我们可以从短期来看。由于在国内长期投资理念并未得到个人投资者的广泛认同，而机构投资者比较容易接受开放式基金，因此，在短期内，开发个人投资者市场比较困难，尤其是投资意识薄弱的大众投资者能力有限，不宜将其作为主要目标市场。但是，短期内最显著的目标市场并不一定就是产品销售最有潜力的目标市场。在短期内，要把中高收入个人投资群体作为除保险公司等机构投资者之外的主要目标市场（当然，还可以进一步细分），同时，应将大众投资者作为次要目标市场，并逐步发展为开放式基金的主要目标市场。

二、定位

定位策略是基金管理公司在竞争中取胜的关键之一。在定位的过程中，基金管理公司需要考虑的问题是：在目前的开放式基金市场上，本公司的开放式基金是怎样定位的？市场上的竞争者又是如何定位的？广告策略能否配合营销定位？基金管理公司需要分析投资者对当前市场的认识，确定投资者需要的且不能从基金管理公司的竞争对手那里获得的价值，以及市场中存在的、没有被满足的而基金管理公司本身可以满足的需求。通过以上分析，基金管理公司可以系统地识别和塑造自身的差异化优势，成功地找到最适合自己的利基市场。

基金管理公司的定位策略包括对基金产品的定位和对公司本身的市场定位。就产品定位而言，必须将开放式基金产品固有的特性、独特的优点、竞争优势和目标市场的特征、需求等结合起来考虑。比如，针对目标市场对基金产品业绩的需求，投资业绩记录良好的基金管理公司可以将自己的开放式基金定位于“提供良好的业绩”；针对目标市场对降低投资风险的需求，投资稳健、规范运作的基金管理公司可以定位于“稳健性”；针对目标市场对增值服务的需求，基金管理公司可以定位于“提供附加性服务”；针对目标市场对个性化的需求，基金管理公司可以定位于“提供卓越的选择性”。总之，我们可以在基金产品形象和与投资者的沟通方式等方面寻求产品的差异化，并力求把这些差异定位到目标市场客户的心目中，转化为产品的持续性竞争优势。

就市场定位而言，基金管理公司在市场中可扮演的角色通常为四类：市场领先者、市场跟随者、市场挑战者和市场补缺者（见图 9-2）。市场定位是由客户对市场的认知决定的，但是，基金管理公司的营销人员可以采取适当的策略来影响客户对产品和市场的认知，创造更强烈的产品形象，从而建立和更改本公司的市场定位。

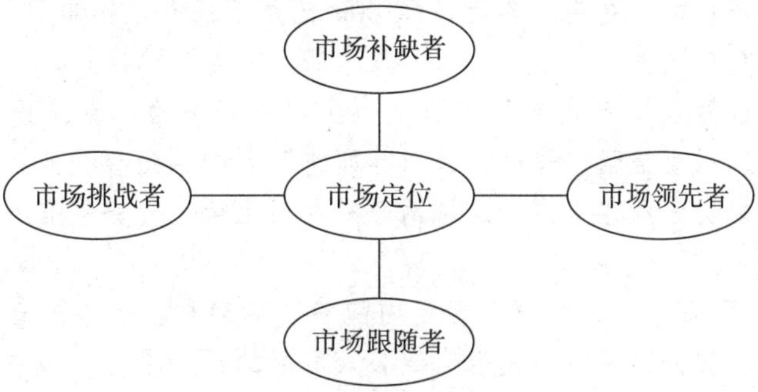

图 9-2　市场定位

在开放式基金市场中，华安基金管理有限公司作为第一家开放式基金的试点单位，在成立公司前已经树立起了“行业开拓者”的专业形象，为其定位于市场领先者奠定了基础。先发优势带来了明显的知名度优势和信赖度优势，华安创新证券投资基金的发行曾在全国 13 个销售城市引起轰动，众多网点甚至出现了投资者连夜排队等待领取预约号的情况。为继续保有来之不易的地位，华安基金管理有限公司采用的策略是不断创新，比如推出养老投资计划服务项目以吸引投资者。此即应用了“最佳的防御策略就是攻击”的原理，以不断创新来提高其竞争的有效性和对客户的价值。

众多随后已经或将要推出开放式基金的基金管理公司，既可以采用跟随者的市场定位，也可以采用挑战者的市场定位。比如，南方基金管理股份有限公司几乎是在华安热销开放式基金的同时，推出了自己的南方稳健成长证券投资基金，采用紧密跟随的策略，强调“我也是”的营销诉求，以期分享先进入者的投资收益。其他基金管理公司还可以采用选择性的跟随策略，即在某些方面紧跟领先者，而在有些方面则依自己的方式行事。定位于选择性的市场跟随者，成功的关键不在于市场占有率的提高，而在于在市场细分化的基础上，采用集中市场全面作战策略，以达到与市场领先者相同甚至更高的获利能力。

当然，如果基金管理公司在产品创新和营销渠道等方面有重要的突破，它也可以改变角色，成为市场挑战者，在产品设计、品牌管理、广告造势、营销渠道巩固与强化等方面，设计一套整体营销策略，正面攻击市场领先者的弱点，最终超过其市场占有率。

☞案例

6只独角兽基金发行在即，优先散户单只上限500亿元

由华夏基金、易方达基金、嘉实基金、招商基金、南方基金和汇添富基金申报的战略配售基金于6月11日开始募集资金，该产品封闭期为3年。

这些基金将优先向个人投资者发售，每个认购上限是50万元；其次向社保基金、养老金、企业年金基金和职业年金基金等特定机构投资者发售，其中社保基金、养老金优先确认，企业年金基金和职业年金基金其次确认。

从募集规模来看，每只基金的募资规模的下限是50亿元，上限是500亿元。从销售渠道来看，本次发售的6只基金的渠道分别为：汇添富、南方、华夏的3只基金在工商银行发售；易方达的基金在建设银行发售；招商的基金在招行发售；嘉实的基金在中行发售。各行按照300亿元下任务，销售目标下限为50亿元，上限为500亿元。

这6只基金将以投资战略配售股票为主要投资策略，专注投资战略配售企业。聚焦小米、蚂蚁金服、腾讯、京东等即将回归的独角兽企业，作为上市型开放式基金，未来会分别在上海及深圳两个交易所上市，投资范围或涵盖A股及中国存托凭证。

“战略配售”是“向战略投资者定向配售”的简称。战略配售扩大了投资者的范围，让更有实力以及更能代表广泛公众利益的机构参与，减少了对市场资金的需求；通过战略配售引入长期的战略合作伙伴，特别是行业上下游相关的核心合作伙伴，进一步促进了企业业务的良好发展；公司通过设定较长的锁定期减小市场的波动程度，减轻了发行对市场的冲击。

资料来源：6只独角兽基金发行在即，优先散户单只上限500亿元．蓝鲸财经，2018-06-05.

第二节　基金的营销组合策略

基金管理公司确定了自身所服务的细分市场，针对细分市场寻找到公司和产品的定位后，接着就是针对细分市场制定有效的营销组合策略。

一、产品策略

产品策略包括基金产品的设计开发、基金品牌的管理和基金产品线的延伸。

投资者需求的变化、国家政策法规以及证券市场的变动都会给基金产品的创新提供机会。基金产品的构思来源可以分为两类：理念导向型和营销导向型。理念导向型构思来自投资决策成员、基金经理等专业人士，他们通过前瞻性分析，判断市场走势并从中寻找可以形成投资品种的机会。营销导向型构思来自市场拓展人员、分销机构和客户服务人员，他们在与基金持有人的长期交往中深入了解投资者需求，从而针对客户需求特点提出产品构思。就我国目前的情况而言，客观上由于市场投资品种的局限性，主观上由于对投资者的分类和投资需求的界定还没有具体展开，因此，理念导向型基金产品构思还占据主导地位。但随着开放式基金的推广及投资者长期投资理念的建立和逐步成熟，从投资者需求角度出发形成产品构思将在基金产品开发中起到越来越重要的作用。因此，基金管理公司可以在两方面着手准备，对内组建由市场销售人员等组成的产品开发小组，健全市场部门、投资部门和研究部门之间的信息沟通机制，扩大公司内部新产品开发的构思源泉；对外广开思路，与保险公司、信托公司以及商业银行结成战略联盟，共享产品开发研究平台，通过学习金融同业的经验，从中获取基金行业新产品的构思源泉和新的目标市场。

基金产品的特性是易模仿性，因此，当基金产品进入相对成熟期，在市场中占有了一定的市场份额时，产品的差异性也就不那么突出了，此时就要通过基金的品牌管理以达到稳固和扩大市场占有率的目的。基金的品牌主要由三个部分构成：业绩、个性和能见度。业绩是建立品牌的最重要的因素，因此，基金管理公司必须做好本职工作，给投资者较高的投资收益，同时还要引导投资者在评价基金业绩时与基金的类型、投资策略和投资目标结合起来。比如，教育投资者限定在同类型基金之间进行业绩比较，而不是在不同类型基金之间进行比较。(套用在西方基金界的流行的比喻就是：“橘子与苹果是不好比的。”) 个性也是基金品牌的重要组成部分。在建立基金品牌时，基金管理公司必须根据基金产品类别和价值定位定义创新性的品牌个性，并在促销活动的各个环节彰显这一个性。基金管理公司还可以充分利用专业财经公关公司把握市场的“脉搏”，与投资者保持良好沟通，建立并维护自己特有的品牌形象。保持基金产品和服务的能见度是建立品牌的第三个要素。这并不仅仅意味着广告，而是包括基金管理公司与客户交流的一切方式，通过宣传和分销(确立实际购买时的能见度)，形成基金产品在市场上的整体可见度。

在不断积累产品构思库的同时，基金管理公司必须考虑设计自身的产品线框架，作为指导某个类型基金和单个基金具体设计的纲要。新产品的设计应当服从公司整体基金产品线的构造要求。必须能够对公司目前已有产品进行有效的扩张，或者弥补产品线的空白，或者对已有的市场客户提供更多的投资选择。比如，在基金管理公司搭建了开放式基金平台之后，就可以面向大众投资者开发债券基金、保本基金等新的基金品种，向同一目标市场营销新的产品。

二、定价策略

在基金产品营销组合中，如何在客户可接受的价格范围内制定出一个对公司最有利、最切合公司目标与政策的价格，是营销人员面临的又一挑战。在定价策略中，我们注意到这样一个问题，即基金管理公司往往侧重于“成本导向”，未能综合其他营销组合变数做整体考虑，以至于忽略了一些重要因素，如需求强度、客户认知度与心理感受等。尽管基金管理公司强调开放式基金的收费合理，符合国际惯例，但是投资者更倾向于将开放式基金的交易费率和国内封闭式基金相比，得出的结论自然对前者不利。同时，我国开放式基金在费率结构方面也还存在许多需要完善的地方，突出表现在没有鼓励投资者长期投资的安排以及没有针对不同的投资者设计不同的费率结构，这些都值得我们重视和探讨。

投资者需求是定价策略需要考虑的一个重要因素。由于开放式基金投资者所能接受的心理价位较低，可以相应地在开放式基金的申购费中设立后收费，适当降低前收费，根据凯恩斯的投资偏好理论，人们更看重现在而容易忽视未来，前低后补的申购费用产生的“低费幻觉”有利于鼓励投资者购买基金。同时，为鼓励投资者长期持有基金，还可以设计随持有期递减的赎回费。另外，不同投资者对费率结构的偏好是不同的，有的喜欢偏高的前收费，有的喜欢偏高的后收费，有的不喜欢收取申购佣金，但能容忍每年较高的营运费用，为此，基金管理公司可以在同一只开放式基金内设计不同的收费结构。比如，设计A、B、C三类不同的收费方式，A类采用随申购金额递减的前收费方式，B类采用随持有期递减的后收费方式，C类不收申购费用，但将管理费的费率提高。建议在我国开放式基金发展到一定阶段后，可以推出此种方式，以适应不同细分市场的需求。

基金管理公司在制定定价策略时，还要综合考虑公司整体战略目标、产品成本、竞争者、产品生命周期和品牌形象、政策与市场环境等因素，最后拟定基金产品的价格。必须注意的是，基金管理公司的产品价格不是一成不变的，要视竞争压力及营销环境的变化，适时调整定价，并把价格真正地当做完成营销组合策略的一种工具。比如，南方基金管理股份有限公司在市场上新的开放式基金出现后，调低南方稳健成长证券投资基金的日常申购费率，就是面对日趋激烈的市场竞争所做出的及时反应。

三、渠道策略

在美国，金融产品的运作成本大多来源于渠道成本。渠道的选择、维护、管理和调整在金融产品营销中十分重要。对于我国基金行业而言，由于投资者对基金产品尤其是开放式基金还比较陌生，而相应的金融中介机构并未建立起来，在这样的市场环境下，充分利用代销渠道以加强与投资者的直接接触，是基金管理公司必然的选择。

（一）销售渠道的选择

一只基金可以使用多种方式向公众出售基金单位（基金份额或收益凭证）。常见的方式有：

（1）基金-投资者。直接向公众出售基金单位，不收取销售费用，这样的基金被称为“不收费基金”。

（2）基金-承销商-投资者。投资者将购买基金份额的订单下达给承销商，基金以当前净资产价值将基金单位出售给承销商，承销商在基金净资产价值的基础上加上销售费用，以公开报价将基金单位出售给投资者。

（3）基金-承销商-销售商-投资者。比上一种形式多了销售商，承销商接到投资者订单后并不自行销售，而是在基金净资产价值的基础上加上一定比例的承销费后出售给销售商，销售商以公开报价将基金单位出售给投资者。

（4）基金-承销商-计划公司-投资者。计划公司购进基金单位，投资者再以分期付款的方式从其手中购进以上三种方式的基金，随着销售环节的增多，销售费用不断增加，投资者在方便购买的同时，付出了越来越高的附加费用，认购成本上升，由此影响销售量。

基金直接销售可以最大限度地降低认购成本和做足销售，却因自行销售不便带来巨大的交易费用，因此基金销售渠道的选择必须在直接销售增加的交易费用和各种间接销售方式增加的销售费用之间进行权衡比较。在第（4）种方式里，基金公司实际上担负了代客理财和融资的双重功能，因而收费最高，其收取的销售费用率可高达9%。

当前我国开放式基金主要利用银行营业网点采取银行代理发行方式，工商银行、交通银行、招商银行等参与了发行。这种方式的好处是极大地节约了发行费用，收取的销售费用一般为含费认购额的1%，并且与开放式基金的市场定位一致，不失为一种良好的销售渠道。但在大众对开放式基金缺乏普遍了解的情况下，这对银行员工素质提出了高要求。银行员工能否将开放式基金这种新的金融产品及其特性向投资者做清楚、通俗的介绍，对投资者的投资决策往往起着决定性作用。为此就需要银行员工对开放式基金有充分的了解，并具备基本的基金产品营销知识和技巧，这需要一笔较大的培训开支。总的来看，由于受限于激励政策和专业知识，销售方式还停留在被动销售上，建立多层次、多元化的营销渠道有助于推动基金业的发展。

国有商业银行为基金的销售提供了完善的硬件设施和客户群，但是受限于现有营销体系、激励政策和专业知识，销售方式还停留在被动销售上，为投资者提供的个性化服务几乎未得到开展，这就直接影响了大众投资群体的投资热情。实际上，渠道所提供的投资建议、服务质量给予投资者的心理感觉在其做出购买决策的过程中的作用是不容忽视的。在投资者购买基金时，面对面的指导将可能会增强其购买欲望。为此，基金管理公司必须加强与代销银行的合作，通过对银行员工的持续培训、合作组织客户推介会以及合理分配代销手续费，增强银行渠道代销的积极性，提高银行员工的营销能力。

基金管理公司在适当的时候还应当引进新的渠道，弥补现有渠道的价值定位的不足。比如，针对投资意识较强的老股民群体，利用券商网点销售基金将是争取这类客户的有效手段。况且，相比商业银行，券商网点拥有更多的专业投资咨询人员，可以为投资者提供个性化的服务。针对机构投资者、中高收入阶层这样的目标客户，基金管理公司可以建立具备专业素质的直销队伍，辅以直邮、电话销售、呼叫中心以及基于互联网平台的直销网络，直达特定服务群体。此外，基金管理公司在与保险公司、信托公司等发展战略联盟关系时，互为营销渠道也应当成为合作的一项重要内容，通过各自的渠道在各自的目标市场上相互交叉销售产品，充分运用合作伙伴的客户优势、专业服务优势，构建在这些分销领域其他基金管理公司难以获得的竞争力。

随着基金产品营销渠道的广度和深度的不断拓展，基金管理公司对各种渠道必须进行有效管理，组成一个功能互补、效益最大化的渠道网络，服务各个不同的细分市场，覆盖市场空白，尽可能地扩大销售量。为此，对基金管理公司的渠道管理人员的要求也将越来越高，他必须对各类现有及潜在基金产品营销渠道有深入的了解和分析，能够据此做出正确的渠道选择决策，以及对各类渠道进行效益评估，解决可能的渠道冲突和竞争问题，适时调整渠道结构等，从而实现对银行、券商、保险公司等渠道全面综合、灵活互动的管理。

（二）基金认购与赎回

开放式基金最大的特点就是可以随时认购和赎回，通过不同的认购、赎回费用和方式的选择来最大限度地满足投资者的各种投资要求。

1. 基金定价与销售费用的选择

基金认购的价格等于发行价格加销售费用。发行价格根据基金净资产价值确定，取决于基金经营的业绩和向投资者分红派息的状况。因此基于经营风格的基金市场定位会影响到其发行价格。一般而言，本着风险与收益成正比的原则，收入型基金倾向于稳健经营，投资政府债券或蓝筹股，收益稳定，净资产损失风险较小，分红派息也较稳定，因此发行价格相对稳定。与之相反，成长型基金发行价格的变动比较大。销售费用是可以直接控制的因素，因此基金认购定价策略主要体现在销售渠道的选择所决定的销售费用的高低和收取方式上，开放式基金收取销售费用有两种不同的方式：

（1）前收方式。在投资者购买基金单位时附加在每单位净资产价值上一部分费用是承销商为提供销售服务而收取费用的最常见方式。收取费用一般采用数量折扣方式，即由证券管理部门规定一个最大的销售费用率，随着认购量的增加，适用的销售费用率降低。

例如美国共同基金折扣的计划被称为“临界点计划”。基金公司可以以两种方法利用临界点：一是根据一次性认购量收取销售费用；二是鼓励投资者连续投资以达到临界点，投资者可以签署在未来13个月内连续投资以达到临界点的意向申明，或者基金公司可以授予投资者累积权，以超额累退方式计费，有的管理多只基金的公司还允许投资者将分散在公司名下的不同基金的投资合并计算，以达到临界点。举例见表9-1。

表9-1　临界点举例

认购额	销售费用率（%）
1～9 999美元	8.5
10 000～24 999美元	7.5
25 000～49 999美元	7.0
50 000美元及以上	6.5

（2）后收方式。后收方式又称“或有递延收费”，认购时不收费，赎回时根据基金持有时间累退收取费用。以美国先锋500指数基金为例，投资者持有基金单位达7年，即可免收销售费用（见表9-2）。

表9-2　美国先锋500指数基金后收销售费用率

持有年限（年）	1	2	3	4	5	6	7
后收销售费用率（%）	8	7	6	5	3	1	0

此外，开放式基金被允许收取一定的促销费用。美国1940年《投资公司法》允许投资公司为促销其股份而收费，一般按基金净资产价值的0.5%～1%收取。基金管理公司可灵活采用收费方式，甚至对同一只基金的认购制定不同的前收和后收方式，投资者可以根据自己的投资意向以认购成本最低的方式自由选取。

2. 基金认购账户的选择

开放式基金还可通过为投资者开设多种基金认购账户来促进销售（见图9-3）。一是普通的开放式账户。投资者首次认购时须存入公司要求的最低金额，而当基金分红时，投资者有权选择收取现金或再投资，并且在再投资时没有最低金额限制，基金公司对分红再投资的销售费用提供减免优惠。二是累积计划账户。允许投资者在自愿的基础上以事先确定的金额分期进行投入，投资者可以享受销售费用优惠和进行分红自动再投资。三是合同计划账户。投资者与公司签订合同，定期（通常为每月一次）投资一定的金额，销售费用随追加投资期数的增加而递减。但合同仅对公司有约束，投资者不受强制投资约束，拥有退出权（计划凭证售出 60 天内按投资当前价值和 100%销售费用退款）和部分退款权（计划凭证售出 18 个月内按投资当前价值和已付销售费用超过总投资额 15%的剩余部分退款）。

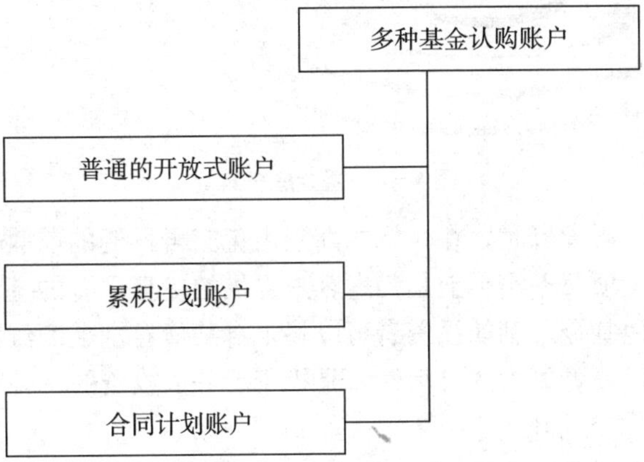

图 9-3 多种基金认购账户

3. 基金赎回

基金赎回即收回投资资金，基金赎回与基金购买同等重要。如果某一基金业绩连续几年较同类基金的业绩差，或者比大盘指数涨幅低或跌幅更大，投资者会提出赎回基金的要求。因此，良好的业绩是基金免于被赎回的根本保障。至于投资者出于流动性需要赎回基金，这是基金公司无法控制的。如前所述的费用后收方式可以鼓励投资者延长基金持有期，在同等条件下减少赎回量。

基金赎回可以是一次性的，也可以是分期分批的。分期分批的好处在于可以让余下的资金继续获利。这一方式特别适合那些需要定期支付生活费用、教育费用等开支的投资者，可专门为其设计支取计划。由于基金净资产价值随基金的购买、赎回和基金投资业绩的变化而时时变化，因此投资者持有基金单位的比例不断变化。支取计划可以是定期（按年或月）支取固定的金额、固定的份额或者依投资者现实需要而定。以固定份额的支取计划为例，假设某投资者 2022 年投资价值 400 000 元的共 320 000 单位的基金，该投资者计划自 2023 年起每年支取一次，赎回 20 000 单位，假设基金价值以 10%的速度持续增长，则未来 16 年内该投资者共支取 988 617.6 元。

$$当年支取额=\frac{20\ 000\times 前一年账户余额\times(1+10\%)}{320\ 000-已赎回份额}$$

$$当年账户余额=前一年账户余额\times(1+10\%)-当年支取额$$

(三) 基金服务策略

基金发展至今，不仅在规模、种类等方面有了很大变化，而且基金向投资者提供的服务也有了长足进展，为投资者带来了前所未有的快捷和方便，服务已成为基金产品营销的重要手段。基金服务策略包括以下几类（见图 9-4）：

1. 自动再投资服务

投资者所有的基金分红都可用于基金的再投资，即购买更多的基金份额。自动再投资

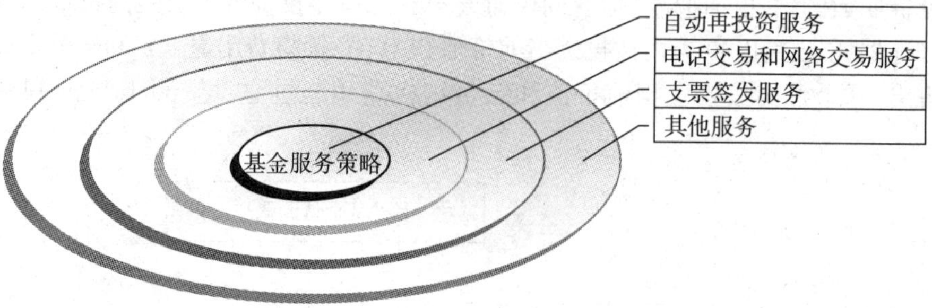

图 9-4　基金服务策略

服务允许投资者在进行再投资时，在一定的期限内免交再投资的前收费用，按照基金的单位净资产价值购买。这项服务实际上是为老客户提供的优惠。有的基金公司甚至允许再投资于该公司旗下的其他基金。例如投资者可以将来自某债券基金的红利再投资于某一股票基金，这项服务赋予投资者更大的灵活性，是投资者分散投资的一种稳妥途径。

2. 电话交易和网络交易服务

投资者可以使用电话或网络进行基金投资的开户、购买、赎回及查询，由基金公司的投资者代表完成这些服务，这为投资者投资基金带来了极大的方便，投资者在外地甚至在国外工作和旅行时，都可以自如地从事基金的交易。许多基金公司还设立 24 小时的“交易热线”，投资者通过音频电话输入密码即可进入基金账户，不需经过投资者代表就可进行基金操作。有的基金公司还开通了电话、网络转换服务，允许投资者在同一基金家族的不同基金间赎回某一基金而同时购入另一基金。

3. 支票签发服务

为充分满足投资者的资金流动性需求，对于固定收益基金（如债券基金），投资者在持有基金份额后，如果需要支付某项开支，基金公司允许投资者在尚未卖出基金份额时先签发支票。这一服务使得基金账户类似于银行的支票账户，存款人可以随意签发支票。

4. 其他服务

其他服务是指与前文所述类似的各种投资计划和支取计划服务、定期的交易及纳税资料服务、退休金计划等。

四、促销策略

除了以上三种营销策略，基金管理公司还必须综合运用各种沟通方式和手段，包括广告、公关、销售促进、人员推销等，使投资者在多元化的信息中更好地识别和了解基金产品。

可以肯定的是，广告媒体的选择是影响基金发行的一个重要因素。基金的招募说明书、发行公告以及代销银行的广告等都只是在几家证券类报刊上刊登，这就产生了这样一个问题，即广告媒体和目标市场之间存在冲突。因为证券类报刊的读者群以股市上的投资者为主，投资意识不强的大众投资者阅读此类专业报刊的并不多。仅仅在证券类报刊上刊登招募说明书、公告等，难以达到应有的效果。工商银行代理销售南方稳健成长证券投资基金的广告在个人销售期最后两天开始在多家大众媒体上刊出，这说明南方基金管理股份有限公司在后期醒悟到其在媒体选择上存在偏差。华夏成长证券投资基金在发行时则采取了专业性媒体与大众媒体并重的策略，在《北京青年报》《新民晚报》等地方性媒体上做了整版的软性广告，有效地向目标客户传递了有关信息。

广告的方式也是值得我们研究的一个问题。基金的招募说明书、发行公告、业务规则等有证监会指定的法定信息披露方式，其内容真实准确。但是从广告发布的角度来看，该类信息采用的标准格式和相对较长的篇幅更适用于专业人士和极度理性人群，不足以激发大众投资者的购买欲望。一条有效的基金产品广告信息必须能够凸显本基金产品的最大优点，赋予基金产品一个特殊的个性或形象，使客户能将它和其他基金产品区分开来。为此，基金管理公司可以利用一些配有图案设计的报刊广告、海报及媒体软性广告，以较为生动形象、通俗易懂的语言，使有关的信息及知识更加具体、感性，达到潜移默化的效果。

除了广告之外，基金管理公司还可以采用其他多种促销手段，与投资者进行全方位、广泛、持续的交流沟通。比如，以推介会、网上路演等方式组织基金经理与投资者的访谈，通过基金经理的“现身说法”，帮助投资者增进对基金公司投资理念和经营思路的理解，判断基金将来的成长潜力。实际上，在国外，基金经理的职责之一就是与投资者进行面对面的交流。

☞案例

全球最大对冲基金桥水正式进入中国私募业

2018 年 6 月 29 日，桥水基金旗下外商独资企业——桥水（中国）投资管理有限公司成功完成了私募基金管理人登记，这家全球最大的对冲基金公司终于正式进入中国私募行业。至此，在华设立的私募外资证券数量已经增至 12 只。

桥水（中国）投资管理有限公司注册资本为 5 000 万元人民币，管理基金主要类别为“私募证券投资基金管理人”。

桥水基金是全球最赚钱的对冲基金公司之一，这家公司成立于 1975 年。桥水基金的客户包括各国央行、主权基金、养老基金、大学捐赠基金等。

在 2008 年金融海啸期间，美国对冲基金平均亏损达到 19%，而桥水基金却斩获正收益。据媒体此前统计，截至 2015 年底，桥水基金累计获得 450 亿美元盈利，一举超越索罗斯的量子基金，成为全球最赚钱的基金。桥水基金的创始人是华尔街传奇人物瑞·达利欧（Ray Dalio）。达利欧出生于美国一个中产家庭，父亲是爵士乐手，母亲为家庭主妇。他凭借在金融市场上的摸爬滚打，带领桥水基金成为全球头号对冲基金公司。

值得一提的是，达利欧的中国情结由来已久。1995 年，他把年仅 11 岁的小儿子送到中国留学，成为当时中国最年轻的留学生。此后，他的儿子还成立了慈善基金会，帮助中国的孤残儿童。

达利欧对中国市场也是不吝看好。在 2018 年初，他曾经表态，相信中国处理债务问题的能力，对外国投资者来说，现在正是开始投资中国的时机。

资料来源：证券时报网。

本章小结

1. 基金的市场营销策略包括产品策略、定价策略、渠道策略、促销策略。

2. 可用于市场细分的变量包括：地理因素（地区、城市）；人口因素（年龄、性别、收入、职业、教育背景等）；心理因素（社会阶层、生活方式、个性）；行为因素（投资的时机、追求的利益、投资的频率、品牌忠诚度、知晓程度、对基金产品服务的态度）；等等。

3. 基金管理公司的定位策略包括对基金产品的定位和对公司本身的市场定位。

4. 产品策略包括基金产品的设计开发、基金品牌的管理和基金产品线的延伸。

5. 基金管理公司在制定定价策略时，还要综合考虑公司整体战略目标、产品成本、竞争者、产品生命周期和品牌形象、政策与市场环境等因素，最后制定基金产品的价格。

6. 渠道策略中销售渠道的选择方式有：①基金-投资者；②基金-承销商-投资者；③基金-承销商-销售商-投资者；④基金-承销商-计划公司-投资者。

7. 基金服务策略有自动再投资服务、电话交易和网络交易服务、支票签发服务以及其他服务。

8. 促销策略中可以采用的方式有广告、公关、销售促进、人员推销等。

思考题

1. 基金的营销组合策略通常包括哪些？
2. 基金服务策略有哪些？
3. 产品策略和定价策略有哪些？
4. 基金认购和赎回的方式有哪些？
5. 通常在促销策略中可以采用哪些方式？

第五部分

信托产品营销

第十章

信托产品概述

⊙本章培养目标⊙

1. 了解信托产品的定义和特点。
2. 了解信托产品与其他金融产品的区别。
3. 了解信托产品的分类。
4. 了解房地产投资信托的特点。

关键词： 信托（trust）
委托人（truster）
受托人（trustee）
受益人（beneficiary）
金融百货公司（financial department store）
独立性（independence）
房地产投资信托（real estate investment trust，REIT）

第一节　信托产品概述

一、信托产品的定义

信托又称“相信委托”，它是以资财为核心、以信任为基础、以委托为方式的一种财产管理制度。有财产的人为了自己或第三者的利益，把自己不能很好管理的财产交给所信任的人进行管理。受托管理财产的人要收取一定的费用。信托业务的成立需具备下述条件：一是必须有委托人（信托人）、受托人和受益人三方信托关系人；二是必须有由信托关系人共同订立的信托合同；三是信托的财产或资金必须确属委托人所有。信托业务运营模式图见图 10－1。

信托产品是一种为投资者提供低风险且稳定的收益的金融产品。

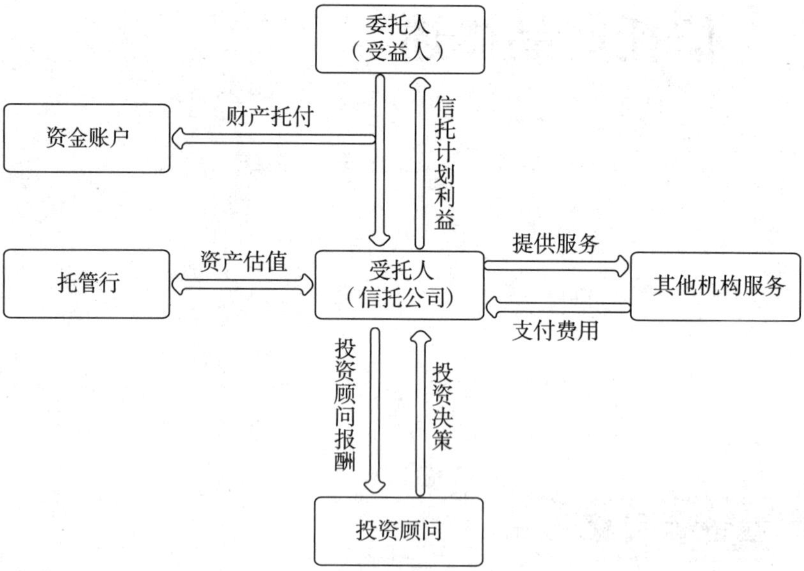

图 10－1　信托业务运营模式图

二、信托产品的特点

1. 信托的业务方式灵活多样，它被誉为“金融百货公司”

信托具有业务方式灵活多样的特点，这就使在开展信托业务时可以灵活选择运用不同方式，以适应社会需求。信托的委托人可以是企业、社会团体，也可以是个人；信托财产可以是有形的，也可以是无形的；委托人可以为不同的目的设立信托，如以财产增值为目的、以代其保管理财为目的、以公益信托为目的等。为了实现信托的不同目的，受托人在管理信托财产时，既可以进行投资，也可以发放贷款；既可以出租，也可以出售。信托当事人的多样化，信托财产的多元化，信托目的的自由化，使得信托方式灵活多样，具有很强的适应性。随着经济形势的不断变化，新的信托业务层出不穷，适应了社会各方面的需要，因而信托素有“金融百货公司”的美称。

2. 信托行为以财产权为前提

信托行为是随着人们私有财产的不断增多而出现的。当人们无能力管理其过多的私有财产时，信托便应运而生。委托人拥有财产权是信托行为成立的前提。只有委托人享有财产的所有权或支配权，受托人才能接受这项委托，信托行为才能产生。信托在授信与受信过程中要以转移信托财产的所有权（或支配权）为条件，使受托人取得法律上的地位，掌握信托财产，并行使其名义上的所有权（或支配权）。

3. 信托的根本特质是所有权与受益权相分离

当信托行为成立以后，信托财产的所有权与受益权就实现了分离。受托人享有信托财产的名义所有权，并可以处理财产，受益人则享有受托人管理和处置信托财产后所产生的利益，这就是信托的根本特质。受托人在接受委托后与第三人进行的交易也都建立在受托人是信托财产的权利主体的基础之上，同时，受托人必须善于管理信托财产，将所产生的利益在一定条件下与本金一起交还给受益人，以实现受益人的受益权。

4. 信托财产具有独立性

为了保障委托人和受益人的利益，法律要求必须将信托财产和受托人自己的财产严格区分开来。受托人只是拥有信托财产的名义所有权、使用权和支配权，并不实际拥有信托财产的所有权，信托财产的所有权仍归委托人和受益人所有。因此，不仅需要把信托财产与受托人的自有财产严格区分开来，同时也要将不同委托人委托的信托财产区分开来，分立账户，分别核算，这样才能保障委托人和受益人的利益，促使受托人公正、合理地处置信托财产。

信托产品的特点总结见图 10－2。

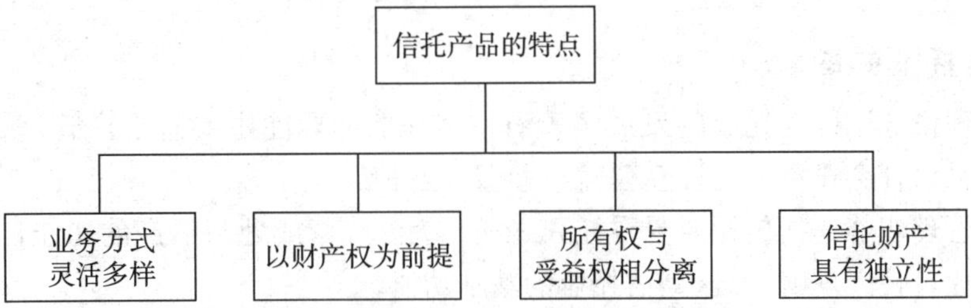

图 10－2　信托产品的特点

三、信托产品与其他金融产品的区别

信托产品到底是一种怎样的投资理财品种？它与其他金融产品如股票、基金、债券有何区别？下面进行简单的陈述。

现代意义上的信托更多含有代为管理财产的内涵，即信托公司作为理财专家，接受委托人的委托，代为管理其委托财产，并在信托结束后将财产交付给指定的受益人。市面上推出的集合信托产品主要是以资金融通为目的、运用信托的法律关系形成的一种投资理财品种。

1. 信托与债券的区别

①债券有明确的票面利率，定期按照票面利率支付利息，信托只有预计收益率，到期收益的支付可以按照预计收益率，也可以围绕预计收益率上下浮动。

②债券是债务的权证，发债主体以其全部资产作保证，信托是信托财产受益权的体现，以独立的信托财产作保证。

③符合上市条件的债券可以上市，使得债券的流动性增强，而信托产品的流动性主要体现为投资者之间的转让，存在流动性不足的缺点。

④债券有固定收益，收益相对较低。信托不能承诺最低收益，而且收益率是浮动的。

2. 信托与基金的区别

基金是一种特殊的信托。信托公司推出的信托产品与基金的区别体现在三个方面：

①基金用于投资证券市场和货币市场等，而信托产品的投资领域相比之下更为宽泛，

既可以是证券市场、货币市场、房地产和基础设施，也可以是基金本身。

②基金是标准化的信托，可以按照基金单位在交易所上市或进行申购和赎回，而信托产品的认购主要通过签订信托合同进行，信托合同的份数、合同的转让和赎回等都会受到限制。

③基金的监管方是证监会，而信托公司的监管方是国家金融监督管理总局，两者的监管体系和监管方式存在较大差异。

3. 信托与分红保险的区别

①在收益方面，分红保险的收益来源为保证收益和分红，其保证收益低于银行存款利率，而信托的收益来源为信托项目运作，收益不能确定。

②在投资渠道方面，信托产品的投资范围比较广，既可以投资证券，也可以投资实业，分红保险的投资范围则没有这么广。

四、信托业的职能

从信托理论和国外信托业的发展经验看，信托业的职能主要有财产管理、融通资金、协调经济关系、社会投资和为社会公益事业服务五种。

①财产管理职能是指信托业受委托人之托，为之经营或处理财产的功能，即“受人之托，为人管业，代人理财”，这是信托业的基本功能。

②融通资金职能是指信托业作为金融业的一个重要组成部分，本身就具有调剂资金余缺的功能，并作为信用中介为一国经济建设筹集资金，调剂供求。

③协调经济关系职能是指信托业处理和协调交易主体之间的经济关系，为之提供信任与咨询事务的功能。

④社会投资职能是指信托业运用信托手段参与社会投资活动的功能。

⑤为社会公益事业服务职能是指信托业可以为捐款人或资助社会公益事业的委托人服务，以实现其特定目的的功能。

第二节　信托产品的分类及主要的信托产品

一、信托产品的分类

信托产品在产品设计上种类繁多，各有不同的特点。各个信托品种在风险和收益潜力方面可能会有很大的分别。

1. 按照信托的目的划分，信托可分为民事信托和商事信托

民事信托（civil trust）是指以民法为依据建立的信托，即民事信托是属于民法范围内的信托。

商事信托（commercial trust）与民事信托对称，是以商法为依据建立的信托，属于商法范围内的信托业务。（商法是国民经济管理和社会经济组织以及部分公民在经营活动中所发生的经济关系必须遵循的法律规范的总称。）商事信托又可具体分为救济型信托、养老金信托、信托型公共基金、特殊目的信托、房地产投资信托等类型（见图 10－3）。

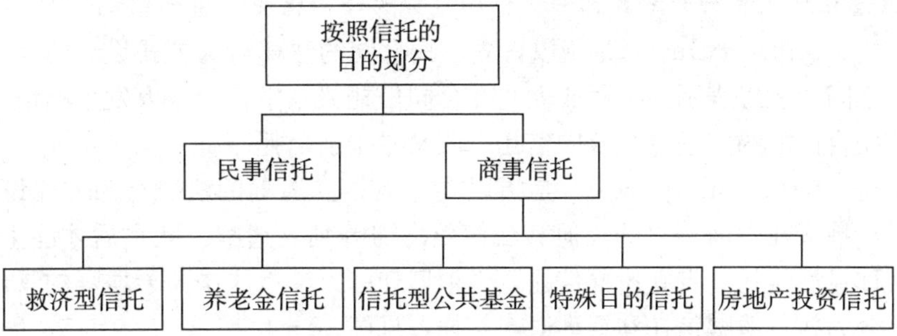

图 10-3 按照信托的目的划分

2. 按照信托的资产划分，信托可分为资金信托和财产信托

资金信托（capital trust），又称“金钱信托”，是指委托人基于对信托公司的信任，将自己合法拥有的资金委托给信托公司，由信托公司按委托人的意愿以自己的名义，为受益人的利益或特定目的管理、运用和处分资金的行为。

财产信托（property trust）是指委托人将自己的动产、不动产（房产、地产）以及知识产权等非货币形式的财产的财产权委托给信托公司并由其按照约定的条件和目的进行管理或者处分的行为。

3. 按照委托人的主体地位划分，信托可分为个人信托、法人信托和共同信托

个人信托（personal trust）是以个人为服务对象的信托业务，其委托人是个人，受益人也是个人。

法人信托（corporate trust），又称“公司信托”“团体信托”。法人包括营利法人团体（如公司组织、合作社组织及其他营业机构）和公益法人团体（如学术、宗教和慈善团体等）。凡以组织为委托人的都是法人信托。

共同信托（common trust）是指某项信托财产为几个人所共有，由他们共同设立的信托。

4. 按照受益对象划分，信托可分为私益信托和公益信托

私益信托（private trust）是指委托人为自己、亲属、朋友或者其他特定个人的利益而设立的信托。私益信托可以是自益信托，也可以是他益信托。私益信托是信托业务中的主要部分，信托公司通过运用信托手段为受益人谋取信托收益。

公益信托（charitable trust）是指为了公共利益，使整个社会或社会公众的一个显著重要的部分受益而设立的信托。公益信托只能是他益信托。设立公益信托不得有确定的受益人，只能以社会公众或者一定范围内的社会公众作为受益人，并且必须得到税务机关或者公益事业管理机构的批准或者许可。

5. 按照委托人与受托人的关系划分，信托可分为自益信托和他益信托

自益信托（self-benefit trust）是指委托人以自己为唯一受益人而设立的信托。自益信托的委托人和受益人是同一人。自益信托只能是私益信托。

他益信托（altruistic benefit trust）是指按照委托人的要求，受益者为第三者的信托。被指定的第三者可以同意接受，也可以拒绝接受，有时亦可采取默认方式，因其并无明确的同意或拒绝的示意根据。

6. 按照设立信托的行为方式划分，信托可分为合同信托和遗嘱信托

合同信托（contract trust）是指以订立信托合同的法律行为方式设立的信托。合同信托因当事人之间的意思表示一致而成立。在合同信托关系中，当事人发生的信托行为必须严格按照信托合同的约定进行。合同信托一般又称生前信托。

遗嘱信托（testamentary trust）是指以委托人订立遗嘱的法律行为方式设立的信托。遗嘱虽是立遗嘱人在生前订立的，但其法律效力需等到立遗嘱人死亡后才能生效。因此，遗嘱信托又称身后信托。设立遗嘱信托，必须遵守国家继承法中关于遗嘱的具体规定。遗嘱信托又可分为执行遗嘱信托和管理遗产信托，见图 10－4。

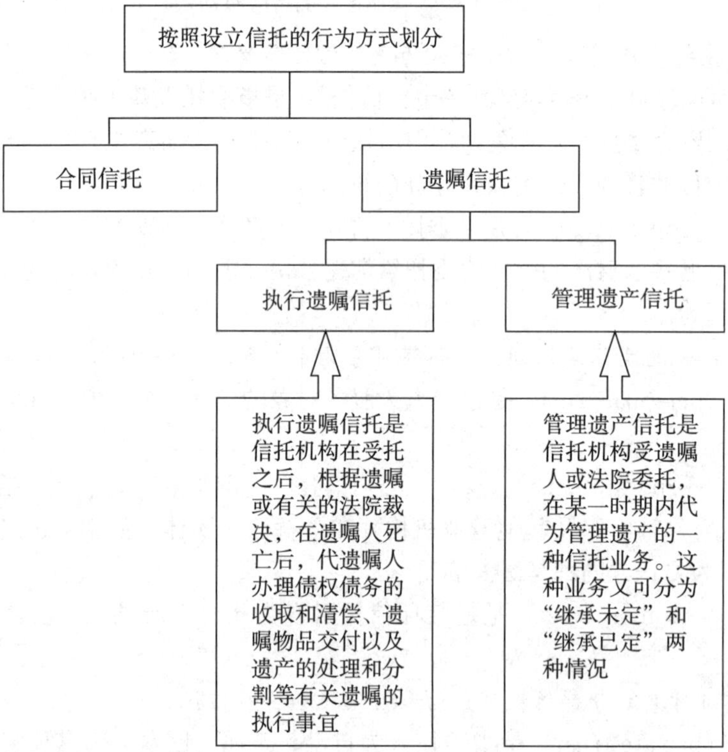

图 10－4 按照设立信托的行为方式划分

7. 按照信托关系的法律依据划分，信托可分为任意信托、推定信托和法定信托

任意信托（express trust）是指信托当事人（委托人、受托人、受益人）成立信托关系的意思表示明确被定在有关信托文件（契约或遗嘱）之中的信托。这种信托的成立完全以各方当事人的自由意思表示为依据，不受外力干预，故它又被称为“自由信托”；又因其意思表示被定在文件中，所以它亦被称为“明示信托”。

推定信托（presumptive trust）是指并没有订立明确的契约或遗嘱等，而是由法院根据信托关系人的来往书信或其他有关文件记载研究推定三方当事人确曾有建立信托关系的意思，继而明确真正的信托关系的信托。

法定信托（constructive trust）是指依法律的规定来推测当事人的意思所发生的一种信托，即由司法机关确定信托的法律效力。

8. 按照信托是否跨国划分，信托可分为国内信托和国际信托

国内信托（internal trust）是指信托当事人在一国国内，信托行为也在一国国内进行的信托。

国际信托（international trust）是指信托当事人中有一方在国外，或信托行为跨国进行的信托。

9. 按照信托在设立时是否保留了委托人的撤销权划分，信托可分为可撤销信托和不可撤销信托

可撤销信托（revocable trust）是指委托人在信托契约中保留了随时可以终止信托合同并取回信托财产的权利的信托。

不可撤销信托（irrevocable trust）是指除依照信托契约所记载的条款外，不得由委托人终止的信托。一般而言，成立可撤销信托或者不可撤销信托由当事人自由决定。但是，除非委托人在信托合同中明确保留了撤销权，否则一般信托为不可撤销信托。

二、主要的信托产品

1. 贷款信托

贷款信托是指通过信托方式吸收资金用来发放贷款的信托方式。这种类型的信托产品是数量最多的一种。

贷款作为一种传统业务，业务流程相对简单，风险控制方法比较成熟，所以信托公司在展业初期，选择以这种方式进入市场，树立公司品牌也就顺理成章了。采取贷款方式进行投资，使得这类信托产品在收益和风险上具有以下特点：

第一，项目的收益是封顶的。收益来源于贷款利息，执行中央银行相关利率标准。这意味着委托人的收益上限是贷款利率，而且面临着信托公司提取管理费用可能对这一收益的抵扣。不同的管理费用计提方式意味着收益抵扣的程度是不一样的，直接影响着受益人的利益。

第二，尽管信托公司基于自身的专业技能挑选了相关的项目进行贷款，但由于信息不对称，委托人只能依赖对信托公司的信任，而信托公司自身的信誉机制并没有建立起来，贷款的信用风险必须通过外部机制来控制。

2. 融资租赁信托

融资租赁信托是委托人基于对受托人的信任，将其合法所有的、不被禁止或限制流通的、适合于租赁的财产权委托给受托人，由受托人按委托人的意愿以自己的名义，为委托人的利益或特定目的，以融资租赁方式运用和处分的行为。

融资租赁信托指的是一种信托关系或信托行为，是对融资租赁交易中出租人租赁资产的来源以及出租人在各类融资租赁交易的合同中所承担的风险程度的一种描述。融资租赁信托并非租赁的某种交易方式，而是表明参与融资租赁交易的当事人（即融资租赁信托的受托人）有权进行融资租赁。在融资租赁信托中，融资租赁还可以分为直接租赁、转租赁或售后回租等不同的交易方式。

融资租赁信托中的委托人作为资金提供者，自主选定投资项目，因此自行承担投资项目的风险，同时享有全部投资收益。出租人只是代委托人运作管理，既不承担此类资金运用的风险，也不享有此类资金运用的收益，而是收取一定的信托报酬。

运用信托财产开展融资租赁业务，即信托资金的运作方式为融资租赁。在资金运作上，信托公司应按照租赁业务流程、所订立的融资租赁合同、出租人和承租人以及担保人的权利义务关系等办理融资租赁业务。

融资租赁信托的范围是十分广泛的。就信托财产而言，除了货币资金以外，还有动产、不动产以及有价证券等其他财产。就资金运作而言，融资租赁物包括制造设备、医疗器材、车辆、计算机、房产等，除了不动产中的土地使用权和其他财产外，都是可以租赁的。

由于融资租赁业务是具有融资、融物双重职能的租赁交易，是企业进行长期资本融资的一种手段，在物权上也与贷款业务有显著的不同，因此在审查重点上也区别于贷款业务，具体区别见表10-1。

表10-1 融资租赁与贷款的审查重点

	融资租赁	贷款
1	重视项目本身的创利能力	重视企业的规模和经营状况
2	重视租赁物件的变现和处置	重视企业偿债能力、资产变现能力
3	重视项目的市场环境、企业的真实经营情况	重视企业的整套财务报表分析
4	重视如何保证租赁设备不被非法抵押、变卖、转租	重视对贷款的质押、抵押和担保的设立
5	重视在租金出问题时如何快速完好地收回租赁设备	重视在贷款出问题时担保的实现
6	重视对租金和租赁物件进行回收的法律保障文件	重视贷款人和担保人的诉讼时效

3. 权益投资信托

权益投资信托是指将信托资金投资于能够带来稳定持续的现金收益的财产权或者权益的资金信托品种，这些权益包括基础设施收费权、公共交通营运权、旅游项目收费权、教育项目收费权等，甚至可以是另外一个信托的受益权本身。

权益投资信托所投资的对象的收益大多依赖于政府公共权力的行使，投资对象主要是各类公共产品和准公共产品，如城市基础设施、交通项目、教育项目等。

从风险和收益特征来看，权益投资信托的风险一般比股权投资类的资金信托项目小，收益率虽然不会特别高，但是非常稳定。另外，这类信托在进行资金运用时可以采取权利质押方式保障投资者的收益，例如将高速公路的收费权质押，还可以通过政府财政给予补贴等方式确保收益率达到一定水平。

☞案例

李书福的全球化战略终于开花结果

吉利汽车2022年全年营收达1 480亿元 收入和总现金水平均创新高

2023年3月21日，吉利汽车控股有限公司（简称“吉利汽车”）(0175.HK) 发布2022年财报。2022年全年，公司实现累计总销量1 432 988辆，同比上涨8%，营业收入为1 480亿元，同比增幅高达45.6%，创历史新高；新能源汽车销量增长300%，销量占比由去年同期的6.2%进一步提升至22.9%；出口销量占比提升至13.8%，增加了5.1个百分点；归母净利润同比增长

8.5%，至人民币 52.6 亿元；财务状况保持强劲，总现金水平上升 20.4%至人民币 337 亿元，创历史新高。

从产品输出到技术输出，吉利汽车技术授权共实现 16.6 亿元收入，同比增长 29.9%，进一步支撑了未来的稳定盈利预期，也持续带动了吉利汽车国际化，奠定了吉利在全球的领先地位和品牌影响力。

2022 年，面对严峻复杂的外部环境，吉利汽车表现出较强的发展韧劲和底气，各项财务和经营数据表现稳健，在新能源、智能化、国际化、高端化方面取得显著进展。

锚定高价值主流品牌，单车售价同比增长 29.6%

2022 年吉利汽车单车销售收入为 10.3 万元，同比增长 29.6%，平均单车毛利为 1.75 万元，同比增长 11.1%。以“中国星”为代表的高价值产品，持续带动吉利实现品牌向上、价值向上的目标。2022 年，“中国星”高端系列实现总体销量 252 787 辆，占吉利（含几何）品牌的比重近 23%，最高月销达到 3 万辆，单车平均售价达 15 万元。

2022 年 2 月，吉利品牌全新中高端新能源系列——“吉利银河”正式发布。吉利银河新能源战略的发布，不仅是“造车者”吉利对自身尖端技术的一次集中展现，更是以吉利银河为载体，开启吉利品牌的全面向新之路。

全球新高端品牌领克汽车在全球市场的销量和品牌认可度也不断提升，2022 年销量达 180 127 辆，截至 2023 年 2 月累计总销量已超 85 万辆，成为最快突破 80 万辆的中国高端汽车品牌。旗下产品线覆盖中高端市场，旗舰产品领克 09 已经进入 30 万元价格带，产品溢价能力持续提升，创造了中国高端汽车品牌价值新高度。

极氪品牌持续刷新中国豪华智能纯电价值高度，2022 年交付 71 941 辆，超额完成全年 7 万辆目标，成为主流新能源汽车品牌中唯一完成目标的品牌。极氪 001 作为豪华车市场万辆俱乐部中唯一的中国品牌豪华纯电车型，平均订单金额超 33.6 万元，持续多月蝉联 30 万元以上中国品牌纯电车型销量冠军。极氪第二款车型极氪 009 已于 2023 年 1 月开启交付，平均订单金额达 52.7 万元。

新能源销量增长 300%，智能化赋能未来出行

吉利汽车持续夯实纯电、混动、换电、甲醇等多技术路线新能源生态布局，进一步加快新能源智能化领域的技术创新。2022 年，吉利汽车新能源产品（含吉利、几何、领克、极氪、睿蓝）销量达 328 727 辆，同比增长超 300%，单月新能源渗透率多次突破 30%，成为国内新能源汽车销量增速最快的车企。

智能驾驶方面，吉利“天地一体化”立体出行科技生态持续进化。重点布局的 L2+、L3 智能驾驶技术，全新一代“NOA（自动辅助导航驾驶）高阶智驾辅助系统”已应用于博越 L，后续还将在领克、吉利最新产品上应用。2022 年 6 月，“吉利未来出行星座”首轨九星成功发射入轨，未来将完成 72 颗低轨道卫星组网。天地一体化高精定位、卫星遥感 AI（人工智能）、天基通信服务等技术将推动吉利在出行领域的持续变革。

在智能座舱领域，由亿咖通科技战略投资的芯擎科技打造的“龙鹰一号”芯片，是全球领先、国内唯一的 7 纳米车规级智能座舱芯片，将于 2023 年中实现量产，首发领克。此外，吉利汽车 2023 年推出的全栈自研分布式操作系统——银河 NOS，速度体验超越新势力标杆，将引领智能电动车从软件定义迈向生态定义的新时代，为用户创造更好的出行体验。

全年授权收入达 16.6 亿元，技术输出带动高水平国际化

随着吉利海外产品矩阵不断丰富，吉利在全球市场的竞争力进一步提升。2022 年，吉利汽车全年出口销量达 198 242 辆，同比劲增 72.4%，高于行业 56.7%的增长率。缤越、博越、星越占据各国细分市场排名前列。

领克稳步推进欧洲、亚太战略，持续践行全球化发展布局。2022 年，领克全年出运整车 35 588 辆，新能源车型占比 97%，位列中国品牌 25 万元以上车型出口第一。截至 2023 年 3 月，领克已在荷兰、瑞典、比利时、德国、意大利和西班牙等国家开设了 11 家领克体验店，“欧洲战略”的版图进一步拓展，实现整车出口欧洲常态化。2022 年 11 月，“亚太战略”落地一周年之际，领克继首站落地科威特后，先后开拓以色列、沙特阿拉伯市场。未来，领克还将继续开拓中东海湾国家，登陆东南亚新市场。

从产品输出到技术输出，吉利汽车的授权收入进一步增长，2022 年共实现 16.6 亿元收入，同比增长 29.9%，进一步支撑未来盈利。2022 年 11 月，吉利汽车完成入股雷诺韩国汽车，将向韩国市场推出全新混动技术及车型。新产品将采用吉利位于瑞典研发中心研发的世界级 CMA（高度集成模块化架构），并使用吉利先进的混动技术，预计 2024 年量产。

吉利汽车致力打造汽车行业 ESG 全球领导力，以 2020 年为基准年，吉利汽车 2022 年单车全生命周期碳排放下降了 8%。吉利汽车承诺到 2025 年单车全生命周期碳排放减少 25%以上，到 2045 年实现碳中和。凭借在 ESG 方面的不断耕耘，吉利汽车的明晟（MSCI）ESG 评级由 BBB 级提升至 A 级；吉利汽车获选为“恒生 ESG50 指数”等指数的成份股。

资料来源：吉利汽车 2022 年全年营收 1 480 亿元，收入和总现金水平均创新高. 腾讯网，2023-03-21.

4. 保险信托

保险信托，也称人寿保险信托，是一项结合保险与信托的金融信托服务产品，以保险金给付为信托财产，由保险受益人和信托机构签订保险信托合同书，当被保险人身故发生理赔或满期发生保险金给付时，由保险公司将保险金交付受托人（即信托机构），由受托人依信托合同的约定管理、运用，并按信托合同约定方式，将信托财产分配给受益人，于信托终止或到期时，交付剩余资产给信托受益人。保险信托大体上可分为四种（见图 10-5）。

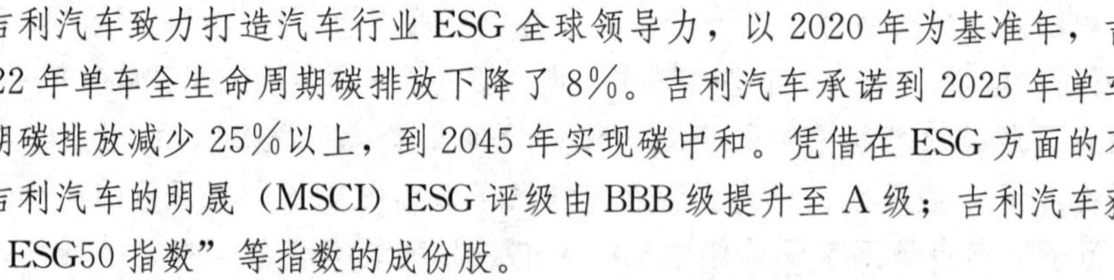

图 10-5 保险信托的种类

（1）被动信托。被动信托又称消极人寿保险信托，这是指由信托机构代为领取保险金与代交保险金给受益人的一种信托。委托人生前将保险单的权利移转给信托机构，由其保管。如果委托人去世，信托机构即向保险公司领取保险金，依据信托契约，分配保险金给受益人，款项分配完后，信托关系终止。

（2）不代付保险费信托。这种信托与上述被动信托相同，只是信托机构在收到赔款后并不将其直接分配给受益人，而是妥善管理并运用，使其增值，将增值收入交给受益人。只有等到信托到期时，信托机构才将本金还给受益人，信托关系即告终止。

（3）代付保险费信托。委托人生前除将保险单的权利移转给信托机构，并委托其代保管保险单外，还将一定金额的证券或资金交存信托机构，以证券或资金的收入，委托信托机构按时交付保险费。如果委托人死亡，信托机构按信托契约收集赔款和前存的证券或资金并一同进行管理，将运用赔款以及这些证券或资金所获的收益交付受益人；等信托有效期限终了，再将赔款及前存的证券或资金交给受益人。

（4）累积保险信托。在上述代付保险费信托中，委托人存放在信托机构中的证券或资金的收益只够信托机构按时交付保险费。但在累积保险信托中，委托人除照例将保险单权利移转给信托机构，由信托机构代为保管外，也将一定金额的证券或资金交存信托机构，以证券或资金的收益托信托机构代付保险费。与代付保险费信托所不同的是，累积保险信托的每期证券或资金的收益比应付的保险费都要多。信托机构将支付保险费后所剩的利润投资于较稳妥的方面，这样，所存的资金或证券会逐渐积累增多，所以这种信托被叫作累积保险信托。一旦委托人去世，信托机构即收集赔款，连同累积的证券或资金一并管理，并将运用赔款所获的收益按时交付受益人，等信托期满，再将赔款及前存的证券或资金交给受益人，信托关系即告终止。

5. 房地产投资信托

土地与地上或地下的各种建筑设施统称为房地产，又称不动产。房地产投资信托是指在接受信托时，若信托的物件为房地产，则该信托即为房地产投资信托，该信托可以保障当事人的权利和收益，例如建筑商不怕土地所有者毁约，而土地所有者也不怕建筑商赖账或恶性倒闭。房地产投资信托可分为房产信托和土地信托。

房产信托（又称建筑物信托）是指信托机构接受委托经营、管理和处理的财产为房产及相关财务的信托关系。它包括房产信托存款、房产信托贷款和房产委托贷款。我国房产信托机构有两类：一类是专业银行设立的房产信托机构；另一类是专业性的房产信托机构。

我国发行的房产信托产品主要有两种形式：一种是贷款信托，信托资金用于贷款，与商业银行贷款基本相同；另一种是权益信托，信托机构从房地产开发公司处购买房地产的全部或部分产权，靠经营房地产来获得收入。贷款信托是我国房产信托的主要形式。

土地信托是指土地所有者为了有效地利用土地获取收益，把土地委托给信托机构，信托机构按信托契约的规定，筹集建设资金、建造房屋、募集租户，对租户办理租赁以及建筑物的维护、管理或出租，把这种管理、运用所得作为信托收益交给土地所有者（受益者）。土地信托可分为租赁型和分块出售型。

办理房地产投资信托可以起到以下几方面作用：

（1）有助于免除房地产业主因专业知识不足而遭受经济损失的风险。房地产的管理和处理需要具备相当专业的知识，如识图用图的知识、土地面积量算知识、土地经济评价与土地定等估价等知识。若委托人（即业主）亲自管理和处理，由于知识水平所限，他极易蒙受损失。由于信托机构有专业人才，经验丰富，同时规模大、信誉卓著，办事方便可靠，因此房地产投资信托能免除上述风险，收到较好的效益。

（2）有助于为改良房地产提供资金的方便。假设业主需要开发利用部分土地，在土地上新盖或增建建筑物，但缺乏资金，此时可将其原有土地或土地使用权以抵押的方式作为担保物，发行房地产债券。

（3）有助于提供信用保证，实现房地产的销售。在房地产的销售过程中，买方资金不足或卖方对买方的信用不够了解会阻碍交易。如果将财产所有权转移给受托人并从受托人处获得融资或信用担保，那么就能最终实现房地产的销售。

☞案例

房地产投资信托

一、房地产投资信托在我国的发展

1. 房地产投资信托在我国发展的背景及现状

近年来房地产贷款在金融机构新增资产中的比重呈快速上升的趋势，大多房地产开发资金来自银行贷款的支持，房地产业成为与银行业高度依存的行业。国家展开的一系列宏观调控，以及银行的一系列政策性信贷紧缩政策，使得房地产融资渠道单一的缺点显露出来。于是，构建渠道多元化、高效并且有利于风险分散的房地产金融成为当前我国房地产业发展的一个亟待解决的问题。由于国家加强了对房地产公司信贷资金的管理，在政策高压下，房地产公司为了保证资金链条而与信托机构合作，从而推动了房地产投资信托的发展。

从组织形态来看，我国的房地产投资信托都是契约型的，即信托机构推出信托计划，然后由投资者与信托机构签订信托合同，每份合同都有最低的认购金额（根据规定最低为5万元）。

我国发行的房地产投资信托产品主要有两种形式：一种是贷款信托。信托资金用于贷款，与商业银行贷款基本相同，如中煤信托发行的“太阳星城贷款项目集合资金信托”，募集到的资金将以贷款方式专项用于北京市太阳星城金星园的开发建设。另一种是权益信托。信托机构从房地产开发公司处购买房地产的全部或部分产权，靠经营房地产来获得收入。如北京国投推出“法国欧尚天津第一店资金信托计划”，购买已与天津欧尚超市有限公司签订长期租约的天津峰汇广场1～3层商铺（即法国欧尚天津第一店）的产权，通过租金收入的形式实现投资人长期稳定的收益。贷款信托是我国房地产投资信托的主要形式。

2. 房地产投资信托的中国化发展模式

从组织形态来看，公司型基金具有基金经理和公司股东信息不对称、股东权益难以得到保障、双重税收负担（公司所得税和股东分红个人所得税）等缺点；而契约型基金因所有权与受益权的分离使得信托财产具有相对独立性，基金收益可得到法律保护。此外，契约型基金只需纳税一次，可提高基金收益。美国作为成熟的房地产投资信托市场，其房地产投资信托主要为公司型基金。考虑到我国初期房地产投资信托的发展应以稳定为主，以减少风险发生的可能性，我国在初期宜采用契约型基金模式，虽然这种模式不利于基金的扩张，但它可以保证基金的相对稳定，不会因投资者的退出而使基金解散或削弱。

另外，对缺乏成功操作经验、处于起步阶段的我国来说，发展房地产投资信托的规模不宜太大，期限应以 10～15 年为佳。在房地产投资信托资金筹集上，权益型有限期、自我偿付式房地产投资信托的资金筹集方式，应以私募为主，其资金来源则应主要出自机构投资者，如保险基金、养老基金。图 10-6 是房地产投资信托的运作模式。

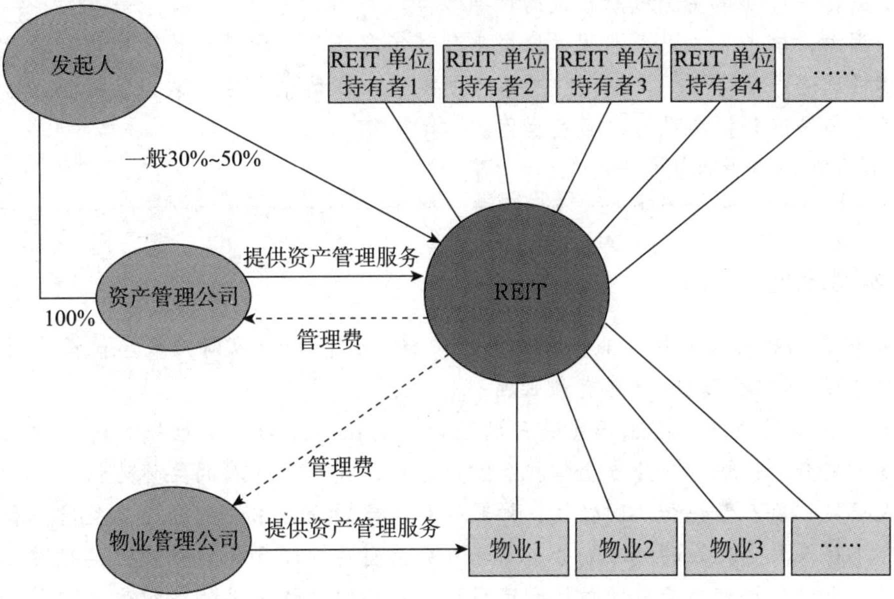

图 10-6 房地产投资信托的运作模式

二、我国财产（房地产）信托业务实例

2017 年 10 月 24 日，中信资本控股有限公司（以下简称“中信资本”）宣布，旗下房地产部门成功发行权益型类房地产投资信托产品“渤海汇金-中信资本悦方 ID Mall 资产支持专项计划”，发行规模为 27.7 亿元人民币，获得机构投资者的积极认购，为中信资本的商业地产项目带来了更为灵活和市场化的退出方式。

据介绍，该计划是具有权益型房地产投资信托属性的资产证券化产品，发起人为中信资本旗下的房地产部门，计划管理人为渤海汇金证券资产管理有限公司。该计划以中信资本旗下“湖南长沙悦方 ID Mall 购物中心”（以下简称“长沙悦方 ID Mall”）作为标的资产，采取分级结构，权益档、优先 A 档及优先 B 档证券均获得机构投资者踊跃认购，其中优先 A 档及优先 B 档证券分别获得中诚信证券评估有限公司给予的 AAA 与 AA+评级，体现了市场对于“悦方 ID Mall”品牌和中信资本商业地产管理水平的充分认可。该计划不依赖企业主体直接增信，属于国内首度此类型的市场化创新尝试。投资者的踊跃认购更加凸显了投资者对中信资本的认可，以及对“长沙悦方 ID Mall”持续稳健经营和物业增值的信心。

中信资本表示：“本次专项计划的发行，是中信资本首度发起资产证券化产品，进一步完善了中信资本在另类投资领域的投资平台和产品结构，标志着中信资本在产品创新上取得了可喜的突破，为境内外投资者带来了更为灵活多样的投资机会。中信资本将继续致力于开发新产品和拓展多元化业务，以满足全球投资者对中国相关的投资需求，并为其带来优异的投资收益。”

中信资本表示：“本次权益型类房地产投资信托产品的发行，为中信资本的商业地产项目提供了更为灵活和市场化的退出方式，市场的热烈反应令我们备受鼓舞，体现了投资者对我们投资管理能力的充分肯定。期待通过本专项计划的发行，深化中信资本在房地产领域的领导地位。”

据悉，该产品的财务顾问为摩根士丹利华鑫证券，代销机构为中信证券及中信建投证券，法律顾问由海问律师事务所提供，评估服务由世联评估提供，审计服务由毕马威华振会计师事务所提供。

资料来源：证券时报网。

本章小结

1. 信托产品的特点包括：业务方式灵活多样、信托行为以财产权为前提、所有权与受益权相分离，以及信托财产具有独立性。

2. 信托产品的分类：按照信托的目的划分，信托可分为民事信托和商事信托；按照信托的资产划分，信托可分为资金信托和财产信托；按照委托人的主体地位划分，信托可分为个人信托、法人信托和共同信托；按照受益对象划分，信托可分为私益信托和公益信托；按照委托人与受托人的关系划分，信托可分为自益信托和他益信托；按照设立信托的行为方式划分，信托可分为合同信托和遗嘱信托；按照信托关系的法律依据划分，信托可分为任意信托、推定信托和法定信托；按照信托是否跨国划分，信托可分为国内信托和国际信托；按照信托在设立时是否保留了委托人的撤销权划分，信托可分为可撤销信托和不可撤销信托。

思考题

1. 什么是信托？其核心是什么？
2. 信托产品的主要特点是什么？它与其他金融产品的区别是什么？
3. 信托的根本特质是什么？
4. 信托业的职能有哪些？
5. 权益信托的实质、特点是什么？如何应用权益信托？
6. 房地产投资信托的特点是什么？思考房地产投资信托为什么在房价高涨阶段能够蓬勃发展，以及其今后的发展趋势会走向何方。

第十一章

海外信托现状

⊙本章培养目标⊙

1. 了解英国、美国、日本、德国四国信托业的发展历程及其各自的特点。
2. 了解发达国家信托业的发展趋势。
3. 了解发达国家信托业的发展对我国的启示。

关键词：信托（trust）
职工福利信托（employee benefit trust）
公益信托（charitable trust）
遗嘱信托（testamentary trust）

第一节　英国信托业

一、英国信托业的发展历程

英国是信托业的鼻祖。从受托主体来看，英国信托业的发展贯穿"个人—官选个人—法人"这一主线。英国最早的信托是由个人承办的，主要处理公益事务和私人财产事务。当时随着英国经济的发展出现了一些特殊需要，如孤儿的财产管理、遗嘱的执行和管理以及公益事业资助基金的财产管理等，需要推举社会地位比较高和值得他人信赖的人士（如律师、牧师等）充当受托人管理财产。这种依靠个人关系而进行的信托，在管理和运用财产的时候往往会出现一些纠纷，造成委托的财产蒙受损失。于是，英国政府于 1893 年颁布了《受托人法》，开始对个人充当受托人承办的信托业务进行管理。1896 年，英国政府又公布了《官选受托人法》，规定法院可以选取受托人，不过这仍然是以个人身份承办信托事务的制度。随着信托业的发展，1908 年英国成立了官营受托局，实行以法人身份依靠国家经费来受理信托业务。例如，管理 1 000 英镑以下的小额信托财产，保管有价证券及重要文件，办理遗嘱或契约委托事项，管理罪犯财产等。这种由政府出面开办的信托机构虽然也收取一定的费用，但不单纯以获利为目的，而且其受托业务范围狭窄，当时主要是为参战的英国军人提供方便，为其办理遗嘱信托。1925 年，在《法人受托者条例》颁布后，由法人办理的以营利为目的的营业性信托才真正开始。官营受托局在当时英国信托事业中居重要地位，但因英国工业革命后生产突飞猛进，社会上出现了大批富人，他们对财产的管理和运用有了更多的需求，伦敦出现了私营信托公司。当时比较有名气的私营信托公司有两家，一家是伦敦受托、遗嘱执行和证券保险公司，另一家是伦敦法律保证信托协会。它们扩大了信托业的经营范围，开办了个人信托业务以及信用保险和保证业务。

二、英国信托业的现状

虽然英国是信托业的发源地，但其现在的信托业务不如美国、日本等国的信托业务发达。英国金融信托业务以个人信托为主，其承接的业务量占 80%以上，而法人信托业务则主要由银行和保险公司兼营，专营比例很小，在银行的信托业务中，又有 90%以上集中于三大商业银行，即国民西敏寺银行、巴克莱银行和劳埃德银行。从经营业务来看，英国信托业仍偏重于传统性业务——个人信托（或称民事信托）和公益信托。个人信托主要以承办遗嘱信托为主，其业务内容涉及：①财产管理；②执行遗嘱；③管理遗产；④财务咨询，包括对个人财产在管理、运用、投资以及纳税等方面的咨询；等等。公益信托与私益信托对应，主要是指人们将捐赠或募集的款项交给受托人，指定受托人用受托资金或财物兴办学校、医院等公共事业。

现在，除民事信托和公益信托外，英国的证券投资信托也正在逐步盛行，信托作为一种很有活力的储蓄与投资形式，已广受欢迎和得到广泛使用。英国较常采用的是养老金基金信托、投资信托和单位信托。为保护参加者利益，英国所有的职业养老金计划都通过养老金基金信托建立并进行管理。截止到 2018 年底，英国共有 142 万个职业退休金计划，这些计划的总资产达 6 000 亿英镑。信托公司则为小额投资者分散投资提供了可能。信托公司的自律性组织是 1932 年成立的投资信托公司协会（2006 年它改名为“投资公司协会”）。到 2021 年 12 月底，它已有超过 600 个会员，其旗下的信托基金分为传统型基金和资本分拆型基金，分别管理价值达 864 亿英镑和 240 亿英镑的资产。单位信托是一种开放式的共同投资工具，业务发展极其迅猛。其行业性自律组织最早是 1959 年创立的单位信托和投资基金协会，自 2002 年 2 月起它与基金管理者协会合并统一为投资管理协会，其下属会员分为全职会员和具有附属资格的会员，其中全职会员由 200 家投资管理公司组成，直接管理着超过 2 万亿英镑的资产，具有附属资格的会员则负责向全职会员提供设施和服务。

三、英国信托业的特点

英国的信托业发展到今天，形成了如下特点：

（1）以个人信托为主。无论是委托人还是受托人，无论是早期的信托还是现代的信托，英国信托业务仍偏重于个人信托，这是英国的信托业务与其他国家相比最为显著的特点。从业务量来看，个人所承担的业务量占 80%以上，而法人信托则不到 20%。

（2）法人信托集中垄断。英国的法人信托比重不大，较为集中于几大商业银行。另外，保险公司也兼营一部分信托业务。

（3）以民事信托为主。英国的信托以民事信托开始，虽然长期以来商事信托得到了一定的发展，但仍然以民事信托为主，这也是传统习惯的延续。

（4）不动产信托发达。英国的信托起源于民事信托，且信托财产主要为土地等不动产，所以时至今日，英国的不动产信托仍较其他国家发达，只不过英国的不动产信托已经由过去的非营利性信托发展为营利性信托。

（5）投资信托业务远及海外。作为老牌资本主义国家和殖民大国，英国有着极为广阔的海外发展空间。海外投资远自 1600 年英国东印度公司成立以来就广泛流行于英国。当前英国国内产业饱和，而伦敦仍然是世界首屈一指的国际金融中心，海外投资成为运用英国国内信托资产、追求利润最大化的有效途径之一。

第二节　美国信托业

一、美国信托业的发展历程

美国是世界上信托业最发达的国家，其信托法律制度非常完善，现代信托法中的很多原则和制度都来自美国的信托法。美国信托法的发展可以分为早期阶段、发展阶段和成熟阶段。

早期阶段是从信托出现到独立战争时期。随着英国对北美的殖民，英国的法律传到了北美殖民地，信托法充当主体的衡平法体系也为北美殖民地的大部分地区沿用。从仅存的很少的一些早期信托的案例可看出信托在北美殖民地出现得很早，而在信托的数量上北美殖民地的信托要比英国的信托少很多。在北美殖民地东部经济比较发达的地区，信托在社会和经济生活中发挥着重要的作用。在西部新兴地区，财富积累得较少，信托发挥的作用相对较小，但随着经济的发展，西部地区的信托也日益增多。早期阶段的信托主要是民事信托，人们出于血缘和友谊的关系，担任受托人，无偿管理信托事务。信托法的主要内容脱胎于英国宗主国，并没有形成自己的特点。

发展阶段是从独立战争后到第二次世界大战前。独立战争的胜利为美国资本主义的发展扫清了道路。在此期间，美国的股份公司组织发展较快，社会财富大量增加，并由实物形式的土地、产品向股票、公司债券等形态转化，因此，某些金融机构在业务经营范围上有所扩展，对信托的要求渐增。保险公司兼办信托在美国信托史上被认为是以后美国信托业蓬勃发展的先导。南北战争结束后，东西部的美国经济都得到了飞速发展，相应地给信托业的发展提供了有利的条件：社会财富增加，积累上升，投资者要为资金寻找出路；为了满足社会集资，股份公司采用分股征集资金的自治形式，给分散的社会小额资金提供了方便，资金容易转让，公司的成立时间又比合伙企业长，很受投资者欢迎；美国政府对信托的管理政策有所放宽，并允许信托公司扩大业务经营范围、吸收存款和经营其他银行业务；公司组织增加，亟须专业人士理财，而信托公司就可以提供这样的服务。这些因素使得美国的信托业在南北战争之后得到了很大的发展。

成熟阶段是从第二次世界大战后至今。从第二次世界大战到 20 世纪 50 年代，信托业的发展较平稳缓慢。到了 20 世纪 60 年代，信托业急剧发展起来。20 世纪七八十年代，计算机和通信技术的不断完善开拓了信托业的业务领域，美国信托业进入了快速发展的时期。在今日的美国，信托观念已经深入人心。总之，第二次世界大战后美国国内金融环境和政府经济政策的变化刺激了经济的高速发展，而经济的发展又带动了信托业的大规模发展。美国信托业始终是服务于美国经济的发展的，而信托业的繁荣和发展也使得信托法更加完备。

二、美国信托业的现状

如今在美国，信托观念已经深入人心，譬如，证券投资信托已经成为美国证券市场的主要机构投资者。2008 年美国投资公司协会（ICI）下面注册的共同基金达 8 900 多家，资产净值约 63 000 亿美元，代表着 9 000 多万名个人投资者，这还不包括其他形式的证券投资信托资产，例如封闭式基金、交易所交易基金以及单位投资信托。

美国的信托业务按委托人的法律性质可分为三类：个人信托、法人信托、个人和法人混合信托。个人信托是个人委托信托机构代为处理其财产上的事务和死后的一切事务，具体包括：信托管理财产、受托处理财产、受托管理财产、受援处理财产、指定充当监护人或管理人以及私人代理账户。法人信托主要是代理企业和事业单位发行股票和债券，进行财产管理，代办公司的设立、改组、合并及清理手续等业务。个人和法人混合信托有职工福利信托、公益信托等。美国信托业经营的主要项目见表 11-1。

表 11-1　美国信托业经营的主要项目

信托分类		品种
个人信托		生前信托，遗嘱信托，等等
法人信托		有担保债券信托，无担保债券信托，设备信托，建设公债信托，等等
个人和法人混合信托	职工福利信托	年金信托，员工分红信托，节约储蓄计划信托，职工持股信托，个人退休账户转账信托，等等
	公益信托	余存财产公益信托，主导公益信托，集合运用收益基金，等等

另外，美国还开发了许多新型的信托投资工具，比如货币市场共同基金（MMMF）、现金管理账户（CMA）、共同信托基金（MTF）、融资租赁业务以及把信托资金投资于大额存单（CD）、商业票据（CP）和 国库券（TB）等短期资金市场等。伴随新技术革命的到来，为适应市场变化和满足投资者对资金运用的要求，美国信托业的业务种类还在不断扩展。

三、美国信托业的特点

总体来看，美国信托法脱胎于英国，但并没有囿于英国的观念。美国一方面继承了公民个人间以信任为基础、以无偿为原则的非营业信托，另一方面一开始就创造性地把信托作为一种事业，用公司组织的形式大范围地经营起来。纵观美国信托法发展的历史，可以看出美国信托法的发展具有以下几个特点：

第一，不拘束于英国的信托法律制度，确立了自己的信托法规则。如美国确立了现代投资信托的重要规则——谨慎投资人规则。谨慎投资人规则要求投资人尽到三方面的义务：①注意。受托人在投资之前，应对投资对象的安全性和获益性进行调查，必要时还得征求各方面专家的意见，以供参考。②技能。受托人应具备与所从事的投资行为相适应的技能，否则如果投资有损失，应负责任。③谨慎。受托人不仅应给予职务上的注意和尽其所能，并且应谨慎行事，即应以合理的方式（如分散投资）获得合理的收入，尽量避免投机性行为。

第二，美国信托法的法典化程度较高，并且往往是实践先行、法规随后。信托法的法典化趋势最明显、最典型地体现在美国的立法中。美国的信托法是州法，纽约等州已相继出台了全面调整信托关系的信托法典或单行的成文信托法。与各州信托立法的发展相适应，在美国统一各州法制的运动中，信托法也是一个重要的内容。另外，美国的信托立法具有很强的针对性和可行性，如1940年的《投资公司法》就是针对投资基金问题进行的立法，这保证了信托多方面功能的发挥，对美国金融的发展起到了积极作用。

第三，美国信托业的法律监管完善。与美国的信托法分为联邦法规和州法规两个体系相对应，美国信托业的监管也分为两级。信托机构受联邦一级和州一级的双重监管，同时也受联邦储备体系的监管。美国信托业监管体系包括三部分，即信托立法、央行的监管和行业自律。由于法制及政府和央行的监管比较完善，美国的信托业行业自律组织的作用相对较弱。

美国的信托法非常发达，这是与其信托业的发达紧密相关的，信托业的发达相应地丰富了美国的信托法律制度，并对其他国家的信托法产生了比较大的影响。

第三节 日本信托业

一、日本信托业的发展历程

日本的信托制度是从欧美引进的。日本法制意义上的“信托”始自1900年的《日本兴业银行法》，当时日本为支持本国产业的发展，缓解资金不足的瓶颈，在新颁布的该法中首次正式允许兴业银行经营地方债券、公司债券及股票等信托业务。1904年，东京信托公司成立，成为日本第一家专业信托公司。从此开始，日本的信托业务从证券的代理推进到为委托人承受财产管理的领域，之后，日本的信托公司和信托业随着日本经济的起飞而获得迅速发展。至1921年底，日本信托公司的数量增加至488家，信托业务也发展到30多个品种。

1920年后欧美各国经济衰退，这也波及日本，这场衰退使日本信托业初步发展时所形成的各种弊病暴露无遗，信托公司倒闭现象迭起。为保护民众利益，把信托业纳入正常的发展轨道，日本政府于1922年制定了信托公司必须遵守的《信托法》和监督信托经营的《信托业法》，并实现了信托业和银行业的分离。在上述法律颁布实施后，经过整顿、合并、改组、解散的处理，信托公司的数目由1921年的400多家锐减到1928年的36家，但整顿后的信托公司资本雄厚、信誉良好，其业务量迅速攀升，经营的信托财产由1924年的1亿日元猛增到1936年的22亿日元。与此同时，各信托公司结合日本的国情和经济发展状况，开创了“金钱信托”等独具日本特色的业务品种，并借此对铁路、矿山等行业进行中长期贷款或投资，信托公司开始执行长期金融的职能，使其地位仅次于以经营短期资金为主的普通银行，成为强有力的金融机构。

第二次世界大战后，日本为了恢复和发展遭到战争破坏的经济，采取了一些特殊措施。为了发挥信托的筹资作用，日本设法先让信托公司改为信托银行，再按《兼营法》批准银行兼营信托业务。日本的信托业进入了兼营阶段。日本 1953 年又对信托业确定了分业经营的模式，并提出了长期金融和短期金融分离的方针，要求信托银行发挥长期金融职能，以信托业务为主，而原来兼营信托业务的银行相继不再经营信托业务。从 20 世纪 70 年代后半期开始，日本进入了“信托时代”。信托的金融功能和财务管理功能均得以充分发挥，日本的信托业随着日本经济的高速发展获得蓬勃发展，其在金融领域中的地位逐步上升，1989 年，信托银行占主要金融机构的资金比例由 1960 年的 8.4%上升到 18.55%，同时，信托业务的品种不断增多，大量的基于日本国情的特色信托业务，如年金信托、财产形成信托、住宅贷款债券信托、公益信托、特定赠予信托、财产奖金信托等不断被推出。

二、日本信托业的现状

根据日本信托业协会发布的统计数据，截至 2020 年 9 月，日本信托的从业机构分为具有信托业务资格的公司和不具有信托业务资格的公司两类。其中四大信托银行（三井住友信托银行、瑞穗信托银行、三菱 UFJ 信托银行、理索纳信托银行）是日本信托业的主力。

日本信托业务的发展经历了以贷款信托为主到以证券信托、服务信托为主的阶段。日本的投资类信托以证券投资信托为主，日本信托银行对证券资产配置的比例较高，在对有价证券的配置比例方面，对各类标准化的资产进行较为均衡的配置。其中国债的配置比例较高，股票和公司债其次，剩余的有价证券集中配置地方债、外国证券等，以分散投资方面的风险，在保证投资收益的同时确保业务的稳健，保护投资者的利益。另外，当前日本已经进入深度老龄化阶段，财产管理与承继需求旺盛，服务信托成了日本信托业的主要力量。如家族信托、养老信托、年金信托以及资产证券化等服务信托业务规模在不断攀升。①

三、日本信托业的特点

日本是当今世界信托业发展最具代表性的国家，日本信托业起步较早，发展较快，其信托立法比较完善，政府对信托业实施严格的管理。日本的信托业务具有业务经营面广、方法方式灵活多样、注重创新等特点。

1. 寡头垄断的行业市场格局

日本信托业的经营机构随着 1922 年和 1943 年的两次法制规范而急剧集中。近年来随着日本经济、金融持续萧条，日本的信托业不断合并重组，有进一步集中的趋势。日本信托业的这种寡头垄断的市场格局不仅有利于行业规模效益的发挥，而且还便于政府的集中管理和控制，为日本信托业的创新和稳步发展起到了积极的推动作用。

---

① [文章转载] 日本信托业的演变与启示（三）：日本信托业发展现状．中国信托业协会，2021-04-14.

2. 信托立法完善

日本的信托业除了有《信托法》《信托业法》等基本法律对信托公司进行约束外，还有根据不同信托业务种类而设立的信托特别法，如《贷款信托法》《金融商品交易法》等。此外，许多新设立的信托业务都与政府颁布的法律有密切关系，大多依据相关法律而创办。健全的法律制度使日本的信托业经营有了准确的法律依据和切实的保障。

3. 结合国情，注重创新

日本金融信托业务的发展比较注意结合国情予以创新，促使信托银行积极开发、扩充新业务，以增加其活力。如日本人家庭观念很强，若发生孩子年幼而父亲去世留下财产的情况，财产习惯由本家族中有才干的亲戚管理，一般不委托他人代管，故日本金融信托业务从一开始就大力发展金钱信托。此外，财产形成信托、年金信托、职工持股信托、特定赠予信托，以及为适应人们对利息多少的选择取向、为创造更有利的储蓄所开创的信托种类，使日本的信托业务形成了范围广、种类多、方式灵活、经营活跃的特点。

4. 重视信托思想的宣传和普及

日本对信托思想的宣传和普及着重体现在以下两个方面：①创立信托业协会。信托业协会致力于信托思想的普及和业务的推广，研究和改进信托事业的理论和实际，促进信托业者相互间的交往和合作等。②创立信托研究奖学金制度，在促进信托业的发展和创新的同时，进一步增加人们对信托业的了解。此外，信托银行开办的年金信托、财产形成信托、职工持股信托等集团信托（委托人为多人）与国民大众联系密切，也起到了对信托事业间接宣传的作用。

第四节　德国信托业

一、德国信托业的发展历程

德国很早就有信托，但没有像英国那样发展起来。在很长一段时间里，德国人处理遗产时一般不采取像英国那样的信托方式，即明确地把自己的财产交给他人管理，而多采用让通晓经济的人当监护人或管理人进行照看的方法。因此，19 世纪末德国才开始模仿英国、美国的信托业建立了信托公司。到第一次世界大战前，随着德国经济的腾飞，信托公司大力从事海外投资业务，得到了很大的发展。

第二次世界大战后，德国分成民主德国和联邦德国。联邦德国的金融信托始于 1950 年。1949 年，联邦德国的 18 家金融机构（主要是银行）共同设立了全德意志有价证券投资信托公司（委托公司），1950 年正式开展业务。联邦德国的金融信托业的真正发展是在 1957 年《投资公司法》颁布以后。从第二次世界大战后引入信托制度到 1960 年为止，从这段时间的信托量增长来看，信托投资成长率最高的国家就是日本和联邦德国。

20 世纪 70 年代初，联邦德国有 13 家信托公司，所运用基金包括股票信托投资基金 33 只，债券信托投资（公债、公司债信托投资）基金 10 只，共计 43 只。其中，在信托条款中明确投资于国内证券的只有 5 只基金，大多数基金都是海外投资基金。海外投资基金可分为兼做国内投资的混合型基金与限定仅做海外投资的基金。限定仅做海外投资的基金又可分为仅以欧洲为投资对象的地区基金、特定投资于一国或两国的基金与不限制国家的广泛进行国际投资的基金三种。

联邦德国所有的证券投资信托均为契约型基金，且为开放式，管理证券投资信托基金者为资本投资公司，并限于股份有限公司或有限责任公司的组织形式。投资公司基于风险分散的原则，发行代表持有人受益凭证的权利凭证，投资于证券或不动产，储蓄者的款项、证券、不动产，亦即基金的资产，组成“分别资产”，与管理公司的财产分开。

联邦德国的投资证券基金的所有权的归属完全按照基金的规则确定是属于投资公司所有还是属于受益人全体所有，但基金的资产则必须被保管于负责发行及买回凭证的联邦德国保管银行，以保证基金的安全。

联邦德国的国内信托投资大多由银行发起设立，主力银行也拥有子公司的信托投资，通过自己的银行出售子公司所运用的信托投资证券。联邦德国的国内信托投资不像美国和日本等国那样通过日常的家庭访问方式来推销，相比之下，美国和日本信托投资的推销活动显得更加积极。

二、德国信托业的现状

20 世纪 90 年代，在金融自由化浪潮的推动下，绝大部分的发达国家采取了混业经营的模式。在欧洲，典型的例子是德国，表现为它的全能银行制度。正因为德国实行的是全能银行制度，所以在德国没有专门的金融信托机构。全能银行的经营范围包括存款业务、贷款业务、贴现业务、信托业务、证券业务、投资业务、担保业务、保险业务、汇兑业务、财务代理业务、金融租赁业务等所有的金融业务。德国的全能银行享有以机构投资者身份进行证券投资的独占权。事实上，德国的证券市场完全是由银行来组织和控制的。德国金融信托业务的拓展与长期资本市场的发展两者呈同步发展之势。信托业的发展使整个金融资产规模不断扩大。

三、德国信托业的特点

（1）金融信托业务可以由一般金融机构经营。银行兼营信托业务十分普遍。尽管在银行内部，银行与信托两个部门是明确分开的，但信托所提供的金融产品和金融服务与银行所提供的无明显区别。银行趋向于把信托业务和其他银行产品分件交易，重新组合，以向客户提供更新的金融服务。

（2）信托业务与证券业的关系日益密切。两者之间在同一业务范围内的竞争相当普遍。

（3）信托职能多元化。信托的基本职能是财产管理，包括对个人、法人、团体等各类有形及无形资产的管理和处理。在继续强调信托的基本职能的同时，德国信托对信托的其他职能，如融资职能、投资职能和金融职能也愈加重视。

（4）兼理公司的财会账务事宜。其起因是德国银行在准备对公司贷款和投资时，为了安全，采用了首先让信托公司检查对方公司财会情况的做法。从此以后，信托公司把它作为基本业务之一，一般信托公司都办理这种业务，特别是第一次世界大战后，经济界发生了很大的变化，各种公司的业务内容也发生了惊人的变化。对公司来说，它在接受信托公司检查后在社会上的信用程度就会提高，公司债券和股票出售情况也会被看好，因此，信托公司以其丰富的经济知识和经验作为副业经办的财会检查反而成了德国信托公司的一大特色。

第五节 发达国家信托业的发展趋势

由于各国的国情和文化背景等各方面的差异，发达国家的信托业表现出很大的不同，例如从信托品种来看，英国以单位信托为特色，美国的证券投资信托发达，而日本则首创贷款信托；但也表现出一些共性的东西，特别是进入20世纪80年代之后，随着世界经济一体化和资本经营国际化进程的加快以及众多国家对金融管制的放宽，发达国家信托业的制度和业务也发生了很大变化，出现了一些新的动向。

一、信托职能多元化，信托机能不断深化

信托的基本职能是帮助他人进行财产管理。发达国家在继续强调信托财产管理职能的同时，对信托的其他职能也愈加重视，其他职能主要包括：①融资职能。日本在第二次世界大战后建立的信托银行制度增加了信托机构的融资职能，极大地加强了吸收社会游资的力度，它成立了国内大众的重要的储蓄机构，反过来为日本的产业和证券市场的发展提供了有力的资金支持。②投资职能。不同的项目有不同的资金需求，有些建设周期长、收益稳定的项目，银行可能不太喜欢提供贷款，一般的投资公司也会因收益周期太长而放弃，但这些项目适合信托资金投资，如国外油田、天然气的开采很多就利用了信托资金。③金融职能。在传统的代理证券业务、基金业务、代收款业务的基础上，一些发达国家的信托机构将金融服务推广到纳税、保险、保管、租赁、会计、经纪及投资咨询服务领域。信托职能的多元化使信托投资渗透到国家的一切经济生活之中，使信托派生出各种各样的社会机能，其中最主要的有三项：一是通过信托资金的运作，发挥投资和融资功能，促进经济发展；二是通过公益信托的运作，促进社会公益事业的发展；三是通过雇员受益信托的运作，配合国家福利政策推行社会福利计划，发挥促进社会安全与稳定的作用。

二、信托机构与其他金融机构同质化

由于国外信托机构与其他金融机构业务交叉、机构交叉，这种紧密的融合使信托机构这一独立的金融机构概念含混不清。无论是在美国还是在日本，银行兼营信托业务和信托机构从事银行业务均十分普遍，有的是银行内部有信托，有的是信托银行化。尽管在银行内部或信托机构内部，银行与信托的两个部门是明确分开的，二者在性质和业务重点上不同，内部结算也自成体系，但界限已经越来越模糊，而且信托所提供的金融产品和金融服务与银行所提供的无明显差别。在美国，几乎每家银行都有专门开展信托业务的分支机构，为人们提供多种多样的信托品种。此外，信托与证券的结合也前所未有地紧密，两者之间在证券业务上表现为既竞争又合作。在日本，信托机构分担证券业务的倾向明显，证券投资业务日益扩大，在一定程度上适应了国民储蓄形式逐渐从存款和信托转向证券的趋势。不少国家在信托机构经营证券业务方面几乎没有什么法律限制。

三、信托业务国际化

1984年日本与美国达成协议，日本向美国及其他西方国家银行开放日本的信托市场。随后不久，美国摩根大通银行、纽约化学银行、花旗银行、英国巴克莱银行、瑞士联合银行等被批准在日本开展信托业务。与此同时，西方国家也向日本的银行开放其国内信托市场，使得日本的信托银行体制进入欧洲国家，促进了日本和西方国家信托业的交流和发展。这种信托投资业务的国际化刺激了各国同行新业务的开发，各国信托业的经营经验日益成为共享的财富，同时信托业的国际竞争也日益加剧。

四、信托品种多元化

从国外的实践看，信托品种一直随着社会环境的变迁而不断创新。从信托的利用者看，早期信托的主要利用者是个人，但发展到现代，企业早已是信托的重要利用者。早期信托曾被视为富人的专利，而今信托早已走进寻常百姓家，成为中小资产者投资理财的工具及退休养老的手段。从信托的应用领域看，早期信托主要应用于家庭和民事领域，但发展到现代，已被应用于社会生活的各个领域。

现代信托不仅在家事领域被用来传继和积累家产、管理遗产、照顾遗族生活、保护隐私等，在商事领域还被用作中小投资者的投资工具（投资基金）、方便企业融资的手段（公司债信托、动产信托、贷款信托）、经营企业的方式（表决权信托、商务管理信托）等等；不仅在社会公益领域被广为运用（公益信托），而且也被广泛运用于社会福利领域（年金信托），甚至在政治领域被用作一种防范权钱交易、维护政治清廉的工具（全权信托、盲目信托）。

五、信托财产日益集中

发达国家的信托业在不断发展的过程中逐渐集中，如英国的法人信托主要集中在四大商业银行手中；以德国三大银行（德意志银行、德累斯顿银行和德国商业银行）为首的私营信贷银行在德国银行体系中占据绝对强大的地位，操纵了大部分存款与信托业务；日本的信托业集中在主要的四大信托银行手中；美国的信托业务基本上由大的商业银行设立的信托部垄断。近年来，发达国家的信托业有通过并购重组走向更加集中的趋势。

六、信托向商业化、金融化发展，公益信托也日益受到重视

信托制度的高度灵活性和弹性空间为信托的发展留下了广阔的空间。早期的信托主要表现为一种授予与安排家庭财产的民事信托，而信托的现代化发展则将它与商业有机联合起来，并因此使得信托更加富有生命力。如英国的单位信托实际上是一种大众化的投资手段；日本的贷款信托则是一种日本独创的信托新品种。除了上述两种商业信托之外，信托在商业事务中还有更为广阔的运用，如附担保公司债信托、设备信托、表决权信托。而且，信托机构不仅接受土地、房屋等有形财产委托而进行财产管理，而且接受金钱、有价证券委托，从事投资和融资活动，因此信托机构又具备了金融机构的性质，发挥了中长期的金融功能，开始对国民经济的发展产生重大影响、发挥更大作用。信托金融化和商业化

是现代信托的两大典型特征。正因如此，信托业与银行业、证券业、保险业一起构成了现代金融业的四大支柱。另外，在西方发达国家，办学基金、慈善基金一般都由信托机构代理经营，公益信托也日益受到重视。

七、养老金信托逐年增长

在政府的推动下，西方国家的职业年金计划得到了迅速发展。2010 年经济合作与发展组织（OECD）成员已有 1/3 的雇员自愿参加了补充养老保险。对于像养老金这种公共性很强的资产，在理念上信托是对其进行管理和运营的最合适形式。随着养老金的增长，发达国家的养老金信托呈逐年增长的趋势。到 2015 年末，日本养老金信托在各种信托财产中所占的比例已达到 57%。

第六节 发达国家信托业的发展对我国的启示

信托业在当前主要的发达国家已获得了相当程度的发展，并成为现代金融业的一个重要组成部分。信托业的良好发展已成为市场经济发达的一个重要标志。中国自从 1979 年成立中国国际信托投资公司恢复开办信托业务算起，至今已经走过了 40 多个年头。与其他金融同业相比，信托业的发展历程可谓坎坷，其间经历了多次整顿，其中的原因很多。对比发达国家信托业的发展历史、现状以及向规范化、规模化发展的趋势，我们可得到如下启示：

一、加快立法建设，加强监管

国际经验表明信托机构只有同其他金融机构一样，在良好的法制环境下，参与到市场竞争中，加强自身的规范和管理，才能整体上和其他金融机构在信用体系上形成竞争。因此，信托业的发展与法制建设紧密相关，任何的无序竞争都源于没有健全的法律保障。综观信托业务发达的国家，如英国、美国、日本等，无不有健全的信托法制作为基础，除了有一般的信托法外，还有根据不同信托品种制定的信托特别法，每一种信托业务都有与之相对应的法律依据。这是信托业在历史上从无到有、从不规范到规范并得以迅速发展的根本前提。如果没有明确的信托制度，信托在财产管理业务方面所具有的优势和在应用方面所具有的弹性实质上无从发挥和利用。应加快信托立法，从法律上界定信托业在我国金融体系中的地位、功能、作用、经营范围和市场准入，使信托经营活动和中央银行的监管有法可依。

2001 年，《信托投资公司管理办法》和《中华人民共和国信托法》先后颁布实施，为我国信托业的规范发展提供了可靠的保障。（《信托投资公司管理办法》现已失效，从 2007 年起实施新的《信托公司管理办法》。）但有了法律基础，还必须加强监管。从外部讲，必须强化中央银行对信托业的监管职能，从机构管理、资信管理、资本金管理、高级管理人员管理、财务管理、资产负债比例管理等方面着手，逐步构建一套对信托公司管理及时、有效的监管系统。建议以《中华人民共和国信托法》和《信托公司管理办法》为依据，将一些成熟的信托品种加以规范化、程序化，以条例形式推出具体的管理办法。从内部讲，强化信托机构的自律体系，以防范和控制风险为重点，建立和完善信托业的现代企业制度，建立健全科学、高效、严谨的内部运作和管理机制，加强内控。另外，中国信托业协会成立于 2005 年 5 月，其建立有助于加强同行业之间的信息交流与业务沟通，共商信托业面临的新情况、新问题。这对处于摸索、整合阶段的中国信托业的发展非常重要。

二、合理定位信托业的职能

从中国信托业的长远发展看，必须对信托业给予一个基本定位。借鉴发达国家信托业的一般特征，结合我国经济发展对信托业的客观要求及《中华人民共和国信托法》和《信托公司管理办法》的有关规定，我国信托业的基本职能应集中定位于以下几个方面（见图 11－1）：

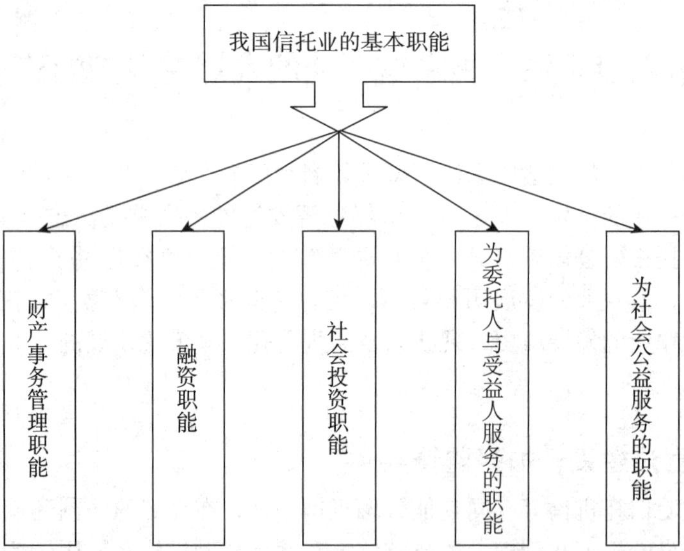

图 11－1　我国信托业的基本职能

1. 财产事务管理职能

这是信托的基本职能，又称社会理财职能，是指信托受委托人之托，为之经营、管理或处理财产事务的职能，即“受人之托，为人管业，代人理财”。现代信托业务，无论是金钱信托，还是实物信托，都是对这一职能的具体运用。根据这一职能，信托公司应拥有开办信托业务、提供专项服务的经营权，借以充分发挥为财产所有者经营、管理、运作、处理各种资产的作用，如开办各种投资信托、财产信托等。中国信托业的发展也必须根植于此职能。信托业的财产事务管理职能在中国能否充分发挥，未来中国信托业能否在此职能上下功夫、做文章，直接关系到中国信托业的前途和命运。也就是说，中国信托业的主要职能定位应是财产事务管理，否则，背弃财产事务管理而偏重其他功能的发挥，要么发展道路越来越窄，要么重蹈频频整治的覆辙。

2. 融资职能

在货币信用经济条件下，个人财产的相当大部分必然以货币形态得以表现，对这部分财产的管理必然伴随着货币资金的融通过程。因此，财产事务管理职能的发挥必然在某种程度上表现为融资职能。与银行间接融资和资本市场的直接融资服务相区别，信托机构在投融资中提供的是一揽子金融服务，架构委托人、受托人、受益人、投资项目的多边信用关系，可以是融资、融物和直接融资、间接融资的混合运用。信托投融资是商业信用关系，而不是银行信用关系。借鉴日本把信托规定为融通长期资金的金融机构，在我国，利用信托的这一职能，信托公司可以为基础设施建设、引进国外先进技术和设备等融资。

3. 社会投资职能

通过开办信托业务参与社会投资行为是信托业的重要职能。信托机构开办投资业务是世界上许多国家的普遍做法，信托业务的开拓和延伸必然伴随着投资行为的出现。只有信托业享有投资权和具有相适应的投资方式，其代人理财功能的发挥才能建立在可靠的基础上。

4. 为委托人与受益人服务的职能

信托公司作为委托人与受益人的中介，为双方建立互信关系，并为双方提供信息与咨询服务。协调和处理经济过程中各个环节上的各种经济关系是信托业的特有职能。因此，经济咨询、财务顾问、资信调查、投资咨询、担保鉴证等应构成信托的特有业务。信托在金融领域中发挥这一职能，运用多种业务方式和多种融资渠道，可以起到协调经济关系和促进经济发展的积极作用。

5. 为社会公益服务的职能

在当前主要发达国家，办学基金、慈善基金一般都由信托机构代理经营。随着我国经济的逐步发展，社会公益需求正逐步上升，近年出现的扶贫基金、残疾人基金、养老统筹基金等可以由信托经营。

三、寻求合适的发展模式

从西方发达国家信托业发展的历史来看，它们都经历了从产生、发育到成熟的阶段，其间也都经历了发展、规范、再发展的过程。由于各国的历史、国情、金融制度的差异，信托业的发展模式也各具特色。经过多次整顿，我国的信托业已经发展到了十分关键的时期。我国信托业的发展模式应该怎样，这是当前我国信托业发展迫切需要解决的课题。纵览当今世界上的各种信托模式，其中比较有代表性的是英国、日本、美国的信托模式。英国的信托业是以民事信托为主的模式，这是与英国的历史传统和风俗习惯相联系的。首先，英国曾经是一个老牌的资本主义国家，拥有的殖民地很多，因此英国人的财产很多以不动产表示；其次，英国人一般比较绅士和保守，他们不愿意把财产用于较高风险的证券信托和金钱信托；最后，英国的证券市场和资本市场也不如日本、美国活跃，没有形成证券信托和金钱信托的氛围。日本的信托业则采用以金钱信托为主的信托模式。日本之所以以金钱信托为主，是因为日本的国情。首先，日本居民的财产以货币形态为主，证券及其他资产较少，加之没有以其他财产形式交给别人管理的习惯，信托机构经营的对象只能是货币形态的金钱信托；其次，金钱信托的收益比商业银行的利息要高，对委托人很有吸引力；最后，这种以长期（3～5 年）形式存在的金钱信托，又通过贷款信托的方式被运用于国家的基础产业项目，适应了日本国民经济发展的需要。与日本的金钱信托不同的是，美国的信托是通过证券市场直接为政府和企业筹资，它是通过财产管理的形式进行的，因此，美国的信托业采用以证券信托为主的信托模式。美国的证券信托也缘于美国的经济环境和风俗习惯。第一，经济的全球化和美国经济证券化使得美国经济高速发展，美国积累了巨大的信托财产，由于美国较盛行股权制，这些财产一般都直接转化为证券。第二，美国发达的资本市场和较成熟完善的法制，为美国的证券信托提供了依据和空间。第三，美国是一个比较喜欢冒险、比较直率的国家，人们愿意把自己的财产交给别人管理。那么接下来的问题是中国的发展模式应该是怎样的？我们认为，中国的信托模式应该是集日本、美国、英国三国模式于一体的综合型模式。所谓综合型模式就是民事信托、金钱信托、证券信托三分信托业，这三者统一发展。但并不是说这三者平均发展，在某一个特定的时期偏重于某一种模式（如金钱信托）是被允许的。但是一定要保持这三者的协调均衡，并且三者相互促进，最终实现综合的统一，譬如说金融信托。

当然，之所以突出综合型模式，是因为中国的国情。首先，中国是一个人口众多的国家，同时也是一个经济发展不平衡的国家，总体而言，中国还是一个发展中国家，人们的金融意识还不是很强，源于自发的需要，民事信托将得到比较好的发展；其次，随着改革的深化，中国的经济尤其是沿海地区的经济得到了高速发展，居民手中的钱多起来了，但是人们的财产仍然是以货币为主，证券及其他资产较少，因此这时信托机构经营的对象就只能是货币形态的金钱信托；最后，随着经济的全球化和信息时代的到来，证券信托将成为信托的潮流和先锋，再加上我国金融市场开放的日益深化，信托业也必须和世界接轨，那么证券信托必须快速发展起来，况且，我国的证券市场已经具备一定的规模。

总之，我国信托业之所以要采用综合型模式，即民事信托、金钱信托和证券信托同时发展，是因为要适应我国地区间不同的经济发展水平，也是因为要顺应世界潮流。

四、对发展战略的启示

1. 更加注重品牌效应，突出自身比较优势

经过清理整顿，我国信托公司大体会形成以下三种类型：一是注册资金为数十亿元的国家级信托公司，这些公司会以其几十亿元注册资本、几百亿元甚至上千亿元资产的雄厚实力为后盾，发展综合业务，形成集金融、投资、贸易、服务于一体，功能全面、门类齐全的“综合超市”，为客户提供“一站式”服务。二是注册资金为十几亿元至二十几亿元的中型信托公司，如山东省国际信托股份有限公司、上海市国际集团有限公司，这些公司将会更加注重自己的特色，依靠多年在某个领域建立起的信誉，形成自己的专业特长和比较优势。这些公司会根据自己的特长和优势，为客户提供量身定做的个性化服务，如有的可能会以实业投资为主，投资于关键行业或领域，为客户提供一个稳定的收益来源；有的可能会凭借证券和实业投资方面的经验，为客户提供资本运营方面的服务。三是注册资金达到或略超过国家要求的小型信托公司，我国相当一部分信托公司属于这种模式，这些公司由于资本金不大，很难开展实业投资业务，将会以证券投资为主，为客户提供资金信托服务，也可能更多地从事中介、代理和投资银行等的业务。

2. 增加与其他金融机构的合作

自 2000 年以来，国内金融机构的跨行业合作方兴未艾，特别是银行与证券、银行与保险的横向合作逐步深入，这是我国金融业分业经营模式下不同金融机构对国际趋势的应对策略，这种合作将是金融混业的前奏。就信托本身而言，眼下可能首先会形成由银行或证券公司代理部分信托业务的局面，比如代理销售信托受益凭证。因为信托公司要想大规模销售信托品种，尤其是销售个人信托品种，利用银行或证券公司的网点代理销售是最好

的选择，这种方式不仅销售范围大、销售成本低，而且体现了信托公司方便客户、服务客户的思想。信托和保险结合的空间也极其广阔，当前保险公司可以研究为信托业务提供收益保险，把信托不能承诺的收益改为由保险公司以保险的形式向投资者承诺，这样不仅可以开发新的保险品种，而且能够避开信托公司不能承诺收益的约束。

3. 加快融入国际金融市场的步伐

近期信托公司可与外国同行联合，或让其参股，或成立合资的信托机构，或合作开展信托业务，其立足点以国内市场为主；在不久的将来，信托公司则可能走出国门，开拓国际市场。当年日本与国际金融机构在信托业务方面的合作，不仅促进了日本信托机构的发展，也繁荣了日本的信托市场，促进了全球信托业的发展。我国金融业的日益开放也势必吸引国外发达的金融机构来经营国内信托市场，从而促进国内信托业和信托机构的繁荣和发展。我国的信托公司可以利用这一契机，加强与它们的合作，借鉴它们先进的技术和营销理念，逐步融入国际金融市场，促进自身的繁荣和发展。

五、对业务发展设想的启示

信托公司应顺应市场经济发展的趋势，根据市场需求来拓展业务。我国高速的经济增长和突出的资金供求矛盾为信托公司提供了无比广阔的市场需求。在把握信托特色，借鉴美国、英国、日本等国的成功经验，巩固公司原有业务的基础上，信托公司应该大胆开拓创新，不断开发出适合中国国情的信托产品，积极寻求新的利润增长点。

1. 认真开展个人金融资产信托

个人金融资产信托在国外是典型的信托业务，但在我国几乎没有开展。事实上，在我国开展个人金融资产信托业务有巨大的市场潜量和切实可行性。我国居民储蓄存款余额数量庞大。如果每个居民都为几万元甚至几千元的资金去研究如何购买股票、债券或其他投资问题，一般难以研究透，并且可能导致投资失败，还可能会耽误本职工作，失去休息时间，实在是得不偿失。对此，信托公司应该抓住这一机会，积极向社会宣传和推广投资理财业务，利用自身专家理财的优势，代人理财，一方面可解决自身的资金来源问题，另一方面不仅可使居民获得比自己亲自投资更高的收益，而且能将许多居民从自己不熟悉的投资事务中解脱出来。

2. 发展国有资产信托，支持国企改革

国企改革虽已进行多年，并取得了阶段性成果，但国有资产产权主体虚置或缺位的问题一直未得到有效解决，这是我国企业现代制度不到位、运行不规范及上市公司“一股独大”等问题的根源所在。信托作为一种为他人利益管理财产的制度，是一种高度专业化的财产管理制度，非常适合国有资产的经营管理。信托公司可根据国有资产的不同特点和需要推出不同的信托品种，如针对国有股权的管理推出表决权信托，对国有财产管理则采用财产信托和专项资金信托。另外，在国有企业改组、破产清算、收购兼并、债务托管等一系列事项中，信托公司也都大有可为。

3. 大力发展基础设施信托

基础设施是长期制约我国经济发展的瓶颈，加强城市基础设施建设，是促进经济发展的必由之路。基础设施建设项目具有资金需求量大、有政策扶持或优惠、有稳定的收益或今后可能有巨大收益、市场影响大等特点。信托公司应该以高瞻远瞩的战略眼光，通过基础设施信托的方式积极参与基础设施建设，一方面有利于其市场形象和品牌的树立，另一方面能获取丰厚的利润收益。

4. 全面开拓投资基金信托业务

投资基金信托业务是真正的受托理财业务，其特点是：集分散资金为整体；专家理财，共同收益；组合投资，分散风险；投资灵活。近年来，在国民经济迅速发展、经济结构调整加快和金融服务需求多元化的背景下，我国投资基金迅速发展，信托公司应当抓住机遇，积极主动组建或参与组建各种类型的基金管理公司并开展相应业务。

本章小结

1. 发达国家信托业的发展趋势包括：信托职能多元化，信托机能不断深化；信托机构与其他金融机构同质化；信托业务国际化；信托品种多元化；信托财产日益集中；信托向商业化、金融化发展，公益信托也日益受到重视；养老金信托逐年增长。

2. 发达国家信托业对我国的启示包括：加快立法建设，加强监管；合理定位信托业的职能；寻求合适的发展模式；对发展战略的启示；对业务发展设想的启示。

思考题

1. 简述英国、美国、日本、德国四国信托业发展的特点和区别。
2. 发达国家的信托业有哪些发展趋势？对我国而言有何借鉴之处？
3. 结合我国现阶段的国情，思考我国应该如何发展信托业。

第十二章

中国信托业的发展

⊙本章培养目标⊙

1. 了解我国信托业的发展现状。
2. 了解我国信托业存在的问题。

关键词：私人股权投资信托（private equity investment trust，又称 PE 投资信托）
公益信托（charitable trust）

信托制度起源于英国，距今已有几个世纪了。中国的信托制度最早诞生于 20 世纪初，但在当时中国处于半殖民地半封建社会形态，信托业得以生存与发展的经济基础极其薄弱，信托业难以有所作为。1979 年 10 月，改革初期，许多地区和部门对建设资金产生了极大的需求，我国第一家信托机构——中国国际信托投资公司经国务院批准正式成立了。

1979—2023 年，中国信托业前后经历了七次整顿，从 2023 年 6 月 1 日起施行的《关于规范信托公司信托业务分类的通知》大概预示着信托业第七次整顿正式进入了后半程。这些整顿为我国信托业的发展奠定了坚实的基础。我国经济的不断发展和法律制度的进一步完善，例如《中华人民共和国信托法》《信托公司管理办法》以及《信托公司集合资金信托计划管理办法》（2009 年修订）和《信托公司净资本管理办法》等的施行，为信托业的发展铺平了道路，信托与银行、保险、证券一起构成了现代金融体系。

第一节　中国信托业的发展现状

一、信托法律法规体系日趋完善

自 2001 年《中华人民共和国信托法》颁布以来，我国有关部委相继颁布了一系列与信托相关的规范性文件，形成了以商业信托为主的信托法律法规体系。随着监管主体和思路的不断变革，我国的信托法律法规体系经历了一系列演变。2007 年施行的《信托公司管理办法》和《信托公司集合资金信托计划管理办法》(2009 年修订)取代了之前的《信托投资公司管理办法》和《信托投资公司资金信托管理暂行办法》，加之 2010 年《信托公司净资本管理办法》的施行，以“一法三规”为基础和核心的信托法律法规体系显现雏形。

我国的信托法律法规体系见表 12-1。

表 12-1 我国的信托法律法规体系

内容	法律法规名称
一法三规	《中华人民共和国信托法》
	《信托公司管理办法》
	《信托公司集合资金信托计划管理办法》(2009 年修订)
	《信托公司净资本管理办法》
公司内部治理	《信托公司治理指引》
业务分类	《关于规范信托公司信托业务分类的通知》
私人股权投资信托业务	《信托公司私人股权投资信托业务操作指引》
受托境外理财业务	《信托公司受托境外理财业务管理暂行办法》
资产证券化业务	《信贷资产证券化试点管理办法》
	《金融机构信贷资产证券化试点监督管理办法》
	《资产支持证券信息披露规则》
企业年金基金业务	《企业年金基金管理办法》(2015 年修订)
	《企业年金基金账户管理信息系统规范》
	《企业年金基金管理运作流程》
信息披露	《信托投资公司信息披露管理暂行办法》
公益信托业务	《关于鼓励信托公司开展公益信托业务支持灾后重建工作的通知》
银信合作关联交易	《银行与信托公司业务合作指引》

二、信托资产规模增大、结构优化

2022 年第四季度信托资产规模延续了 2022 年度以来企稳回升的发展趋势。截至 2022 年第四季度末，信托资产规模为 21.14 万亿元，同比增长 5 893.44 亿元，增幅为 2.87%；环比增长 649.67 亿元，增幅为 0.31%；相较于 2017 年第四季度的历史峰值（见图 12-1），2022 年第四季度信托资产规模下降 19.46%。

行业资产来源结构（见图 12-2）进一步优化，但优化幅度较上一年度有所放缓。截至 2022 年第四季度末，集合资金信托规模为 11.01 万亿元，同比增长 4 205.94 亿元，增幅为 3.97%；环比增长 720.87 亿元，增幅为 0.66%；占比达到 52.08%，同比增长 0.55 个百分点。单一资金信托规模为 4.02 万亿元，同比下降 3 940.51 亿元，降幅为 8.92%；环比下降 546.31 亿元，降幅为 1.34%；占比为 19.03%，同比下降 2.46 个百分点。管理财产信托规模在第四季度末为 6.11 万亿元，同比增长 5 628.06 亿元，增幅为 10.15%；

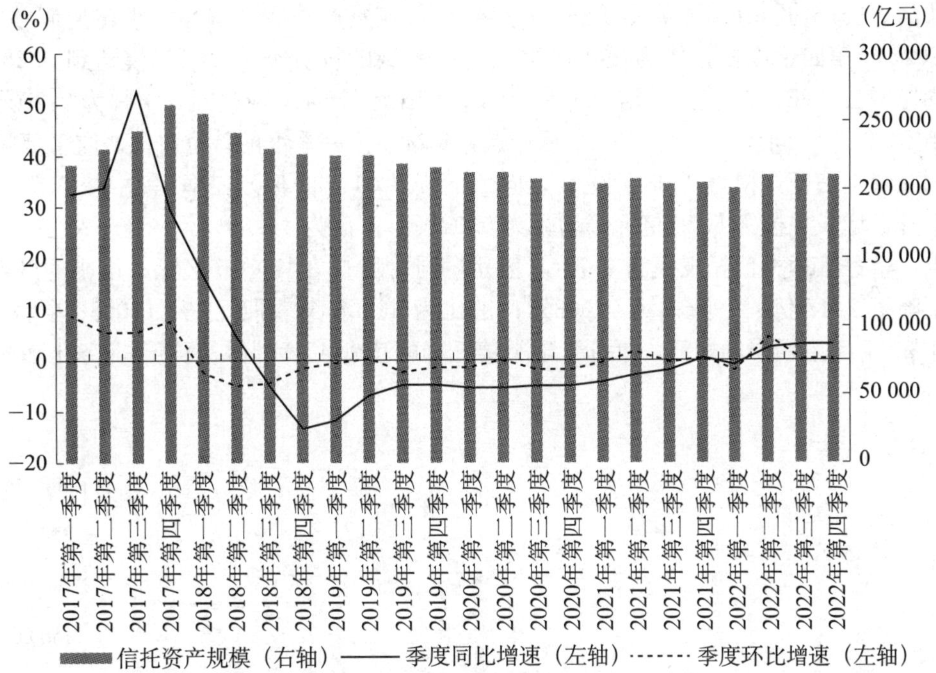

图 12－1　信托资产规模变动情况

资料来源：根据中国信托业协会公开数据整理。

环比增长 475.11 亿元，增幅为 0.78%；占比为 28.89%，同比上升 1.91 个百分点。自“资管新规”以来，信托资产结构整体呈现“两升一降”趋势，集合资金信托持续上升，管理财产信托长期来看实现规模增长，而以通道类业务为主的单一资金信托则持续压降。

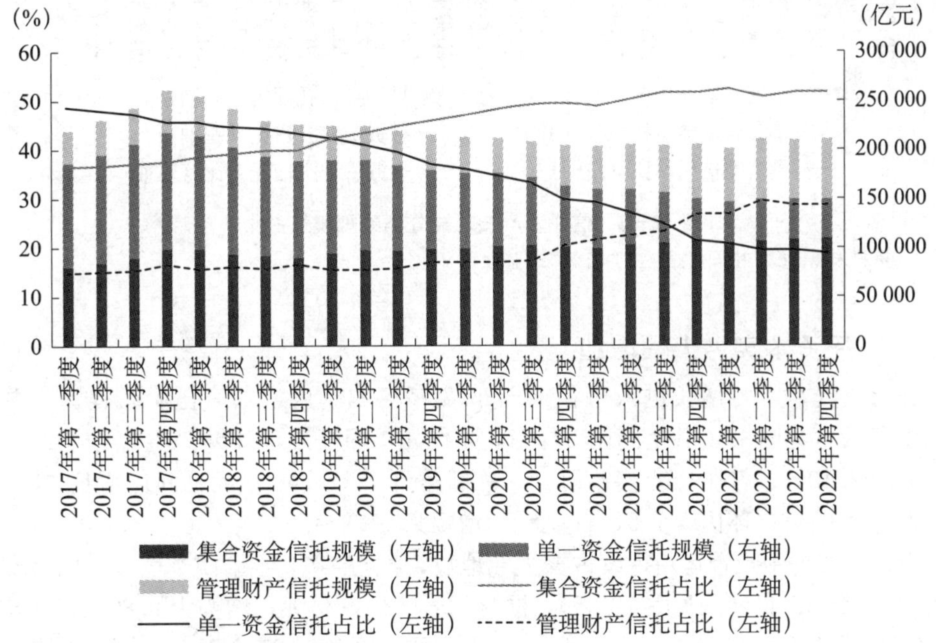

图 12－2　信托资产按来源分类的规模及占比

资料来源：根据中国信托业协会公开数据整理。

从信托资产功能分布（见图 12-3）来看，行业资产功能结构亦处于转型调整之中。截至 2022 年第四季度末，作为信托业重点转型领域的投资类信托，规模达到 9.28 万亿元，同比增长 7 821.23 亿元，增幅为 9.20%；环比增长 646.34 亿元，增幅为 0.70%；占比达到 43.92%，同比增长了 2.55 个百分点，延续了上一季度的首位占比。监管部门要求压降的融资类信托规模为 3.08 万亿元，同比下降 5 047.29 亿元，降幅为 14.10%；环比略有上升，增长规模为 5.79 亿元，增幅为 0.02%；占比为 14.55%，同比下降了 2.87 个百分点。事务管理类信托规模为 8.78 万亿元，同比增长 3 119.55 亿元，增幅为 3.68%；环比下降了 2.47 亿元，降幅为 0.003%；占比为 41.53%，同比上升了 0.33 个百分点。相较于 2017 年第四季度峰值，事务管理类信托降幅达到 43.90%，通道类业务压降成果较为显著。

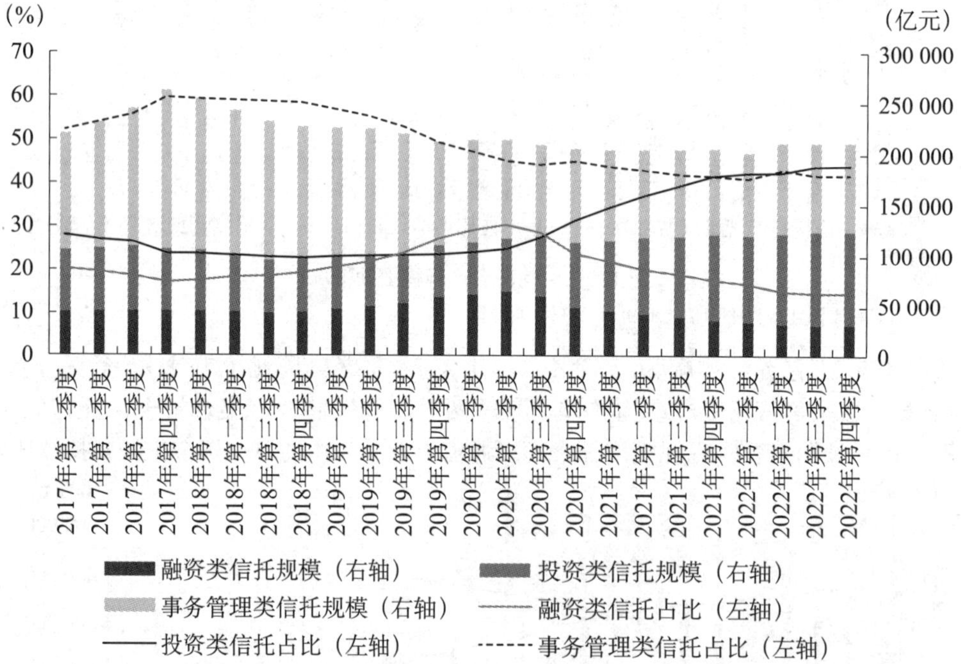

图 12-3 信托资产按功能分类的规模及占比

资料来源：根据中国信托业协会公开数据整理。

三、信托资本实力大幅增加

信托行业资本实力增长进入平稳期。2022 年第四季度末，信托业固有资产总额为 8 742.32 亿元（见图 12-4），同比下降 10.64 亿元，降幅为 0.12%；环比上升 179.44 亿元，增幅为 2.10%。就所有者权益而言，总额达到 7 178.66 亿元，同比增长 145.47 亿元，增幅为 2.07%；环比增长 91.41 亿元，增幅为 1.29%。

行业固有资产中投资运用持续占据主导地位。截至 2022 年第四季度末，固有资产投资规模为 7 048.31 亿元（见图 12-5），同比增长 62.39 亿元，增幅为 0.89%；环比增长 6.53 亿元，增幅为 0.09%；占比达到 80.62%，同比增长 0.81 个百分点，2022 年度投资运用占比均位于 80.00%以上。货币资产规模为 548.44 亿元，同比下降 103.70 亿元，降

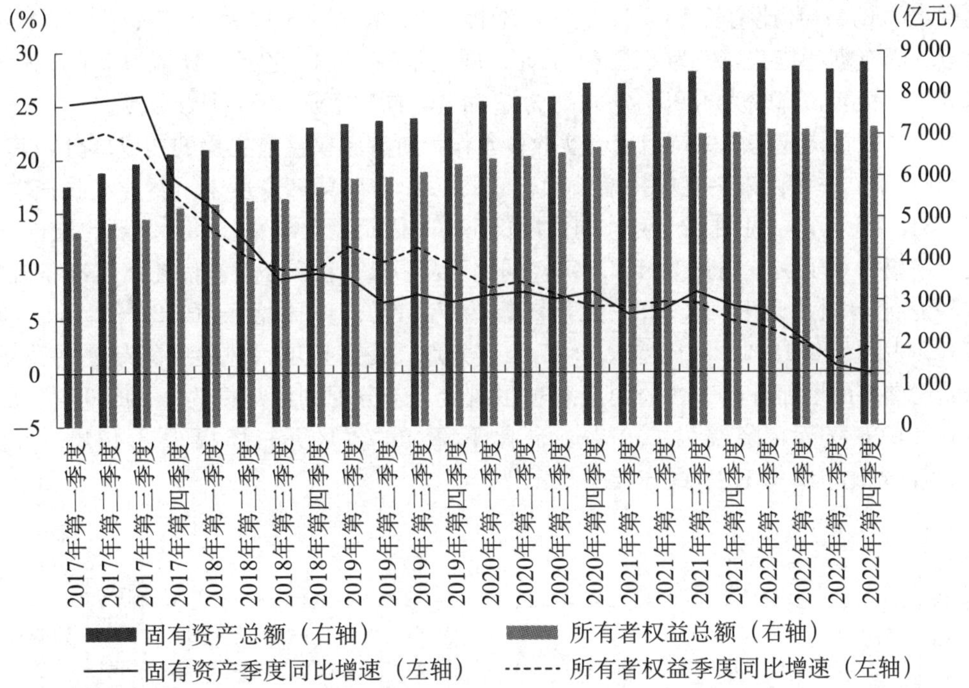

图 12-4　信托业固有资产总额、所有者权益总额及其变动情况

资料来源：根据中国信托业协会公开数据整理。

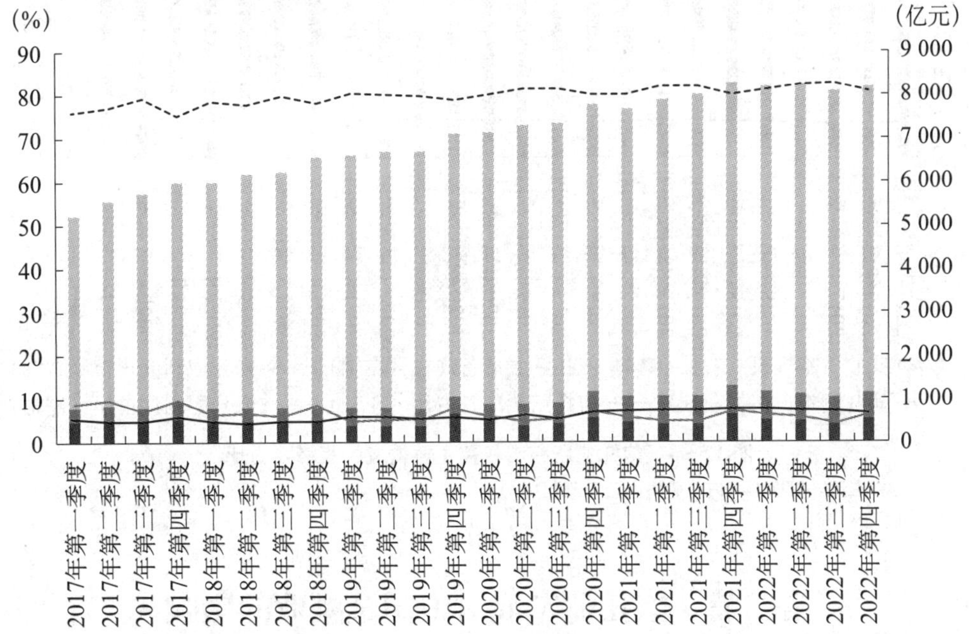

图 12-5　信托业固有资产主要运用方式的规模及占比

资料来源：根据中国信托业协会公开数据整理。

幅达到 15.90%；环比增长 135.91 亿元，增幅为 32.95%；占比为 6.27%，下降 1.18 个百分点。固有资产贷款规模为 597.61 亿元，同比下降 45.43 亿元，降幅为 7.06%；环比下降 31.12 亿元，降幅为 4.95%；占比为 6.84%，同比下降 0.51 个百分点。

所有者权益构成基本保持稳定。实收资本作为所有者权益最主要的构成部分，其规模自 2020 年第二季度以来一直保持增长状态。截至 2022 年第四季度末，行业实收资本规模达到 3 315.95 亿元（见图 12-6），同比增长 59.66 亿元，增幅为 1.83%；环比增长 16.16 亿元，增幅为 0.49%；占比为 46.19%，同比下降 0.11 个百分点。信托赔偿准备规模为 371.59 亿元，同比增长 25.32 亿元，增幅为 7.31%；环比增长 16.25 亿元，增幅为 4.57%；占比为 5.18%，同比增长 0.25 个百分点。在信托项目风险持续暴露的背景下，信托赔偿准备的增加有利于各公司应对项目风险。未分配利润规模为 1 896.67 亿元，同比下降 40.06 亿元，降幅为 2.07%；环比下降 46.73 亿元，降幅为 2.40%；占比为 26.42%，同比下降 1.12 个百分点。

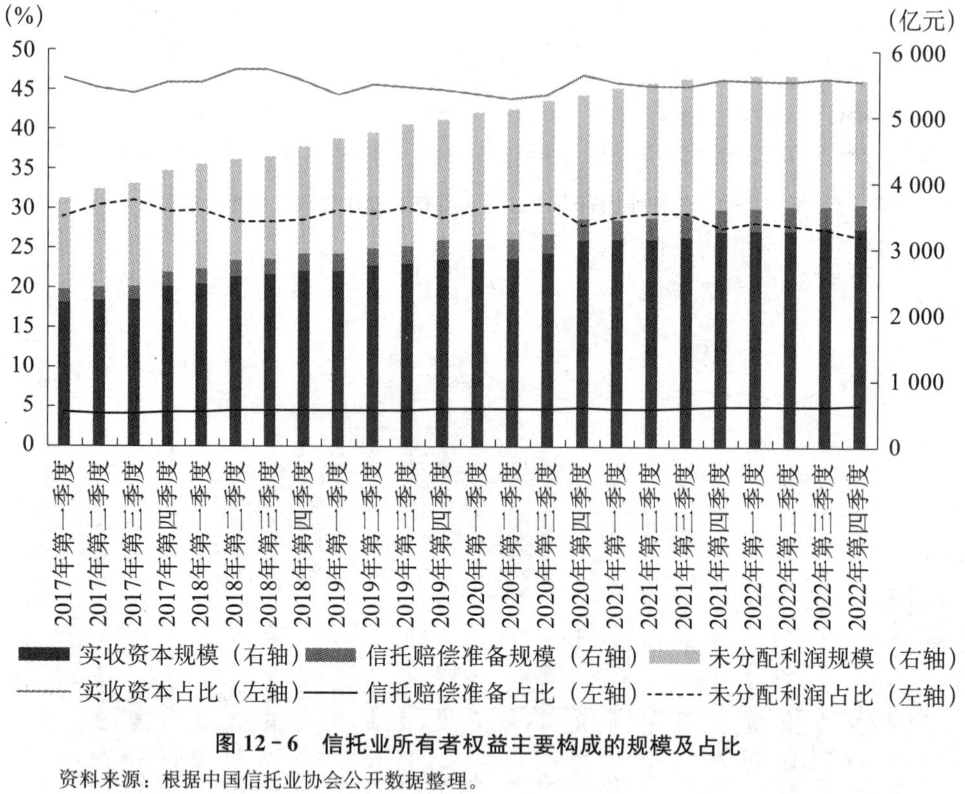

图 12-6 信托业所有者权益主要构成的规模及占比

资料来源：根据中国信托业协会公开数据整理。

第二节 信托业发展对中国金融业的影响

一、开辟新的融资渠道，健全我国金融市场

在当前资金供需信息不匹配的情况下，企业将越来越多地利用发行信托产品的形式直接向社会筹集资金，以满足企业生产过程和流通过程中的资金需要，由此也可促进金

融市场的发展。同时，信托方式也可为我国中小企业融资难的情况提供一条新的解决思路。

二、充分发挥“代人理财”特点，提高资金的使用效益

金融信托机构不仅熟悉国家的金融政策，而且在资金的融通方面具有较多的专业知识和经验，掌握着资金供求关系方面的大量信息。开展受人之托、代人理财的业务，有利于提高资金的使用效益。对国家、企业来说，发展信托可以保证财产的合理流向，促进国家产业政策的实现；对个人来说，专业性的信托理财促使其资产保值增值。

三、积极开展融资租赁业务，促进企业技术改造

信托业把租赁业作为一项重要业务来开展，通过运用多种融资租赁方式，为企业提供服务。通过这项信托业务，企业能够及时有效地进行设备更新，促进企业技术改造与进步，加快产品的更新换代。

四、大力发展代理业务，为社会提供全方位服务

由于信托业与各方面经济关系方往来密切，经营技术娴熟，且有较高的信誉，因此信托机构开办代理业务，对方便客户、满足社会各方面的需求具有重大的作用。金融信托机构通过开展代理资产处理、代理发行股票等信托业务，可以降低企业成本，加速企业资金周转，满足各种不同的财产管理和处置要求。

第三节 中国信托业发展面临的挑战

一、制度性约束

现阶段中国的信托业存在一些制度上的约束。观察信托业发达的国家，信托产品并非都定位于高端客户，也并非都以私募方式发行。我国监管机构出于对信托公司风险控制能力的顾虑和对投资者保护的考虑，现阶段将信托产品定位于高端私募，并对参与集合类信托的自然人投资者的数量、投资者的资质及最低投资金额、营销渠道、异地发行资格等方面均进行了限制，这些都对信托规模的增长产生了一定的制约。其中，营销渠道缺失导致一些信托公司严重依赖于商业银行等金融机构，产品流通交易平台缺失导致信托公司面对规模较大、期限较长的投资运用项目无能为力，既无资金募集能力，又无风险分散能力。

要解决上述问题，完善相关配套法规至关重要。对于制度环境的改善，更需要监管部门的睿智和努力。长期来看，随着信托公司经营实力的增强、信托产品的丰富以及投资者风险意识和风险承受能力的提高，未来信托业客户定位上的制度的逐步放松是必然趋势。

二、来自国外机构与国内相近行业的竞争

信托业的竞争十分激烈，面临着国内外市场的双重压力。从国际角度看，自 2006 年 12 月 11 日中国履行加入世界贸易组织时的金融业全面开放承诺开始，银行业对外资全面

开放，大量外资涉足中国的金融领域。外资金融机构在中国虽然实行分业经营，但是其母公司大部分是混业经营的全能银行，具有混业经营的优势，经济实力雄厚，在产品研发和设计以及全球网络资源方面具有难以比拟的优势，其利用这些优势可以推出多元化、个性化的理财产品，在一定程度上抢占信托公司原有的高端理财市场的份额。

尽管在“一法三规”施行之后，信托公司被定位为真正意义上的理财产品供应商、特定领域的资产管理者，业务范围极其广泛，但是基本上在每一个领域内都有相应的专业化公司与之竞争：贷款业务有商业银行；委托理财业务有基金公司和证券公司；融资租赁业务有租赁公司；担保业务有担保公司；资信评估业务有资信评估公司；证券承销业务有证券公司；等等。应该说，信托公司欲在上述领域中的任何一方面取得相对的领先地位都是比较困难的，而仅凭信托财产规模和偏低的报酬率是不能支撑信托公司的运营和持续发展的。

三、业务范围迅速扩大对信托公司产品设计、运作能力提出更高要求

虽然政策鼓励信托公司从事企业年金信托、私人股权投资信托、资产证券化信托、房地产投资信托、银行间债券市场债券投资信托等业务，但多数信托公司还不具备迅速开展上述业务的能力和条件。首先，长期以来多数信托公司以贷款、证券市场投资业务为主，对上述业务缺乏足够的认识和研究，而且上述业务即使对整个中国金融业来讲也是比较新的课题，短期内信托公司能否在这些业务领域迅速扩展还有待观察；其次，作为中国金融发展的新领域，这些业务无一例外地被证券公司、基金管理公司、保险公司等金融机构列为发展重点，和这些机构相比，信托公司在组织结构、人员能力、市场熟悉程度等方面均没有优势。这些客观存在的问题，导致一般意义上的信托公司的创新能力不足，产品同质化现象严重。加强与金融科研机构和金融产品研究机构的合作，建立和依托出色的金融产品研发团队，是各信托公司提升产品设计能力和创新能力的重要途径。

四、盈利模式的考验

自2005年银监会正式颁布《商业银行个人理财业务管理暂行办法》后，商业银行和信托公司于2006年首次合作推出了“双层信托，银信联结”理财产品，随后两年，银信合作产品大量涌现。自2007年以来，银信合作向纵深发展，从浅层次的代收付合作向资本层次合作渗透，由个案合作转向战略合作，由单一合作转向多元化合作。但信托公司在银信合作等单一信托产品上，更多是运用自身特有的制度优势和政策优势，为商业银行提供运作平台，项目开发、产品设计、风险控制、资产管理均由商业银行主导和操作，基本没有话语权，一般只能获取千分之几的手续费，加之此类业务门槛低，可复制性强，因此信托公司之间往往相互竞争，竞争性地降价，进一步导致信托公司在银信合作等产品上的盈利极其微薄。更值得关注的是，银行理财产品的诸多隐患相继爆发，运营风险不断浮出水面，诸如银行理财产品零收益、银行系合格境内机构投资者（QDII）产品巨幅亏损等引发了各方争端和投资者的恐慌，在一定程度上造成刚刚处于起步阶段的中国理财市场面临潜在的客户信任和监管风险，进而对以受托理财为主业的信托公司及其主要依托银行开展的各类银信产品造成直接或间接的负面影响。基于此，银信合作类业务虽然可以帮助信托公司在短期内做大信托资产规模，但受制于收益水平，在现阶段难以成为信托公司的核心

盈利业务。而面对广泛的投资领域和创新业务领域，信托公司的集合产品仍然主要集中在证券投资、房地产、权益信托等领域，在其他领域的投资方式创新力度不足，大多数公司尚未形成稳健而持续的盈利模式。

五、信托行业资产规模过快增长与赔偿准备金比例过低，带来风险敞口

与信托资产猛增相伴的是风险的积聚。据《信托公司管理办法》，信托公司每年应当从税后利润中提取5%作为信托赔偿准备金，当赔偿准备金累计总额达到公司注册资本的20%时，可不再提取，而信托赔偿准备金应存放于经营稳健、具有一定实力的境内商业银行或者用于购买国债等低风险、高流动性证券品种。

随着信托规模的快速增长，可以预计，我国赔偿准备金缺口可能会持续扩大。如何增加信托赔偿准备金新的来源渠道，迅速缩小信托赔偿准备金缺口，有效发挥信托赔偿准备金的风险防范功能，需要监管层和信托公司积极采取应对措施，科学制定信托赔偿准备金的计提比例，从制度层面和公司风险控制层面防患于未然。

本章小结

本章主要对中国信托业的发展现状、信托业发展对中国金融业的影响以及中国信托业发展面临的挑战等进行了分析。

思考题

1. 我国信托业的发展有哪些特点？
2. 我国信托业的发展面临哪些挑战？

第十三章

信托产品营销策略

⊙本章培养目标⊙

1. 了解信托产品的市场定位。
2. 理解产品策略的实施方法。
3. 了解定价策略的实施方法
4. 了解渠道策略的类型。
5. 了解促销策略的手段。

关键词： 产品策略（product strategy）
定价策略（price strategy）
渠道策略（place strategy）
促销策略（promotion strategy）

第一节　信托产品市场营销概述

一、信托产品市场营销的含义

根据科特勒等的权威定义，市场营销是一个社会及管理过程，在这一过程中，个人或群体通过创造有价值的产品或服务，并与他人交换来满足自身的需求。我们可以得出信托产品市场营销的含义。

第一，信托产品市场营销是信托公司的一个管理过程，必须经过精心的设计，形成可行的计划，作为销售的准备阶段，以实现所期待的目标。

第二，信托公司应根据一个选定的目标客户群的需求来制订信托产品的市场营销计划。信托公司需要对客户及其好恶进行市场调查，分析其行为，观察客户购买自己的产品和竞争产品的情况，着重了解客户未被满足的需要，从而为制订市场营销计划提供较为充分的依据。

第三，信托产品市场营销是有范围的，它不能针对全部市场的全部需求，而应该针对选定的目标市场。因此，根据投资者的特征或者投资者对产品的不同反应，信托公司将整体市场划分成若干个投资者群，以便从潜在市场中确定目标市场，这是信托产品市场营销过程中的一项重要工作。

第四，信托产品市场营销是客户导向型和竞争导向型的，而不是产品导向型的，即信托公司在设计营销计划时，应基于对目标市场的需求以及竞争产品状况的透彻了解，而非仅仅是公司领导者的兴趣。

第五，提供客户满意的产品是信托公司取得长期市场成功的最重要的基础。提供让客户满意的产品意味着客户实际获得的利益超过了他们对信托产品的期望，这需要信托公司做好两方面的工作：一方面是努力开发高质量的信托产品，另一方面是有意识地进行客户的期望管理。

二、信托公司的营销理念

营销理念是指导企业开展经营销售活动的态度、观点和思想方法。市场竞争不只是产品对产品、公司对公司、市场谋略对市场谋略的竞争，更本质地剖析，还是一种营销理念对另一种营销理念的竞争。现代营销理论经历了从 4P（产品、定价、渠道、促销）到 4C（消费者、成本、便利、沟通）和 4R（关联、反应、关系、报酬）的转变，因而营销理念也在不断地创新。树立怎样的营销理念是信托公司在构建营销体系时首先需要解决的问题。

市场营销理念虽起源并广泛应用于经营有形产品的企业，但在经营无形产品即服务方面同样得到了西方金融界的普遍认可和推行。金融产品营销理念的发展大致经历了五个阶段：广告促销阶段；友善服务阶段；金融创新阶段；服务定位阶段；分析、计划和控制阶段。

从西方营销理念的发展可以看出，营销是市场经济和市场竞争的必然产物，无论是制造业还是服务业，只有紧紧围绕市场，以客户需求为出发点，企业经营才有目标，才能在竞争中生存和发展。信托公司是连接产业资本和金融资本的金融企业，服务意识是金融企业的生存之本，因此，公司应该树立和强化以人为本、以客户为中心的营销理念，把满足客户需求、不断追求客户的高度满意放在第一位。

公司的首要目的是盈利。只有真正以客户为中心，才能有效地保障以效益为中心。客户盈利，公司才能盈利，优质客户是公司利润的源泉。不断地创造优质客户，竭尽全力地维系优质客户将是公司营销的总目标。为了实现这一目标，信托公司应以客户满意为宗旨，站在客户的立场上考虑和解决问题，把客户的需要和满意放在一切考虑因素之首。

三、营销体系的建立

建立高效的营销机构是公司建立营销体系的关键。随着信托公司的发展壮大和市场竞争的逐渐展开，信托公司应该逐步建立起自己的营销机构网络。信托公司建立营销体系可以实行三步走的战略：第一步，构建合理的营销机构；第二步，培养精英营销队伍；第三步，建立网络营销系统。

（一）公司内部营销机构

信托公司营销机构的设置应体现效益和效率的原则，服从公司整体经营目标和经营战略。公司设立营销机构应该达到如下两个目标：一是对信托市场需求做出快速反应；二是使信托产品市场销售效率最大化。

在信托业务发展初期，可以将市场总部作为主要的营销机构。当业务发展到一定程度后，根据需要，可打破区域的限制，通过在异地设立代表处、经纪公司等形式来拓展营销机构。

（1）通路拓展部。负责与金融同业（银行、券商、基金、保险、租赁）通路进行联系与协调，开发、维护渠道，为客户提供投融资顾问服务。

（2）客户服务部。该部门是以信托新业务拓展为重点，将服务功能前移，提供“一站式”客户服务的机构。其重要的职能就是市场拓展和产品营销，主要包括：①拓展市场；②开发客户；③吸收资金；④营销产品；⑤咨询推介；⑥受理签约；⑦发售兑付。它完全按照专业化市场营销体系操作和运营。

（3）行销及媒体公关部。该部门负责提升公司形象及进行产品宣传的媒体公关事宜，另外针对特定的产品任务，规划与执行相关促销活动，编辑发行相关刊物，提供投资人最新投资动态与公司信息。

（4）各驻外办事处。该机构负责区域市场推广、促销、客户开发和联络。

金融企业经营业务的本质是其产品的营销与服务。因此，营销工作绝不仅仅是公司营销部门的事，其他部门也要密切配合营销部门的工作，使公司逐步建立起一个完善、高效、配套联动的营销体系。

（二）可借助的外部营销机构

基于互惠互利、双赢的原则，信托公司还可以借助外部的营销机构来进行信托产品的销售。利用外部营销机构的一个最大优点在于资源互补，能够节省营销成本。

1. 与同业的合作

《中华人民共和国信托法》和《信托公司管理办法》的颁布规范了信托业务，为信托公司的发展指明了方向，但同时也对信托公司传统的主要利润来源做出了限制，因此，信托公司既面临着发展机遇，也面临着生存危机。在这种背景下，信托同业的合作就显得尤为重要。各信托公司只有同心协力、精诚合作，才能共同发展、共同繁荣。比如，有很多信托公司由于自身实力的限制，难以独立承担一些大型项目，如基础设施建设项目。通过合作，信托公司可以共同开发项目，共同拓展信托业务，充分挖掘各个地区市场的潜力。

2. 与银行、保险公司、证券公司的合作

银行、保险公司、证券公司等经过多年的发展，已经构筑了发达的营销网络体系。信托公司可以通过支付一定费用的形式，借助它们的营销渠道销售信托产品。信托公司多年混业经营，与它们建立了良好的协作关系。另外，信托公司与它们还存在诸多的合作机会，如信托公司可以参与银行不良贷款的处理，可以与保险公司合作开展人寿保险信托，可以与证券公司共同发起基金等，这些都为信托公司借助它们的营销体系提供了基础。而且，信托公司与银行、保险公司、证券公司之间不是一个简单的零和博弈关系，在分业经营的管理体制下，信托公司难以侵蚀它们的市场，这一点就像银证合作一样，证券公司并没有因此而抢占银行的市场份额，事实上，它们之间达成的是共赢的结果。

（三）网络营销系统

1. 网络营销的优势

（1）更快捷、更准确、更主动。网络传递信托受益凭证和信托合同仅需几秒钟时间，而且传递的内容明确，不易出现纰漏，更重要的是，在网上客户不是被动地接受推销的信托品种，而是能主动去寻找自己所需的投资方式。

（2）随时可用。联机信息服务器的一大优点是它可以全天候随时随地提供全球营销服务。

（3）加强了公司与客户的互动。精明的营销人员能够借助联机通信固有的互动功能，鼓励客户参与信托产品决策，反映市场需求，便于信托公司推出新的信托品种或改变营销计划。

（4）网络营销的突破莫过于其主动式多方向的沟通过程。传统的大众传媒所进行的是一对多的沟通，对客户来说是被动的，而且渠道是单向的。而在国际互联网上，交互式的媒体提供了多对多的多渠道交流方式，这种方式既是大面积的，又是有针对性的，经由公司与客户、客户与客户之间的互动沟通，建立长期稳定的伙伴关系。

2. 网络营销是金融服务的大势所趋

虽然网络金融业务是一个全新的事物，但日益受到金融界的关注，整个金融界正在不知不觉地开展一场网上“圈地运动”。招商银行在 1997 年就正式建立了自己的网站，同时推出了网上企业银行和个人银行服务，之后，中国银行、中国建设银行、中国工商银行等也纷纷开展网上银行服务，各证券公司则纷纷开展网上证券、网上咨询、网上委托理财业务。因此，面对网上金融业务的竞争，信托公司也应该做好这方面的准备，以便在未来占领网络信托市场的战略主动权。

3. 信托产品网络营销系统的构成

从技术角度看，信托产品网络营销系统由三部分构成：企业内部网、企业内部网与互联网的连接、网上营销系统。由于具体的组建是一项技术性和专业性都很强的工作，因此可以请专业的计算机公司来完成。

第二节 信托产品的市场定位

在我国现有的金融产品体系中找到信托产品的市场定位，实质上就是要发挥信托产品无法取代的制度作用，根据客户和行业的需要，围绕信托产品的独特优势，设计出有别于其他金融产品的、特点鲜明的信托产品，填补其他金融机构留下的市场空白，为投资者匹配风险和收益提供更为丰富的选择，进而提高整个金融市场的效率。

提炼和发挥信托产品的功能优势是为信托产品找准市场定位的关键所在。信托产品独特的法律结构使得信托产品具备三个主要优势：优越的风险隔离功能、广阔的应用范围和灵活的交易结构。这三个优势是其他金融产品所缺少的或者不能完全具备的。

信托产品的上述三个优势综合起来，形成了信托产品独一无二的功能优势。但是出于下面两个原因，对信托产品的市场定位仍然需要加以适当细化和规范。

第一，尽管信托产品具有风险隔离的独特功能，能够为交易结构提供一定的风险保障，但是信托的风险隔离功能与信托产品的风险是两个不同的概念。投资信托产品本身是存在风险的，信托财产的独立性和风险隔离并不能保证消除信托产品的风险。因此，为了在发挥信托产品优势的同时，尽可能地减少整个行业的风险，同时也为了平衡投资者和发行机构之间的信息差距，适当抬高投资者的参与门槛是必要的选择。

第二，发展大规模、标准化的金融信托产品是信托产品发展的一个重要方向，这是因为较一般的信托产品而言，大规模、标准化的金融信托产品在安全性和流动性方面有着突出的优势。

因此，在信托产品发展初期，应该把信托产品定位为在金融产品体系中风险相对较高、收益较高、专业性较强、适宜少数成熟投资者投资的高端金融产品；而随着信托产品的不断发展壮大，则应该努力使信托产品向更为标准化、更为规模化的方向发展，使信托产品能够逐步面向普通投资者，使普通投资者也能够分享信托理财的收益，同时使信托产品以其特有的优势更好地为整个金融体系和经济发展服务。

第三节　信托产品的营销组合要素

研究者通过分析那些构成营销活动的各个要素来研究营销本身。关于营销组合，研究者迄今为止已发展出多种模型，其中主要有传统的 4P（产品、定价、促销、渠道）组合、扩展的 6P（在 4P 之上加上政治力量和公共关系）组合和 7P（在 4P 之上加上人员、过程、有形展示）组合，还有 4C（消费者、成本、便利和沟通）组合以及 4V（差异化、功能化、附加价值、共鸣）组合等。

结合信托产品作为服务产品和金融产品所具有的特征，其营销组合包括 6 个要素：产品、定价、渠道、促销、人员、有形展示（见图 13－1）。

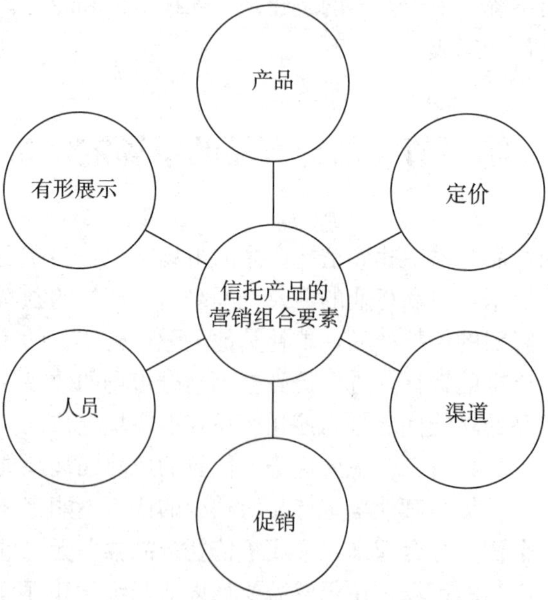

图 13－1　信托产品的营销组合要素

一、信托产品的产品策略

信托产品是信托公司提供给金融市场，用以满足客户的某种需求的合约，可以从三个层次来分析信托产品的内涵：核心利益、实际产品、附加服务（见图 13－2）。产品是信托产品的营销组合要素中最重要的要素，也是其他要素发挥作用的基础。

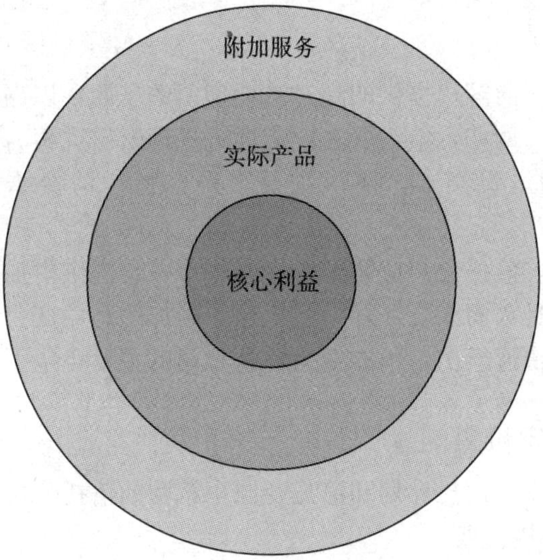

图 13－2　分析信托产品的三个层次

1. 核心利益

核心利益是信托产品提供给客户的一个最基本的层次，即满足其核心的理财需求，包括客户对其资产的安全性、盈利性和流动性等方面的要求。

信托公司一般为信托产品提供了诸如财政支持、资产抵（质）押、第三者担保、贷款保险、银行信誉、优先/次级结构以及信托公司自身信用等市场化和非市场化的风险控制措施。鉴于在目前阶段信托公司的信用等级有待提高，信托产品市场刚刚兴起，客户群需要逐步培育，绝大部分信托公司在信托产品的设计过程中都把风险控制放在第一位，以确保客户资产的安全性。

在收益率方面，法规禁止信托公司为信托产品提供保底承诺，但信托产品往往会向客户宣示一个预期收益率，以此作为与其他理财产品竞争的主要手段。由于信托公司的信用等级低于银行，信托产品的信用等级也低于储蓄存款、国债，因此信托产品的预期收益率大大高于同期银行存款、国债的收益率，一般也高于同期企业债的收益率。信托产品收益率与银行存款、国债收益率的差额部分，可以视为信托公司为客户提供的风险溢价。

与证券、基金等理财产品相比，信托产品不能在证券市场上交易，流动性较差。在此约束条件下，信托公司仍然试图通过一些安排，在一定程度上使信托产品的流动性得到增强。这些安排包括：在信托公司交易厅进行信托受益权的柜台转让；联系当地产权交易所挂牌转让信托受益权；联系银行提供信托受益权质押贷款；信托公司在约定日期内提供一定数额的信托受益权回购服务；等等。

2. 实际产品

实际产品是信托公司提供给客户的信托计划和信托合同。信托计划一般载明了计划的基本情况、计划的加入与成立、信托财产及其管理方式、计划的核算、信托的利益及分配、计划的管理、计划的执行机构、计划的风险揭示及防范、计划的终止和清算、新受托人的选任等内容。信托合同则包括信托声明，信托目的，信托财产，受益人，信托期限，信托财产的管理、运用和处分，风险揭示与承担，信托财产的核算，委托人、受托人、受益人的权利与义务，受托人职责终止，信托的变更、解除与终止，信托受益权，通知与送达等条款。

3. 附加服务

附加服务是信托公司向客户提供的超过其期望值的东西，以赢得客户好感和增加客户对信托公司的依赖程度。例如，给主要客户定期寄送理财研究报告；在传统节日赠送小礼品；邮寄生日贺卡；赠送贵宾卡，使得主要客户在特约消费单位可享受一定的优惠；等等。

在提供附加服务时，信托公司应明了两个问题：一是提供附加服务需要投入更多的资源，会使成本增加，而且久而久之，客户会把这些附加的利益变为期望的利益；二是附加服务很容易被竞争对手快速模仿，不能成为信托公司的主要竞争手段。

二、信托产品的定价策略

信托产品的价格表现为信托计划和信托合同中载明的信托公司所收取的信托报酬。

（一）信托产品的价格特点

作为投资品的信托产品的价格在营销组合中的作用不如个人消费品的价格那样重要。由于同类消费品的实用价值大致是同质的，因此价格往往能够成为营销的利器而被众商家一再使用。信托产品则不同，其在安全性、盈利性和流动性等特征方面，不仅与其他理财产品有较大的差异，就是在各个信托产品之间也颇不相同，个性化色彩很浓，价格差异往往不足以成为客户比较、取舍的主要依据，也不能作为信托公司营销信托产品的主要卖点。

为了争取客户，绝大多数信托产品都设有预计年收益率，信托公司的信托报酬一般约定在客户获取了按照预计年收益率计算的信托收益之后才提取。

客户更关心的是信托公司提供的预计年收益率能否实现，在他们获得了期望的收益之后，不会过多计较信托公司拿了多少。况且，现有信托产品所募集资金的运用方式多以贷款为主，所获取的收益来源于确定的贷款利息，在扣除客户的信托收益后，信托公司所获报酬的弹性已经很小了。

虽然如此，一些特定的信托产品也可以把价格作为与相似理财产品相竞争的手段。比如，针对证券市场的信托产品与开放式基金相比，就在价格上具有一定的优势。信托公司一般都承诺在当年收益低于某一确定值时，不收取信托报酬，而基金公司则不然，无论基金收益如何，基金公司都会提取1.5%的管理费。信托公司把创造的业绩与自己的报酬相挂钩，从这方面讲，信托产品对投资者更加公平，也更有吸引力。

（二）信托产品的交易价格及价值基础

信托产品的交易价格是指信托产品发行后在二级市场中的转让价格。

从理论上说，信托产品的交易价格取决于信托产品的价值基础或者其内在价值。信托受益权是一种财产收益权，与股权类似，信托受益人在未来一定期限内可以获取一定的收益。将受益人在未来可以获得的收益按照一定的贴现率折为现值，得到的就是信托产品的价值基础或者被称为内在价值。

将未来收益折为现值的贴现率取决于信托产品的未来收益率，未来收益率越高，贴现率就越高。但是，未来收益率的高低取决于许多因素，并不是确定的。一般而言，不同信托品种的未来收益率不同，以资金信托为例，通常股权投资信托、权益投资信托的收益率大于贷款信托。但是，后者的风险可控制程度一般大于前者，且前者的投资本金的退出机制对信托收益的实现特别重要。总而言之，影响信托收益的因素并不是确定的，往往也不是人们所能控制的，未来收益率只能是人们主观评价预期的结果，并随着形势的变化而变化。因此，贴现率只能是信托产品的预期收益率，信托产品的内在价值只能是一种预期收益。当人们的预期改变时，信托产品的价值也会改变。

就实际情况而言，信托产品的交易定价取决于信托产品在二级市场上的供求关系，信托产品的交易定价由供给与需求达到一致时的均衡价格决定。当其他条件不变时，若市场供给量大于需求量，价格下降；反之，价格上升。市场定价具有自动趋向均衡价格的倾向，也就是具有一种自动出清产品的内在机制。

从信托产品的内在价值与其市场均衡价格的关系来看，市场均衡价格受供给与需求曲线变动的影响会不断变动，但从长远来看，信托产品的市场均衡价格与其内在价值是一致的。可见，从信托产品的特性来看，信托产品的交易定价与股票最为类似。

三、信托产品的渠道策略

渠道是指信托产品从信托公司交付给客户的道路。由于监管方面的原因，渠道是信托产品的营销组合要素中较为薄弱的要素。法规不允许信托公司设立分支机构，也不允许信托公司通过设立或借助非金融机构销售信托产品。这样，信托公司销售信托产品的渠道变得较窄，或者是依靠自己的营业厅或销售队伍，或者是依赖于银行和证券公司的分支机构。前者是直接渠道，后者是间接渠道。

（一）直接渠道

1. 营业厅

营业厅是信托公司最主要也最稳定的直接销售渠道。信托公司大多坐落在所在城市的繁华地带，交通便利，引人注目，这是营业厅的优势。投资者往往主动上门了解信托产品的特点，这就为信托公司所设负责信托产品发行的专门销售机构向客户推介产品和销售成交提供了良机。许多信托公司通过自己的营业厅已经吸引了大量的投资者购买信托产品，并且逐渐形成了一定数量的持续投资信托产品的忠诚客户，为信托产品的不断发行奠定了良好的基础。

2. 销售队伍

同时，一些信托公司还组建了专职和兼职的客户经理队伍，即销售队伍，由“坐商”转变为“行商”，主动向潜在客户推介信托产品，也取得了一定的效果。

（二）间接渠道

当信托产品募集的资金规模较大时，仅仅依靠信托公司的营业厅难以在预定期限内完成销售任务。这时，信托公司可以建立银信合作或者信证合作关系，通过商业银行和证券公司的分支机构代理信托资金收付，分销信托产品。这样做的好处有：①可在一定程度上借用商业银行和证券公司较高等级的信用，有利于客户接纳信托产品；②商业银行和证券公司（尤其是前者）的分支机构分布广，有利于更多的投资者接触信托产品这一理财品种；③随着商业银行和证券公司的客户购买信托产品，信托公司的客户资源自然得到累积，为以后信托公司直接营销提供了便利条件。其缺点是信托公司必须向商业银行和证券公司支付相关的手续费，这势必减少信托公司本来就很微薄的利润。

四、信托产品的促销策略

通过促销，信托公司与目标市场之间进行有效的沟通，将有关信托产品的信息简单明了地传达给客户，有助于信托产品的定位，也有助于客户对信托产品做出更好的评价。由于信托产品的发行被定位为私募，现行法规禁止通过广告宣传信托产品，信托公司可以使用的促销策略包括人员推销、促销、直销和公共关系活动等。

1. 人员推销

人员推销是指销售人员为了说服潜在客户到信托公司购买信托产品而进行的面对面的交流。人员推销可以产生人与人之间的即时互动关系，双方都能够观察与感受对方的真实需要，并立即做出调整。与广告相比，人员推销能够在更加适应客户境况的条件下，展开介绍信托产品的细节，更有说服力，并且有利于信托公司的员工与客户发展友谊，从而使客户保持对信托公司的信心与信任。

人员推销的缺点，除了成本较高以外，主要是它十分依赖推销人员的素质。一些素质不高的推销人员为了快速与客户成交，会倾向于花较多的时间宣传信托产品的好处，对其可能出现的风险一笔带过甚至并不提及，从而对一些不够成熟的投资者形成误导，最终会损害信托公司的形象。

2. 促销

促销是旨在鼓励与吸引潜在客户加入的短期激励行为。它首先要能够吸引人们的注意，要包含明显的好处，让潜在客户感到能够获得特殊的利益。信托公司的促销目标主要是刺激潜在客户前来购买信托产品。比如，对一定期限内购买信托产品的客户按其资金量的大小给予不同的礼物或进行抽奖，向其免费提供有关投资理财的研究报告，举行主题研讨会等。

促销对于信托公司来说有充分的必要性：第一，促销可以帮助新客户建立对信托公司及其信托产品的良好印象，向他们提示信托产品的关键优势；第二，促销可以在建立并保持客户忠诚度方面发挥作用；第三，促销可以为直接面对客户的销售人员提供支持，并且有助于提高信托公司的形象；第四，促销常常被客户看做公司稳定的依据，它有助于提高信托公司的可信度，这对于基于客户的信任而生存的信托公司而言是至关重要的；第五，促销能够帮助信托公司树立良好的形象，并且减少社会上可能流传的一些负面观点。

信托公司在进行促销活动前应做好多方面的细致工作，包括：确定促销的目标；决定使用的促销工具；确定激励的量；确定参与条件；决定促销活动的时间长短；制定促销预算；等等。

促销是一种容易被模仿的行为。如果不和其他推销手段配合使用，促销有可能会使信托公司的品牌贬值。

3. 直销

直销是信托公司利用邮寄、电话、电子邮件等方式向客户或潜在客户推销信托产品、与其进行沟通或定期搜集意见的方式。由于信托产品的广告宣传是被禁止的，信托公司会越来越多地使用直销。直销的信息只传递给特定的人，它可以是一些关于信托产品的宣传，也可以是对信托公司动态情况的介绍。直销让客户有时间去考虑这些信息，他们在跨入信托公司营业厅时，已经对信托产品有所了解，从而能够增加他们与信托公司打交道的信心。

信托公司在进行直销时遇到的主要困难是目标客户数据库的内容较为缺乏，这使得直销的有效性大为减弱。

4. 公共关系活动

维护公共关系是指有计划地和持续地努力去建立和保持信托公司与公众之间的善意。对于信托公司来说，公众是所有对它感兴趣的人群和机构群，包括：现有的和潜在的客户；中介机构，如会计师事务所和律师事务所；供应商，如设备供应商、软件供应商、信息供应商；影响者，如监管机构、信托业协会、媒体；合作者，如商业银行、证券公司；招聘市场上有意加入信托业者以及上市公司；等等。

信托公司的公共关系活动作用重大。它主要承担四项任务：一是树立形象，加强定位。比如，全国性信托公司可树立实力雄厚、技术领先的形象，而地方性信托公司则可树立有亲和力的形象。二是维护形象。比如，在与客户发生纠纷或诉讼时，及时与新闻媒体进行沟通，说明事实真相，避免以讹传讹，使声誉受到不利影响；再如，在发生比较严重的事故（比如出现账务处理差错）时，应及时向监管机构汇报，并诚恳地向客户解释和致歉，以求得其谅解。三是解决问题和麻烦。如与供应商保持密切且良好的关系，经常进行沟通，一旦出现问题，能够保证得到它们的快速支持。四是协助新产品的发行。通过公共关系部门的努力，信托公司可以让公众能够尽可能了解、关心和支持其所推出的新信托产品。

信托公司在进行公共关系活动时可选用多种工具，如赞助公益事业，发布新闻稿，刊登年度报告，编辑内部杂志，发送公司宣传品等印刷品（如精美的手册、海报），在有关论坛上发表演讲，举办报告会、联谊会等多种活动，在拓展业务的事实基础上创造媒体感兴趣的故事，参与社区项目等。

五、人员策略

信托公司对从业人员的挑选、培训、激励和管理与营销的成功密切相关，因为员工的不满必然会带来大量的客户抱怨。信托公司应通过有竞争力的条件吸引优秀人才加盟，对他们进行业务培训和再培训，使之感到被需要和被关心，并将这种关怀姿态传下去，让他们意识到他们的工作就是满足客户的需求并使客户满意。

信托公司通过营业厅与客户接触。信托公司的工作人员包括非营销部门人员、柜台人员和咨询人员。根据员工接触客户的频繁程度和员工参与常规营销活动的程度，可以将其分为如下两组：

（1）接触者。接触者主要是指柜台人员和咨询人员，他们频繁地接触客户，是典型的重度参与常规营销活动者。他们应受到良好的业务培训和激励，深刻领会营销战略，以友善的态度和负责的方式服务客户，并以此作为考评他们绩效的基础。

(2) 影响者。影响者主要是指非营销部门人员，他们虽然既不频繁地与客户接触，也不处理常规营销活动，但是作为营销支持人员，他们的行动对信托公司的成绩有重要影响。影响者应把接触者视为内部客户，尽力满足其需求。

信托公司要高度重视内部营销。由于员工是客户的直接接触者，管理者的观念、思路和决策都要通过员工的日常工作和行为来贯彻和体现，因此，事实上，内部员工应是信托公司营销活动的首要对象。“要善待客户，必须首先善待员工”这句话应被所有信托公司奉为圭臬。这需要处理好两方面的关系：首先，处理好管理者权威和员工自主性的关系。在处理这一关系时，应该培养共同的参与意识、共同的价值理念和行为准则、共同的归属感，同时要进行适当和有效的授权，努力为员工创造个人发展的机遇和条件。其次，处理好信托公司各部门之间的关系。在处理这一关系时，应建立明确的责任分工、畅通的信息流动系统及科学、公正的内部考核制度，并树立起群策群力的合作意识，保证各项政策得到持续而切实的贯彻。

六、有形展示策略

有形展示包括信托公司与客户交往的场地以及用于沟通、传达服务特色与优点的任何有形组成部分。

信托公司之所以必须采用有形展示策略，是因为信托产品与有形产品不同，它作为一纸合约，出售的仅仅是信托公司的承诺，具有不可感知的特性。对不可感知性可以从两个方面理解：一是指信托产品不可触及，即看不见、摸不着；二是指信托产品无法界定，难以使客户从心理上进行把握。因此，信托公司要想克服营销方面的难题，应重视有形展示策略，并以两个方面为出发点：一方面是使服务有形化；另一方面是使服务易于从心理上进行把握。有形展示主要包括如下三种类型：

(1) 周围因素。周围因素包括营业场所空气的质量、温度、湿度、通风情况、噪声控制、气氛及整洁度等。这类因素属于服务产品内涵的必要组成部分，它们的存在不会给客户带来额外的惊喜，但是，一旦这些因素达不到客户的要求，就会降低客户对信托产品质量的评价及信心。

(2) 设计因素。设计因素包括属于美学因素的建筑、颜色、尺度、材料、结构、形状、风格、附件，以及属于功能因素的陈设、舒适度、标志等。这类要素可以建立起让客户感受得到的、赏心悦目的服务形象。信托公司营业场所的设计因素是对客户的主动刺激，与周围因素相比，更容易引起客户的注意。设计因素的目的在于令客户产生舒适而积极的感觉，鼓励客户产生主动接近行为。

(3) 社会性因素。社会性因素是指在信托公司内一切参与及影响服务产品生产的人，包括员工和其他客户。他们的数量、外貌、言行举止皆可影响客户对服务质量的期望、信任与判断。其中，员工的外形特别重要，因为客户常常把服务员工和服务本身等同起来。如果员工衣冠不整，客户会认为员工素质不高、公司管理混乱。因此，既然信托公司的产品在很大程度上取决于人，那么员工就应该被适当地加以包装。

总之，要做好信托产品的营销工作，信托公司需要恰当地运用以上 6 个营销组合要素，以赢得越来越多的客户并使他们保持忠诚，开创信托良好局面。

本章小结

本章对信托公司的营销理念、营销体系的建立等进行了阐述；本章的核心内容是信托产品的市场定位和信托产品的营销组合要素。

思考题

1. 信托产品市场营销的含义是什么？
2. 信托产品的产品策略有哪几种？
3. 信托产品的渠道策略有哪几种？
4. 信托产品的促销策略有哪几种？

教学支持说明

1. 教辅资源获取方式

为秉承中国人民大学出版社对教材类产品一贯的教学支持，我们将向采纳本书作为教材的教师免费提供丰富的教辅资源。您可直接到中国人民大学出版社官网的教师服务中心注册下载——http://www.crup.com.cn/Teacher。

如遇到注册、搜索等技术问题，可咨询网页右下角在线 QQ 客服，周一到周五工作时间有专人负责处理。

注册成为我社教师会员后，您可长期根据您所属的课程类别申请纸质样书、电子样书和教辅资源，自行完成免费下载。您也可登录我社官网的“教师服务中心”，我们经常举办赠送纸质样书、赠送电子样书、线上直播、资源下载、全国各专业培训及会议信息共享等网上教材进校园活动，期待您的积极参与！

2. 高校教师可加入下述学科教师 QQ 交流群，获取更多教学服务

经济类教师交流群：809471792

财政金融教师交流群：766895628

国际贸易教师交流群：162921240

税收教师交流群：119667851

3. 购书联系方式

网上书店咨询电话：010－82501766

邮购咨询电话：010－62515351

团购咨询电话：010－62513136

中国人民大学出版社经济分社

地址：北京市海淀区中关村大街甲 59 号文化大厦 1506 室　100872

电话：010－62513572　010－62515803

传真：010－62514775

E-mail：jjfs@crup.com.cn